スラブ・ユーラシア叢書17

ロシア北極域経済の変動
——サハ共和国の資源・環境・社会

田畑伸一郎［編著］

北海道大学出版会

目　次

序　章 ……………………………………………………… 田畑伸一郎……1
　1　本書の問題意識　1
　2　北極域とサハ　2
　3　サハの概要　4
　4　本書の構成　6

第1部　産業と財政

第1章　産　業　構　造──強まる石油・ガス依存 ……… 田畑伸一郎……15
　1　は じ め に　15
　2　共和国の産業構造　15
　3　共和国の輸出構造　25
　4　自治体の産業構造　29
　5　お わ り に　36

第2章　財　　　政──ベネフィット・シェアリングの観点から
　……………………………………………… 横川和穂・田畑伸一郎……41
　1　は じ め に　41
　2　北極域諸国におけるベネフィット・シェアリング　43
　3　ロシア連邦におけるサハ共和国財政の位置付け　50
　4　サハ共和国の歳入・歳出構造　53
　5　サハ共和国における地方自治体の歳入・歳出構造　59
　6　お わ り に　68

第3章 農　業——国による支援とその行方
　………………………………………………………後藤正憲，ガリーナ・ダヤーノワ……73

1　はじめに　73
2　ロシア農業の歩み　74
3　サハの農業概観　77
4　サハにおける農業支援　81
5　大規模化の躓き——ゴールヌィ郡の事例　85
6　おわりに　90

第2部　資源とエネルギー

第4章　石油・ガス開発——拡大する生産と莫大なポテンシャル
　………………………………………………………………………………原田大輔……97

1　はじめに　97
2　石油・ガス・インフラが牽引する経済活動　98
3　原油価格高騰とウクライナ問題が加速させてきたロシアの東方シフト　99
4　サハ共和国における石油・ガス開発の特徴　102
5　対中パイプライン「シベリアの力」の現状　108
6　サハ共和国における新たなフロンティアとその開発に向けた課題　114
7　おわりに　115

第5章　ダイヤモンド——制裁で交錯するグローバルとローカル
　……………………………………………………………………………服部倫卓……119

1　はじめに　119
2　ダイヤモンドのグローバル・バリューチェーンとロシア　120
3　アルロサのサハ経済・社会への貢献度　124
4　ロシア産ダイヤモンドに対する制裁　131
5　制裁の効果と妥当性　134
6　おわりに　137

目　次　iii

第6章　再生可能エネルギー——「脱炭素レース」の現在地
……………………………………………………………………徳永昌弘……141
1　はじめに　141
2　ロシアにおける脱炭素・再生可能エネルギーの可能性と取り組み　143
3　サハ共和国における再生可能エネルギー事業の展開　152
4　おわりに　160

第3部　家計と健康

第7章　家 計 と 食——気候変動の影響
………………………… 成田大樹，ショフルフ・ハサノフ，山田大地，
　　　　　　　ワルワラ・パリロワ，トゥヤラ・ガヴリリエワ，
　　　　　　　ホルヘ・ガルシア・モリノス，スティーヴ・サカパジ……169
1　はじめに　169
2　文献レビュー　170
3　サハ共和国内先住民村落の家計調査データから分かること　176
4　将来の気候変動の深刻化がサハ共和国の先住民に及ぼす影響　184

第8章　健　　康——気候変動と資源開発の影響……………武田友加……187
1　はじめに　187
2　気候変動と健康　189
3　デ ー タ　197
4　分析モデル　197
5　推 計 結 果　205
6　おわりに　207

第9章　住　　宅——政策，市場，現状
………………………………………… 道上真有，トゥヤラ・ガヴリリエワ，
　　　　　　　　　　　　　　　　　　アルチョム・ノヴィコフ……211
1　はじめに　211
2　サハの住宅市場　212
3　おわりに　230

引用文献　233
あとがき　253
索　引　257
執筆者紹介　263

序　章

田畑伸一郎

1　本書の問題意識

　本書は，近年のロシア北極域経済の変動について，サハ共和国(ヤクーチア)を事例として論じるものである。ロシアの北極域では，ソ連時代の1970年代頃から石油・ガスの開発が本格化したが，北極海沿岸地域においても，2000年代後半頃から石油・ガス開発が進展した。これにはいくつもの契機があった。特に今世紀に入ってから地球温暖化の進展が早まり，北極域においてもその大きな影響が見られるようになった。これは北極海を通過するロシア北方航路の利用を可能にするものであり，この航路を使って開発資材や原油・LNGを輸送できるようになったことが，この地域の石油・ガス開発の大前提となった[1]。ロシア経済は石油・ガスに極度に依存するため，常に新たな石油・ガスの供給源が求められた。その有力な候補となったのが北極域であった。2000年代前半には，中国をはじめとする新興国における経済発展が顕著に進み，原油をはじめとする資源価格が急騰したことも，コストの高い北極域での石油・ガス開発にとって追い風になった。

　このようにして，ロシアでは，近年，石油・ガス開発とロシア北方航路を2本柱とする北極域開発が強力に押し進められている。さらに，石炭や金属鉱物など，他の資源開発も進捗している。我々の問題関心は，このような資源開発がどのように進められているのかということとともに，それが北極域の経済・社会にどのような影響を及ぼしているのかということにある。経済発展の持続性を考える際には，経済・社会への影響という視点は欠かせな

い[2])。経済・社会への影響のなかには、住民生活を取り巻く自然環境への影響も含まれる。この問題を、サハを事例として論じようというのが本書の試みである。

　サハは、ロシアのなかで最も気象条件が厳しく、公共サービスなどの1人当りコストが突出して高い地域の1つである。同時に、近年、石油・ガスの生産が急増しており、石油・ガスが牽引するロシアの北極域開発の特徴が目に見える形で現れている地域である。我々は、北極域における資源開発が地域経済・社会に及ぼす影響を同時代的に観察することができるのである。本書では、このサハにおける近年の資源開発の現状を分析し、その地域経済・社会・環境への影響を考察する。同時に、これらの背後にある気候変動が経済・社会に及ぼす影響についても分析する。気候変動は、資源開発やその他の産業の発展に対してプラスにもマイナスにも様々な影響を及ぼすとともに、住民の生活や健康にも大きな影響を与えるものとなっている。本書では、主として2000年代以降を中心に記述し、ロシアのウクライナ侵攻や脱炭素の影響についても考察の対象とする。さらに、気候変動の影響を含めて、サハにおける今後の経済の発展や住民生活の変化についても考えてみたい。

　本書は、北極域研究加速プロジェクト（ArCS II）社会文化課題「温暖化する北極域から見るエネルギー資源と食に関わる人間の安全保障」に含まれるサブ課題「エネルギー資源開発と地域経済」の研究成果を取りまとめるものとなっており、執筆者の多くはこのサブ課題の研究分担者である。ArCS IIは、国立極地研究所、海洋研究開発機構（JAMSTEC）、北海道大学の3機関が中心となり、2020〜2024年度に実施されてきた北極域研究のナショナル・フラッグシップ・プロジェクトである。

2　北極域とサハ

　世界で、北極圏（北緯66度33分以北）に領土を有するのは、カナダ、デンマーク（グリーンランド）、フィンランド、アイスランド、ノルウェー、ロシア、スウェーデン、米国の8カ国である。これらの国の北極域の経済は、①

石油・ガスなどの大規模資源開発，②狩猟，飼育，水産業，採集などを営む小規模な家族経営に基づく伝統的経済，③政府からの補助で支えられる公的サービス部門の3つのセクターから成ることが知られている(Huskey et al., 2014, pp. 164-166; Larsen and Petrov, 2020, pp. 79-81)。元々，北極域には先住民が暮らしていただけであり，②のセクターしかなかった。①の大規模な資源開発が進められるようになったのは，20世紀以降である。それによって人口が増えるにつれて，③の公的セクターの役割も重要になった。大規模な資源開発は大きな利益を上げるものであるが，利益の多くは地域外に持ち出された。こうした利益をいかにして地域に残し，資源開発の影響を受ける先住民の生活をどう守るかということが北極域では常に問題となってきた。利益をどのように共有するかというベネフィット・シェアリングが問われるわけである(北極域におけるベネフィット・シェアリングについて，詳しくは第2章参照)。

　ロシアでは，様々な支援の対象となる北極地帯(Arctic Zone)が法令によって定められている。2014年4月に「2020年までのロシア北極地帯の社会・経済発展」国家プログラムが作成された際に，その範囲を示すために初めて定義された。その後，北極地帯は少しずつ拡張されており，その拡張は，2020年7月13日付連邦法第193号「ロシア連邦北極地帯における企業活動への国家支援」のなかの定義を修正する形で行われてきた。ロシアの北極地帯は北緯66度33分の北極線(Arctic Circle)以北が基本となっており，ムルマンスク州，ネネツ自治管区，ヤマル・ネネツ自治管区，チュコト自治管区の全域と，カレリア共和国，アルハンゲリスク州，コミ共和国，ハンティ・マンシ自治管区，クラスノヤルスク地方，サハ共和国の一部が含まれている(表見返し参照)。サハ共和国では，北部の13の郡が北極地帯に含まれている。

　これら北極地帯は全体として面積ではロシア全体の30%を占め，人口では1.7%を占める(2024年初現在，241万人)[3]。これは，公的なウェブサイトで発表されている数値であるが，地域(連邦構成主体)の一部だけのデータというのは多くの場合存在しないので，本書でロシアの北極地帯のデータを

示す際には，上掲の10地域全体を含むデータを利用することになる。そうすると，面積ではロシア全体の51％，人口では6.2％（2024年初現在，907万人）となる[4]。なお，ソ連・ロシアには，極北区域（raiony Krainego Severa）という定義がある。これは，寒冷地手当の支給などに関連してソ連時代から定められている区域であり，極北区域と「極北区域に準じる区域」を合わせると，面積ではロシアの半分以上がこの区域に該当する。

　本書では，北極圏という言葉は，北緯66度33分以北を示す場合に，北極地帯という言葉は，ロシアの法令で定められた地帯を示す場合に用いることにする。北極圏や北極地帯とその周辺の地域全体を示す場合に北極域という言葉を用いる。

　これらのロシア北極域の経済も，上に示した3つのセクターから成るという特徴を共有している。ハンティ・マンシ自治管区がロシアの原油の41.5％を産出し，ヤマル・ネネツ自治管区がロシアの天然ガスの79.0％を産出するなど（2022年）[5]，北極域では石油・ガスの大規模な開発が進められている。こうした大規模資源開発は，『シベリアの呪い』（Hill and Gaddy, 2003）に描かれたように，ソ連時代から始められたものが多い。一方で，先住民がトナカイ飼育や漁業・狩猟に従事した生活を続けている。また，ソ連時代に人口が増え，そのかなりの部分が公的セクターで雇用されている。本書で示すように，サハ共和国の経済も，このような特徴を共有する。

3　サハの概要

　各章において具体的なトピックについて詳細な議論を行う前に，以下では，サハの概要について要点を記しておきたい。サハ共和国は，ロシアの連邦構成主体（共和国・地方・州・自治管区など）の1つである。本書では，連邦構成主体のことを地域と呼ぶことにする。ロシア極東に位置するサハ共和国の面積は308万km^{2}であり，ロシアの地域のなかで最も広く，インドの面積にほぼ匹敵する。その全土が北緯55度以北に位置し，永久凍土の上にある。北緯70度までの地帯は北方林（タイガ）に覆われており，それ以北はツンド

ラである[6]。人口は99万5,686人であり(2021年人口センサス)、人口密度は1km²当り0.32人に過ぎない。人口は、ソ連末期の1989年には109.4万人であったが、それ以降2021年までに9.8万人(9.0%)ほど減ったことになる(図1)。

サハの民族構成は、サハ人が55.3%、ロシア人が32.6%、エヴェンキ人が2.9%、エヴェン人が1.6%などとなっている(2021年人口センサス)。1989年人口センサスでは、サハ人が33.4%、ロシア人が50.3%であったので、サハ人の人口が大きく増え、ロシア人の人口が大きく減ったことになる。

なお、何をもって先住民と見なすかについては議論が分かれるところであるが、本書では、ロシア人の入植に先立って住んでいたという観点から、サ

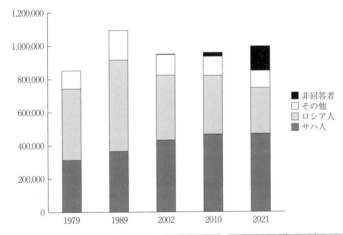

	1979	1989	2002	2010	2021	1979	1989	2002	2010	2021
総人口	851,840	1,094,065	949,280	958,528	995,686					
回答者	851,832	1,093,946	946,650	934,664	848,768	100.0	100.0	100.0	100.0	100.0
サハ人	313,917	365,236	432,290	466,492	469,348	36.9	33.4	45.7	49.9	55.3
ロシア人	429,588	550,263	390,671	353,649	276,986	50.4	50.3	41.3	37.8	32.6
その他	108,327	178,447	123,689	114,523	102,434	12.7	16.3	13.1	12.3	12.1
非回答者	8	119	2,630	23,864	146,918					

図1 サハの人口の推移(単位:人、右下の表は%)
注:それぞれの年に実施された人口センサスによる。
出所:サハ統計機関ウェブサイトから作成。

ハ人も先住民であると見なすことにしている。ロシアには，5万人未満の先住民を指す先住少数民族という概念があり，先住少数民族には，法律上，様々な権限が認められているが，サハ人はこの先住少数民族には含まれない。しかし，中央集権化が強まるロシアでは，先住少数民族がこのような権限を十分に活かしているとは言えない状況である(高倉，2017；原田，2021)。次節に記すように，サハでは，このことを補うような措置もとられている。

サハの第1層の地方自治体は，34の郡と2つの市から成る(裏見返し参照)。これらの自治体の面積と人口はその付表に示した通りである[7]。

ここで，ロシアの連邦制度と地方自治制度について説明しておくと，サハ共和国を含むロシアの地域は，連邦を構成する主体(連邦構成主体)であり，地方自治体ではない。連邦構成主体の下位に位置する郡，市，町，村などが，地方自治体ということになる。サハでは，このうち34の郡と2つの市が，第1層の地方自治体となっており，郡の下位には，町や村(ロシアでは，都市型集落，農村型集落と呼ばれる)が位置する。

裏見返し地図にも示したように，これらの自治体は，経済計画や分析のなかで，北部，東部，中部，西部，南部の5つの地帯に分けられることがある。面積では，北部地帯がサハ全体の52.2％を占める一方で，人口では首都ヤクーツクが位置する中部地帯が58.2％を占めている。北部地帯は，ロシア政府が定義するロシアの北極地帯に含まれる地帯であり，「北部(北極)地帯」と記されることもある。

4　本書の構成

サハは，ロシアのなかでロシア国家への貢献を求められ，ロシア国家から支援を受ける地域の1つである。特にサハ経済を構成する個々の産業は，ロシアの国民経済の枠のなかで営まれており，ロシア経済全体との関係性，ロシア連邦の経済政策との関係性を分析しないと理解を深めることはできないであろう。サハ経済を理解するためには，サハとロシアの他の地域との共通性や違い，他の地域との関係性について分析する必要がある。同時に，サハ

は，北極域に位置し，各国の北極域と共通する課題に直面している。上述のように，経済が3つのセクターから成るという特徴も，各国の北極域と共通する。これらの課題や特徴をより深く理解するためには，世界の北極域との共通性や違いも分析する必要がある。本書の各章は，扱うテーマが異なるため，そのアプローチにも違いがある。本書は，このような両面からのアプローチにより，サハの実態あるいは特殊性を理解することを目指している。

このような両面からのアプローチにより我々が明らかにしたのは，連邦の権限が強くなっているロシアのなかで，サハでは，政府(共和国，地方自治体)，企業，住民の側からのしたたかな対応も見られるという点である。最も明瞭なのは，石油・ガス企業とは大きく異なるダイヤモンド企業の扱いである。これはソ連崩壊以降の歴史的経緯によるところが大きかった(第5章)。これにより，ダイヤモンド企業は様々な形でサハの経済・社会に貢献している。農業補助金が突出して大きいこと，教育をはじめとする公的セクターの雇用比率が高いこと，集合住宅に対する公的支援が大きいこともサハの経済や住民生活を助けるものとなっている。本書の各章で見出されるこうしたサハの特殊性は，ロシアの他地域や各国の北極域との比較を通じて抽出されたものである。

本書は，「産業と財政」，「資源とエネルギー」，「家計と健康」の3部構成となっている。個別の産業を分析する第2部では，ロシアのなかのサハという視点が強くなっているが，人々の生活により近いテーマを扱う第3部では，気候変動の影響を強く意識しており，北極域のなかのサハという視点が強くなっている。本書の目的として，サハの経済・社会に対する資源開発と気候変動の影響を考察すると記したが，第1部と第2部では，どちらかと言えば資源開発の影響に，第3部では，どちらかと言えば気候変動の影響に重きを置いた分析となっている。

第1部「産業と財政」では，サハ経済が，3つのセクターから成るという北極域経済の特徴を有するとともに，ロシア経済のなかで次第に大きな役割を果たすようになっていることを示す。サハの経済と財政は，鉱業部門によって支えられているが，その主役は，近年，ダイヤモンドから石油・ガス

に変わろうとしている。石油・ガスとダイヤモンドでは，連邦，共和国，地方自治体に及ぼす影響が大きく異なることがここでのポイントである。

　第1章では，サハの産業構造の特徴と近年の変遷を説明する。サハでは，石油・ガスの生産が急増しているが，石油・ガスはロシア経済にとって最も重要な資源であるため，サハで生産された石油・ガスのレント（超過利潤）の多くは共和国内で享受されず，モスクワなどに取られてしまっている。生産された石油・ガスのほとんどは中国向けに輸出されている。しかし，サハの輸出に関する公式統計では，石油・ガスや金の輸出が把握されておらず，それらがモスクワなどの輸出として記録されているので，同章ではサハの輸出の推計も行っている。郡ごとの産業構造についての分析からは，石油・ガスの主産地であるミールヌィ郡とレナ郡が共和国の地域総生産（GRP）の半分以上を生産していること，鉱業資源は偏在しているため，地方自治体ごとの1人当り総生産の格差が大きいことなどが示される。

　第2章では，財政の分析に先立ち，3つのセクターから成る北極域の経済においてベネフィット・シェアリングが極めて重要であることが，国際比較を通じて説明される。ベネフィット・シェアリングの観点からも，同章で分析する企業税収の配分のあり方が重要な意義を有する。同章では，近年の石油・ガスの増産により共和国の税収が著しく増えているが，石油・ガスの税収は，そのほとんどが連邦財政の歳入となるため，それほど地元の利益にはなっていないことが示される。他方で，ダイヤモンド産業は，税，配当，様々な社会的サービスを通じて，地元経済により大きな恩恵をもたらしている。歳出面では，酷寒のサハにおいて，住民はガスや暖房などを公的な補助に頼らなければ生活できず，鉱業以外で重要な産業となっている農業も，補助金なしでは成り立たない。共和国と自治体の財政は余裕がある状況ではない。

　第1章と第2章を通じて明らかになるのは，サハでは石油・ガスの生産が急増して，ロシアのGDP，輸出，連邦財政への貢献が増大しているにもかかわらず，地元はその恩恵を十分に受けていないという問題である。第2章で説明しているように，アラスカなどと比べると，ロシアでは利益のうち地

元に還元される割合がかなり小さいと言える。

　第3章は，農業を扱う。GRPや就業統計で見れば，農業の比重は決して大きくないが，全人口の3分の1が農村に住んでおり，サハにおいて農業は重要な役割を果たしている。本書では北部地帯で営まれている先住少数民族による生業を分析することができていないが，同章の分析がそれをある程度カバーする形となっている。サハで盛んなのはウシ，ウマ，トナカイなどの牧畜であるが，食料自給率は低く，食料品の多くは共和国外から運ばれている。輸送インフラが発達していないため，これは非常に高コストとなることから，農業に対する行政からの多額の支援が正当化されることになる。その農業補助金の多くは，農家に対する直接的な補償として支払われており，それによって日々の経営に対する支援がなされている。農業における公的セクターの役割は極めて大きい。

　第2部「資源とエネルギー」では，サハを支える経済セクターの分析がなされる。第4章では，生産が急増している石油・ガスについて，第5章では，サハが誇るダイヤモンドについて，生産や輸出に関わる政策，実績，課題などが説明される。

　第4章では，原油は東シベリア・太平洋（ESPO）パイプラインが2009年に稼働を開始し，天然ガスは「シベリアの力」パイプラインが2019年に稼働を開始したことにより，生産の急増が生じたことが強調される。この輸送インフラ建設の背景には，21世紀に入ってからの資源価格高騰があり，2014年以降に加速された国策としてのエネルギーの東方シフトも，サハを含む東シベリアの石油・ガス開発を進展させた。サハ共和国は莫大な炭化水素ポテンシャルを有するが，今のところ開発は輸送インフラのある南西部に偏っており，今後の開発の可能性は中国向け輸出の動向にかかっている。

　第5章で扱われるダイヤモンドは，グローバルなバリューチェーンが非常に複雑である。一方，ロシアのなかでは，地域としてはサハが，企業としてはアルロサがほぼ独占している状況である。このような特殊な状況を背景に，ダイヤモンドから生じる利益の分配についても，特殊な扱いがなされてきた。すなわち，石油・ガスなどとは大きく異なり，利益の多くを地元に残すこと

が認められてきたのである。ベネフィット・シェアリングのあり方は，業界によっても異なっていることが分かる。現在は，紆余曲折を経て，ロシア産ダイヤモンドの輸出についても制裁が強化されようとしているが，それがサハにどのような影響を与えるかについても考察される。

　第6章は，再生可能エネルギー（再エネ）について論じるが，石油・ガス大国であるロシアでは，再エネの取り組みが相当遅れていた。さらに，風力発電などについては，その進展には欧米との協力が不可欠であるため，ウクライナ侵攻の影響により，再エネ利用がさらに遅れる可能性がある。サハの電力事情については，ロシア単一電力系統に入らない広大な領域を抱えるため，特に北部地帯では独自の電力生産・供給網を整備・運営している。そこでは，これまでディーゼル発電が大半を占めてきた。一方で，サハは，風力，太陽光，水力などに恵まれ，再エネのポテンシャルは大きい。同章では，そのようななかで，日本の企業が協力して成功裏に行われたティクシにおける風力発電の事例が紹介される。

　第3部「家計と健康」では，気候変動や資源開発が家計や住宅，健康に及ぼす影響が分析される。

　第7章では，気候変動が先住民の食や家計に及ぼす影響が議論される。その前提として，世帯調査データにより，先住民の生活において非市場的手段（自身が行う採集・狩猟・栽培・牧畜）による食料獲得が重要な役割を果たしていることが確認される。そして，今後の気候変動により，このような非市場的手段による食料獲得が困難になり，代替的に市場で購入する食料を増やす必要が出てくることを予想している。一方で，気候変動は資源開発をはじめとする産業活動を促進する要因にもなり得るので，それによって先住民の所得水準の向上が生じることになれば，気候変動に十分に適応する可能性もあるとしている。

　第8章では，サハの人々の健康に及ぼす気候変動と資源開発の影響が分析される。健康（死亡率）を被説明変数，気候変動（気温を代理変数とする）と資源開発（鉱工業生産指数等を代理変数とする）を説明変数として，ロシアの北極域と非北極域，サハ共和国とその他のロシア北極域を比較するモデルが構

築され，その推計結果が提示されている。2000〜2019年のパネル・データ分析の結果，サハ共和国を含め北極域では，死亡率の上昇に気候変動がより大きく影響していること，また，資源開発がサハ住民の死亡率に与える影響は，他の北極域と比べてもより深刻な疑いがあることを導き出し，サハの人々の健康は，気候変動と資源開発に対してより脆弱であると指摘している。

第9章は，永久凍土の融解への対応を常に意識しなければならない住宅が扱われる。農業と同じように，住宅についても政府あるいは公的セクターが大きな役割を果たしている。サハの住宅市場は，新築住宅価格がロシア建設省（サハ共和国支部）の定める住宅建築単価そのものになっているなど，官製住宅市場であることを最大の特徴とする。建築単価を基準に民間セクターの市場需給が影響する市場は，人口が流入するヤクーツク市だけである。また，連邦政府主導の住宅政策によって住宅取得可能性の向上，1人当り住宅面積の改善，住宅ローン利用の拡大がもたらされている。住宅問題は，ヤクーツク市に集中しており，今後は，いっそうの公的支援が求められる事態も想定される。

注

1) 本書では，北極環境研究コンソーシアム（JCAR）の試みに倣い，Northern Sea Route の訳語としては，「北極海航路」，「北極航路」ではなく，「ロシア北方航路」を用いることにする（北極環境研究コンソーシアム長期構想編集委員会, 2024, p. 6）。
2) 田畑・後藤（2020）は，ロシアだけでなく，北極域全体についての持続的発展を考察する試みであった。
3) 面積は Rosstat（2024a, pp. 18-23），https://as.arctic-russia.ru/useful/ など，人口はロシア統計庁ウェブサイト [https://rosstat.gov.ru/storage/mediabank/calendar1_2024.htm]からの計算値。
4) 面積は Rosstat（2024a, pp. 18-23），人口はロシア統計庁ウェブサイト[https://rosstat.gov.ru/folder/12781]からの計算値。
5) ロシア統計庁と同庁地域機関のウェブサイト[https://rosstat.gov.ru/enterprise_industrial, https://72.rosstat.gov.ru/ofs_prom_hmao, https://72.rosstat.gov.ru/ofs_prom_ynao]のデータからの計算値。
6) サハを含むシベリアの自然環境とその社会との関係性については，檜山・藤原（2015）参照。

7) 民族郡と呼ばれる郡が4つあるが，本書で言及する際には，アナバル郡などと簡略化することとする。

第1部

産業と財政

第1章　産業構造——強まる石油・ガス依存

田畑伸一郎

1　はじめに

　本章では，サハにおける資源開発が産業構造に及ぼす影響について考察する。サハ経済においても，序章で説明したように3つのセクター（①大規模資源開発，②先住民などによる伝統的経済，③公的サービス）が中心となっているが，そのなかで，大規模資源開発のセクターが大きな比重を占めている。特に，近年は石油・ガスの生産が急増し，ダイヤモンドや金の生産も盛んに行われている。このような資源開発が，サハの地域総生産（GRP），工業生産高，輸出，就業などに及ぼす影響を考察することが本章の第1の目的である。その際，共和国全体の経済への影響だけでなく，各郡の経済への影響も分析の対象とする。

　本章では，まず次節において共和国の産業構造についてGRP，鉱工業，就業の統計データを利用して分析する。次に第3節においてサハ経済の比較優位を示す輸出の状況を検討する。第4節では地方自治体ごとの産業構造について考察する。

2　共和国の産業構造

　サハ経済の最大の特徴は，鉱業に大きく依存することである。サハは従来からダイヤモンド生産で知られていたが，近年では石油，天然ガスの生産が急増し（第4章），石炭，金などとともにサハ経済を牽引している。ダイヤモ

ンドについては，ロシアは世界最大の産出国であり，その78％をサハが産出している（2021年。第5章参照）。

　2010年から2022年にかけて，サハはロシアの経済成長率を上回る速度で成長した。この期間の年平均成長率は，ロシア全体では1.9％であったが，サハでは3.2％であった。これには，2007年に採択された「2020年までのサハ共和国（ヤクーチア）における生産力，輸送，エネルギーの統合開発計画」の実施が貢献した。これは，従来，ダイヤモンドに大きく依存してきたサハ経済を多様化させることを狙ったものであった。まず，2009年の東シベリア・太平洋（ESPO）パイプラインの稼働開始により，タラカン油田での原油生産が本格化し，サハの原油生産量が著増した（図1）。2017年にダイヤモンドのミール鉱山が生産を続けられなくなるというアクシデントに見舞われたが，2019年には「シベリアの力」パイプラインが稼働開始し，チャヤンダ・ガス田でのガス生産が本格化，また，エリガ炭田での輸出用コークス炭の生産により，石炭生産も大きく増加した。

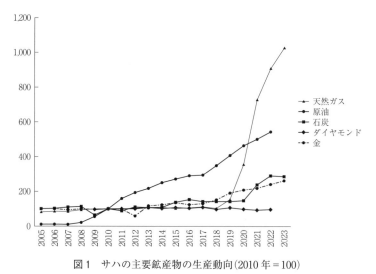

図1　サハの主要鉱産物の生産動向（2010年＝100）

出所：サハ統計機関ウェブサイト［https://14.rosstat.gov.ru/promishlennoe_proizvodstvo］，同機関提供資料，Efimov and Krasilnikova（2023, p. 97）から作成。

サハのGRPのなかでは，2022年に鉱業部門が59.7％を占めている（表1）。ロシア全体では鉱業部門の比重は14.5％なので，この比重が大きいことがサハ経済の大きな特徴である。建設の比重（8.9％）も比較的大きい。他方，製造業は0.7％に過ぎないが，この比重はロシア全体では16.3％であり，この比重が小さいこともサハ経済の特徴の1つである。このほか，不動産業，卸売・小売業の比重も，ロシア全体と比べてかなり小さい。

図2に示したように，GRPに占める鉱業の比重は，近年，石油・ガスの生産が急増するなかで顕著に増大し，サハ経済の鉱業への依存が強まっている。鉱業の比重は2010年には40.1％であったが，2015年に48.9％，2022年に59.7％となった[1]。他方，2010年と2022年の比重を比べると，運輸・通信が4.9％ポイント，卸売・小売業が3.7％ポイント，農林水産業が2.1％ポイント減少している。

鉱業部門のGRPの内訳については，表2に示した年についてデータが得られている[2]。このデータからは，この20年弱の間に鉱業部門の主役がダ

表1　ロシアGDPとサハGRPの経済活動別構成（2022年，単位：％）

	ロシア	サハ
農林水産業	4.2	1.0
鉱業	14.5	59.7
製造業	16.3	0.7
電気・ガス	2.3	2.8
建設業	5.5	8.9
卸売・小売業	15.0	4.3
運輸・倉庫業	6.9	5.2
情報・通信業	3.2	0.9
不動産業	11.0	3.0
専門・科学・技術サービス業	4.5	1.4
公務・国防・社会保障	4.9	3.6
教育	3.1	3.6
保健衛生・社会事業	2.9	2.4
その他	5.7	2.5

注：ロシアの数値は，下記出所に示されたロシアの数値であり，連邦構成主体の数値の合計であると記されている。
出所：ロシア統計庁ウェブサイト［https://rosstat.gov.ru/statistics/accounts］から作成。

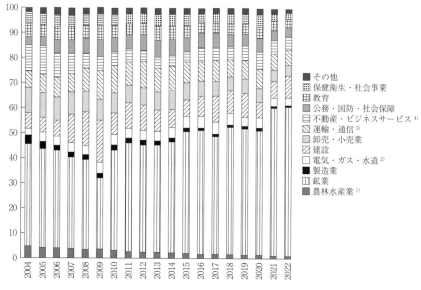

図2　サハの経済活動別GRP（単位：％）

注：1) 2015年以前は農林業と水産業の合計。2) 2016年以降は電気・ガスと水道，廃棄物処理の合計。3) 2016年以降は運輸・倉庫業と情報・通信業の合計。4) 2016年以降は不動産業，専門・科学・技術サービス業，管理・支援サービス業の合計。
出所：サハ統計機関，ロシア統計庁のウェブサイト［https://14.rosstat.gov.ru/VRP, https://rosstat.gov.ru/statistics/accounts］から作成。

イヤモンドから石油・ガスに変わったことが明らかである。石油・ガスの比重は2006年には全体の1.4％であったが，2010年には10％，2018年には20％を超え，2022年には26.2％にまで拡大した。石炭の比重も2006年の4.5％から2022年には10.9％にまで増大し，金の比重も3.0％から5.7％に増大した。他方，ダイヤモンドは，2006年には30.1％を占めていたが，2022年には8.2％にまで縮小した。

　ここで注意が必要なのは，ロシアの国民所得統計では，石油・ガスの採掘部門が過小評価されているという問題である。これは，ロシア国内では原油や天然ガスの生産者価格が国際価格と比べてかなり低い水準にあり，石油・ガス採掘部門の生産が，この低い生産者価格で評価されているためである。それでは，国際価格との差額はどこに行ってしまったのかと言えば，石油・

第1章 産業構造　19

表2　サハGRPの鉱業部門内訳

	2006	2010	2015	2017	2018	2019	2020	2021	2022
					100万ルーブル				
GRP	206,845	386,825	749,987	942,030	1,126,775	1,227,680	1,133,688	1,672,274	2,025,049
鉱業	80,571	154,548	361,253	442,708	573,945	619,699	563,492	988,874	1,205,955
石炭	9,228	18,289	17,890	46,777	54,251	51,818	40,150	141,911	220,749
石油・ガス	2,988	43,424	127,718	150,317	240,674	287,057	243,927	420,146	530,950
金	6,138	14,045	33,933	46,223	53,372	79,672	112,610	117,609	115,338
ダイヤモンド	62,217	78,748	181,712	…	…	…	124,502	192,782	165,853
その他	0	42	0	199,391	225,648	201,152	42,303	116,426	173,065
					構成比(%)				
GRP	100.0	100.0	100.0	100.0	100.0	100.0	100.0	100.0	100.0
鉱業	39.0	40.0	48.2	47.0	50.9	50.5	49.7	59.1	59.6
石炭	4.5	4.7	2.4	5.0	4.8	4.2	3.5	8.5	10.9
石油・ガス	1.4	11.2	17.0	16.0	21.4	23.4	21.5	25.1	26.2
金	3.0	3.6	4.5	4.9	4.7	6.5	9.9	7.0	5.7
ダイヤモンド	30.1	20.4	24.2	…	…	…	11.0	11.5	8.2
その他	0.0	0.0	0.0	21.2	20.0	16.4	3.7	7.0	8.5

出所：2006〜2015年はKondratyeva and Pulyaevskaya (2017, pp. 82-83)，2017〜2022年のGRPと鉱業はロシア統計庁ウェブサイト [https://rosstat.gov.ru/statistics/accounts]，2018〜2022年の石炭，石油・ガス，金はMinisterstvo ekonomiki (2023, pp. 41-42, 45)，これら以外の数値はサハ統計機関提供資料から作成。

ガスの取引を行う商業部門の利潤，石油・ガスを輸送する輸送部門の利潤，あるいは国が徴収する石油・ガスの税金として記録されているのである（田畑，2011，pp. 50-52；久保庭，2020）[3]。

この問題を地域のGDP，すなわち，GRPで考えると，石油・ガス部門の生産が過小評価されるために，石油・ガス生産地域のGRPが過小評価され，その輸出を行う石油・ガス会社の本部が置かれているモスクワなどのGRPが過大評価されることになる。実際，油価が高騰し，ロシアが高成長を謳歌した2000年から2008年までの期間において，ロシアの原油生産の中心地であるハンティ・マンシ自治管区のロシア全体のGRPに占める比重は7.0%から5.7%に下がった一方で，モスクワの比重は20.1%から24.3%に高まったのである[4]。

以上で説明したことの含意は次の2つである。第1に，サハのGRPは公式統計が示すよりも大きいという点である。公式統計では，2022年のサハ

のGRPはロシア全体の1.4%である（人口の比重は同年に0.68%）[5]。同年のサハの1人当りGRPはロシアの地域のなかで第8位であるが，これももっと上位である可能性がある[6]。また，石油・ガスの生産が顕著に増えたにもかかわらず，1人当りGRPによるランキングにおいてサハの順位が2011年以降ずっと7～8位であることも腑に落ちない。第2に，サハのGRPに対する石油・ガスの貢献，あるいは鉱業の貢献は公式統計が示す以上に大きいであろう。他方，次のような反論も考えられる。このように，ロシアのGRP統計では石油・ガスのレント（超過利潤）が適切に反映されていないという問題があるのは事実だが，こうしたレントは実際にもサハでは「実現」されておらず，モスクワなどに取られてしまっているから，その意味で，この統計は「実態」を反映しているのではないかという見方である。ダイヤモンド企業では地元住民の雇用が多いのに対し，石油・ガス企業では多くが一定期間の泊まり込みで働くケースが多いと伝えられているが[7]，後者の場合，そうした従業員が共和国外から来ているとすると，確かに石油・ガスのレントは共和国外に持ち出されていることになる。この問題については，次節で輸出統計に関連して再度検討する。

　GRPに占める鉱業部門の比重が高いために，サハのGRPの成長は鉱業部門の動向に大きく左右されることになる。そして，石油・ガスの生産が増えるなかで，鉱業部門がサハの経済成長の推進力となっている。これらの点は，GRP成長に対する各部門の寄与度を示した図3から明らかであろう。2008年，2011年，2021年など，鉱業部門の成長率が高かった年にはGRP成長率も高くなった一方で，鉱業部門がマイナス成長となった2009年，2017年，2020年はGRP成長率もマイナスあるいは大きく落ち込んでいる。鉱業部門に次いで影響力が大きいのは，建設と運輸・通信部門であるが，この2部門においては，鉱業開発施設や石油・ガス・パイプラインの建設，鉱産物の鉄道・パイプライン輸送などに関連する活動が大きいことから，サハ経済の成長は鉱業関連部門に非常に大きく左右されていることが分かる。

　次に，鉱工業統計により鉱業部門の生産高の動向を見ると，鉱業部門のなかでも近年の石油・ガスの生産拡大が経済成長に大きく寄与していることが

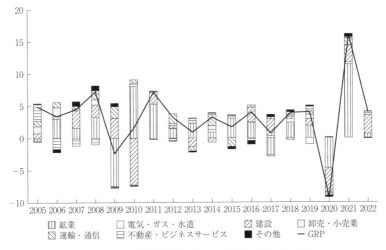

図3 サハの経済活動別GRP成長寄与度(単位：%)
出所：図2に同じ。

明確になる。鉱業部門出荷高の部門別構成を示した図4からは，2010年代以降，石油・ガス部門の比重が急拡大していることが分かる。同図で，2017年以降，「サービス」という部門が現れているのは，注2に記したように，同年からの部門分類の変化によるもので，厳密には，2016年以前と2017年以降の数字は比較可能ではない。しかし，それを考慮しても，特に2017年以降，ダイヤモンド部門の比重が急速に小さくなったことは確かであろう。

次に，サハの産業構造を就業統計から見てみよう。ここでも，北極域においては，大規模資源開発(鉱業)や公的セクター(公務，教育，保健衛生など)のシェアが大きいという特徴が確認できる。サハでは鉱業に特化する方向での変化が続いており，公的サービスを除いて，サービスの発展が遅れていることも分かる。

2022年のサハの就業構造をロシア全体と比べると(表3)，鉱業の比重が大きく，製造業の比重が小さいことがサハの最大の特徴であることが改めて確認される。製造業が発展していない原因について，Gavrilyeva(2016, p.22)は，共和国が輸送面で他の地域から孤立していること，電力料金が高いこと

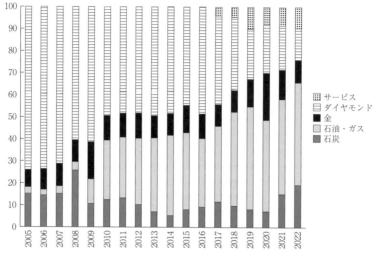

図4　サハの鉱業出荷高の部門別構成(単位：%)
出所：サハ統計機関ウェブサイト[https://14.rosstat.gov.ru/promishlennoe_proizvodstvo]から作成。

を指摘している。同表の2022年のデータからは，サハでは商業(卸売・小売業)の比重もかなり小さく，逆に教育の比重がかなり大きいことが分かる。図5はサハの就業構造の変遷を示すものであるが，2000年からの変化を見ると，比重が顕著に大きくなっているのは，建設，鉱業，電気・ガス・水道などである。逆に，農林水産業や教育は，2000年以降の期間に比重がかなり小さくなっている。以下では，こうした変化がサハに特有のものであるのかについて，さらに考察を加えてみる。

表3の右側では，就業者数の変化に関する要因分析を行っている。これは，ミャクシンらが2010～2020年について行っている方法に倣うもので，就業者数の変動を，全国要因，部門固有要因，地域固有要因に分けるものである(Myakshin et al., 2023)。全国要因は，ロシアの就業者数全体の増減率と同一の変化が起きたとする場合の変動，部門固有要因はロシアの部門別の就業者数の増減率と同一の変化が起きたとする場合の変動，地域固有要因は，この2つでは説明できない変動である。たとえば，建設の就業者数は3万

表3 サハの就業構造変化の分析（単位：1,000人）

	2000			2022			増加率（%）			サハの要因分析		
	ロシア	サハ	構成比(%)	ロシア	構成比(%)	サハ	構成比(%)	ロシア	サハ	増加数	うち全国要因	部門固有要因	地域固有要因
総数	64,517	459.7	100.0	71,217	100.0	509.2	100.0	10.4	10.8	49.5			
農林水産業	9,134	50.4	6.3	4,466	5.6	28.6	5.6	-51.1	-43.2	-21.8	5.2	-31.0	4.0
鉱業	1,110	42.2	1.7	1,195	11.1	56.4	11.1	7.6	33.6	14.2	4.4	-1.2	11.0
製造業	12,297	19.1	14.0	10,003	3.9	19.7	3.9	-18.7	3.3	0.6	2.0	-5.5	4.2
電気・ガス・水道	1,886	19.9	3.2	2,266	6.1	31.0	6.1	20.2	55.9	11.1	2.1	1.9	7.1
建設	4,325	26.1	9.2	6,552	11.4	58.0	11.4	51.5	121.7	31.8	2.7	10.7	18.4
卸売・小売業	8,806	48.4	18.6	13,251	11.0	56.0	11.0	50.5	15.8	7.6	5.0	19.4	-16.8
運輸・通信	5,056	50.3	10.3	7,370	11.0	55.8	11.0	45.8	10.8	5.5	5.2	17.8	-17.6
不動産・ビジネスサービス	4,490	35.9	9.5	6,739	6.6	33.7	6.6	50.1	-6.3	-2.2	3.7	14.3	-20.2
公務・国防・社会保障	3,098	27.8	5.0	3,595	6.8	34.5	6.8	16.0	23.9	6.6	2.9	1.6	2.2
教育	5,979	72.0	7.4	5,272	12.7	64.8	12.7	-11.8	-9.9	-7.2	7.5	-16.0	1.4
保健衛生・社会事業	4,408	36.4	6.2	4,443	7.8	39.6	7.8	0.8	8.8	3.2	3.8	-3.5	2.9
その他	3,928	31.2	8.5	6,066	6.1	31.3	6.1	54.4	0.2	0.1	3.2	13.7	-16.9

注：増加数・増加率は、2000年から2022年までの変化を示す。
出所：ロシア統計庁、サハ統計庁のウェブサイト [https://rosstat.gov.ru/labour_force、https://14.rosstat.gov.ru/trud_res] から作成。

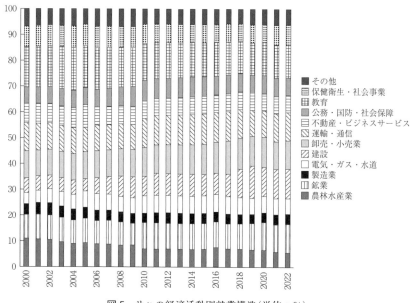

図5　サハの経済活動別就業構造(単位：％)

注：部門の定義については，図2の注参照。
出所：サハ統計機関ウェブサイト[https://14.rosstat.gov.ru/trud_res]から作成。

1,800人増加したが，このうち2,700人はロシアの就業者数の増加率で説明できるものであり，1万700人はロシアの建設部門の就業者数の増加率で説明できるものである。残る1万8,400人の増加はこの2つでは説明できず，サハ固有の事情によるということになる。建設は，鉱業の発展と密接に関係しているので，就業者数の増加は，やはり鉱業の発展によるところが大きいと考えられる。鉱業や電気・ガス・水道の就業者の増加についても，同様にサハ固有の要因が大きく働いて就業者が増加したと見なされる。

　他方，農林水産業の就業者の減少は，部門別では最も多い減少数であるが，ロシアの農林水産業全体で生じている就業数の減少傾向とそれほど変わらないことが分かる。教育の就業者の減少についても同様である。興味深いのは，商業，運輸・通信，不動産・ビジネスサービスなどの動向である。ロシア全体の傾向から見れば，もっと大きく増加すべき部門であるが，サハ固有の要

因により，その増加が抑えられてきたことをこの分析は示している。

3　共和国の輸出構造

　サハで生産される石油・ガスのほとんどは輸出されており，前節の議論を踏まえると，石油・ガスの輸出がサハ経済を牽引していることになる。しかし，公式の貿易統計には，この石油・ガスの輸出が含まれておらず，サハ経済の活力の源を捉えることができない。ロシアの地域別輸出データは，企業の登録地で記録されているため[8]，特に石油・ガスの輸出のほとんどがモスクワなどに記録されるという問題が生じている。

　ロシア統計庁の『ロシアの地域』統計集 (Rosstat, 2023a, pp. 1112-1113) に掲載されている地域別商品グループ別データ (2021年) によって，鉱物性燃料 (HS27) の輸出の各地域のシェアを計算すると，鉱業生産がほとんど行われていないモスクワ市が60.3％，サンクトペテルブルグ市が7.6％を占める一方で，原油生産の中心地であるハンティ・マンシ自治管区は6.4％，天然ガス生産の中心地であるヤマル・ネネツ自治管区は2.1％となっている[9]。また，金やダイヤモンドを含む真珠・貴石・貴金属 (HS71) の輸出の地域別データによると，2017年においてモスクワ市のシェアが42.1％，サンクトペテルブルグ市が11.2％，サハ共和国が34.9％となっており，サハ以外の金の主要生産地域の比重が小さいことから，金の輸出もやはりモスクワなどで登録されているのではないかと考えられる[10]。

　一方，表4の「公式統計総額」に示したように，ロシア税関庁が作成し，『サハ共和国統計年鑑』などに掲載されている公式統計では，サハの輸出の大半はダイヤモンドと石炭となっており，近年輸出が急増している石油，ガス，金は含まれていない。これでは，サハの輸出の実像が把握できないので，本節では，石油，ガス，金の輸出額を推計することを試みる。このような試みは管見の限りこれまでなされていないと見られる。

　輸出額の推計方法の概略を説明すると，原油は，サハの生産量の95％が輸出されると仮定し (Soromotin, 2014, p. 134 参照)，ロシアの輸出価格を用

表4 サハの輸出額の推計

	2000	2001	2002	2003	2004	2005	2006	2007	2008	2009	2010	2011	2012	2013	2014	2015	2016	2017	2018	2019	2020	2021	2022
													10億ドル										
輸出総額	1.7	1.8	1.5	1.7	2.4	3.2	3.5	3.7	4.5	2.8	5.0	8.6	10.1	10.6	11.1	7.3	7.4	8.7	10.5	11.1	11.2	19.1	22.0
公式統計総額	1.1	1.3	1.0	1.2	1.7	2.1	2.2	2.1	2.3	1.5	3.2	4.6	4.7	4.7	5.1	3.8	4.5	4.8	4.6	4.1	3.4	5.6	5.8
ダイヤモンド	0.8	1.2	0.9	1.0	1.4	1.7	1.8	1.7	1.6	1.2	2.6	3.5	3.6	4.1	4.3	3.2	3.9	3.9	3.9	3.1	2.7	3.5	2.2
石炭	0.3	0.1	0.1	0.2	0.3	0.4	0.4	0.4	0.7	0.3	0.6	1.0	1.0	0.6	0.6	0.5	0.5	0.9	0.7	0.9	0.6	2.0	3.5
その他	0.0	0.0	0.0	0.0	0.0	0.0	0.0	0.0	0.0	0.0	0.0	0.1	0.1	0.0	0.1	0.1	0.1	0.1	0.0	0.0	0.1	0.1	0.1
原油	0.6	0.5	0.5	0.6	0.8	1.1	1.4	1.6	2.2	1.4	1.8	4.0	4.9	5.3	5.8	3.3	2.8	3.6	5.8	6.2	4.7	8.0	10.5
天然ガス	0.0	0.0	0.0	0.0	0.0	0.0	0.0	0.0	0.0	0.0	0.0	0.0	0.0	0.0	0.0	0.0	0.0	0.0	0.0	0.2	0.6	3.1	4.5
金	…	…	…	…	…	…	…	…	…	…	…	…	0.5	0.6	0.3	0.1	0.1	0.2	0.1	0.7	2.5	2.4	1.1
													構成比(%)										
輸出総額	100.0	100.0	100.0	100.0	100.0	100.0	100.0	100.0	100.0	100.0	100.0	100.0	100.0	100.0	100.0	100.0	100.0	100.0	100.0	100.0	100.0	100.0	100.0
公式統計総額	65.1	71.9	65.1	66.7	69.0	66.0	61.1	57.1	50.8	52.0	64.1	53.7	46.5	44.5	45.4	52.2	60.6	55.5	44.2	36.4	30.5	29.1	26.5
ダイヤモンド	47.9	66.8	58.0	55.4	58.5	53.1	49.6	46.3	35.9	41.5	52.4	40.9	35.5	38.5	38.9	44.4	53.3	44.6	37.2	27.5	24.3	18.3	10.0
石炭	17.0	4.6	6.7	11.0	10.4	12.6	11.2	10.6	14.5	10.2	11.4	12.1	10.3	5.7	5.6	6.6	6.6	10.3	6.6	8.5	5.7	10.3	16.0
その他	0.2	0.4	0.4	0.3	0.1	0.2	0.3	0.2	0.4	0.3	0.4	0.7	0.7	0.3	0.8	1.2	0.7	0.6	0.4	0.4	0.5	0.5	0.4
原油	34.9	28.1	34.9	33.3	31.0	34.0	38.9	42.9	49.2	48.0	35.9	46.3	48.1	50.1	51.8	45.8	38.1	42.0	55.1	55.6	41.9	42.1	47.9
天然ガス	0.0	0.0	0.0	0.0	0.0	0.0	0.0	0.0	0.0	0.0	0.0	0.0	0.0	0.0	0.0	0.0	0.0	0.0	0.0	1.4	5.0	16.4	20.5
金	…	…	…	…	…	…	…	…	…	…	…	…	5.4	5.4	2.8	2.0	1.2	2.5	0.7	6.6	22.6	12.4	5.2

出所：注11に示したURL参照。

いて計算した。天然ガスについては，チャヤンダ・ガス田の生産がすべて輸出され，他のガス田の生産は共和国内で消費されると仮定し（Administratsiia MO Lenskii raion, 2023, p. 13 参照），ロシアの輸出価格を用いて計算した[11]。金については，ロシアの生産に占めるサハのシェアをロシアの金の輸出額に乗じて計算した[12]。

　推計結果は，表4と図6に示した。原油の輸出額は，2011年頃から急増し，2021年からさらに大きくなっている。天然ガスは，2021年以降，かなり大きな額となっている。金の輸出も，2020年以降大きくなっている。原油・天然ガス・金の輸出額の合計は，2011年以降，公式統計の輸出総額に匹敵する大きさになっており，特に2019年以降はそれを大幅に上回っている。2022年については，公式統計の輸出総額が58億ドルであるのに対し，原油・天然ガス・金の輸出推計値を加えると，サハの輸出総額は220億ドルになる（表4）。同年のロシアの輸出に占めるサハの比重は，公式統計では1.0％であるが，推計値を加えると3.7％になる。サハの輸出を分析する際に

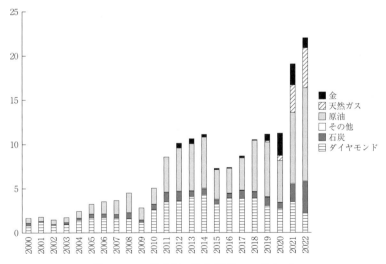

図6　サハの輸出額の推計（単位：10億ドル）
出所：表4のデータから作成。

は，推計値を加えたこの統計を利用すべきであると考える。この統計（表4）によれば，近年サハの輸出の4～5割を占めているのは原油であり，2021年以降は，天然ガスが2割程度を占めるようになっている。2022年においては，原油・天然ガス・石炭で輸出の84.4%を占めている。

原油輸出の増加は，タラカン油田などで生産されて，ESPOパイプラインを通じて輸出される原油によってもたらされている。天然ガスは，チャヤンダ・ガス田で生産されて，「シベリアの力」パイプラインで中国向けに輸出されており，この輸出が急増している。サハの近年の経済発展において，この2つのパイプラインが敷設されたことの意義は極めて大きい。2022年以降，経済制裁が強められるなかで，原油の輸出もほぼ全量が中国向けになっているのではないかと考えられる。石炭も7割程度が中国向けという情報があるので[13]，2022年にはサハの輸出の少なくとも8割が中国向けであったと考えられる。一方，ダイヤモンドと金については，2022年に制裁の影響を受けてロシアの輸出が減少した[14]。

このように，サハの近年の好調な経済は，中国向け輸出増加のおかげで鉱産物の増産が続いていることによるところが大きい。経済制裁の影響で，石油・ガス・石炭などの欧州向けの輸出は大きく減少しているが，中国向けはその影響を受けておらず，サハはその恩恵を享受している。

サハの石油・ガスの輸出がサハでは記録されず，モスクワで記録されているという問題は，石油・ガスのレントがサハでは記録されず，モスクワなどで記録されるという前節で論じた問題に類似している。石油・ガスのレントは，石油・ガスの輸出によって生じているので（久保庭，2020），ここには「類似」以上の関係性があるようにも見える。ただし，金については，サハの貿易統計にはほとんど記録されていないが，サハのGRP統計には含まれているので，貿易とGRP統計の問題を単純に結び付けることはできない。石油・ガスの問題は，基本的には，企業が垂直統合されていて，企業利潤の大半が生産部門ではなく，販売部門に移されていること（いわゆる移転価格の問題）に起因すると考えられる。

ここまで，サハの輸出のみについて論じてきたが，サハの輸入は，輸出に

比べて極めて小さい。2022 年において公式統計の輸出が 58 億 2,390 万ドルであったのに対し，輸入はその 70 分の 1 程度の 8,160 万ドルであった（Ministerstvo ekonomiki, 2023, p. 85）。サハ経済は，非常に持ち出しの大きい経済，あるいは連邦に多大な貢献をしている経済ということになる。石油・ガス・金を加えると，同年の「真の輸出」は公式統計の 3.7 倍になるので，この持ち出しは，もっと大きいものになる[15]。

4　自治体の産業構造

　本節では，地方自治体（郡と都市）の産業構造を分析する。サハでは，自治体ごとの付加価値（地方自治体総生産 Gross Municipal Product；GMP）の統計データが策定・公表されているので，それを活用する[16]。5 つの地帯別に 2021 年の産業構造を見たのが表 5（上部）である（各地帯については裏見返し参照）。同表から，地帯によって産業構造に大きな違いがあることが分かる。東部地帯，西部地帯，南部地帯では鉱業の比重が圧倒的に大きいのに対し，中部地帯ではその比重はわずか 1.3% である。北部地帯や中部地帯では，公的サービスが 4 割近い大きさとなっている。

　サハの GMP は，西部地帯で 5 割，中部地帯と南部地帯で各 2 割が生産されており，非常に偏った分布となっている（表 5 下部）。自治体別に見るならば，ミールヌィ郡，レナ郡，ヤクーツク市，ネリュングリ郡がサハの 4 大自治体となっており，この 4 つの郡がサハの GMP のほぼ 8 割（77.2%）を占めている。このような偏りの原因は，鉱産物の偏在にある。ミールヌィ郡，レナ郡，ネリュングリ郡の 3 つの郡においては，鉱業が圧倒的に大きい産業となっているが，サハの鉱業の GMP に占めるこの 3 つの郡の比重は 83.2% であり，サハの鉱業は，この 3 つの郡を中心に営まれていることが分かる。レナ郡は，タラカン油田とチャヤンダ・ガス田を抱える郡であり，表 6 に示したように，サハの原油生産の 3 分の 2，天然ガス生産の 9 割近くを占めている。ミールヌィ郡はダイヤモンド生産の中心地であるが，原油生産も盛んである。ネリュングリ郡はサハの石炭生産をほぼ独占的に行っている。

表5 サハの地帯・自治体の経済活動別 GMP(2021年，構成比：%)

	合計	農林水産業	鉱業	建設	運輸・通信[1]	公的サービス[2]	その他
共和国全体	100.0	1.1	59.0	6.9	6.5	15.2	11.3
北部(北極)地帯(13自治体)	100.0	2.6	41.9	3.5	5.6	38.7	7.7
東部地帯(3自治体)	100.0	1.2	75.4	2.3	2.8	16.0	4.8
中部地帯(11自治体)	100.0	2.9	1.3	8.6	13.8	39.9	33.6
ヤクーツク	100.0	0.9	0.4	9.6	15.9	35.9	37.2
その他(10自治体)	100.0	10.4	4.6	4.5	5.7	55.2	19.7
西部地帯(6自治体)	100.0	0.5	81.0	7.0	2.6	5.6	3.3
レナ	100.0	0.2	80.1	12.4	3.5	2.0	1.8
ミールヌィ	100.0	0.1	87.7	1.7	1.6	5.1	3.7
その他(4自治体)	100.0	7.8	20.0	8.0	4.0	46.5	13.8
南部地帯(3自治体)	100.0	0.6	64.2	6.6	9.6	8.7	10.3
ネリュングリ	100.0	0.3	68.0	6.0	7.5	7.8	10.3
アルダン	100.0	0.5	58.1	7.1	11.4	10.6	12.2
オリョクマ	100.0	1.4	61.8	7.8	13.3	8.6	7.4
共和国全体	100.0	100.0	100.0	100.0	100.0	100.0	100.0
北部(北極)地帯(13自治体)	4.1	9.8	2.9	2.1	3.6	10.6	2.8
東部地帯(3自治体)	3.0	3.4	3.9	1.0	1.3	3.2	1.3
中部地帯(11自治体)	21.1	55.6	0.4	26.1	44.7	55.3	62.6
ヤクーツク	16.7	14.3	0.1	23.3	40.9	39.5	55.0
その他(10自治体)	4.4	41.4	0.3	2.8	3.8	15.8	7.6
西部地帯(6自治体)	51.9	23.4	71.3	52.5	20.5	19.2	15.3
レナ	24.0	3.4	32.7	43.2	12.8	3.2	3.8
ミールヌィ	25.4	2.5	37.8	6.4	6.1	8.5	8.4
その他(4自治体)	2.5	17.5	0.8	2.9	1.5	7.5	3.0
南部地帯(3自治体)	19.9	10.2	21.6	19.1	29.3	11.4	18.1
ネリュングリ	11.0	3.1	12.7	9.6	12.7	5.6	10.0
アルダン	5.4	2.6	5.3	5.5	9.5	3.8	5.8
オリョクマ	3.5	4.4	3.6	3.9	7.1	2.0	2.3

注：[1] 運輸・倉庫業と情報・通信業の合計。[2] 電気・ガス，水道・廃棄物処理，公務・国防・社会保障，教育，保健衛生・社会事業，文化・スポーツの合計。
出所：サハ統計機関提供資料から作成。

　ミールヌィ郡とレナ郡がサハの GMP に占める比重は，近年急拡大したことが表7から分かる。レナ郡の比重は2010年の12.8%から2021年には24.0%になっており，ほぼ倍増した。ミールヌィ郡の比重も同期間に7.4%ポイント増加した。この2つの郡の比重増大は，合わせると同期間に18.7%ポイントとなるが，サハの GRP に占める鉱業の比重が同期間に19.1%ポイ

表6　サハの主要鉱産物の自治体別生産分布(構成比：%)

種類	年	自治体名	シェア	自治体名	シェア	自治体名	シェア
原油	2022	レナ	66.3	ミールヌィ	33.7		
天然ガス	2022	レナ	88.0	ヴィリュイ	10.8		
石炭	2022	ネリュングリ	96.5				
ダイヤモンド	2022	ミールヌィ	46.1	ニュルバ	38.0	オレニョク	8.4
金	2021	アルダン	39.2	オリョクマ	24.9	オイミャコン	21.5

出所：サハ統計機関提供資料，本書第5章表1，「2023～2025年のサハ共和国(ヤクーチア)の社会・経済発展予測」第23表[https://mineconomic.sakha.gov.ru/]から作成．

表7　サハの地帯・自治体別GMP(構成比：%)

	2010	2015	2020	2021	人口(2021年センサス)
北部(北極)地帯(13自治体)	4.8	4.9	5.3	4.1	6.4
東部地帯(3自治体)	3.5	3.7	3.1	3.0	2.7
中部地帯(11自治体)	34.3	30.7	27.3	21.1	58.2
ヤクーツク	27.3	24.1	21.2	16.7	37.5
その他(10自治体)	7.0	6.7	6.1	4.4	20.8
西部地帯(6自治体)	38.5	48.3	46.7	51.9	19.7
レナ	12.8	18.6	19.3	24.0	3.3
ミールヌィ	18.0	22.1	22.7	25.4	7.2
その他(4自治体)	7.7	7.6	4.6	2.5	9.3
南部地帯(3自治体)	19.0	12.3	17.6	19.9	13.0
ネリュングリ	11.2	6.3	5.9	11.0	6.9
アルダン	5.6	4.3	7.0	5.4	4.0
オリョクマ	2.1	1.7	4.7	3.5	2.1

出所：サハ統計機関ウェブサイト[https://14.rosstat.gov.ru/folder/179476]，同機関提供資料から作成．

ント増大しており(図2)，よく照応している．サハにおける鉱業の比重の増加は，サハの生産活動のこの2つの郡への集中によってもたらされたわけである．他方で，ヤクーツクの比重は同期間に10.6%ポイント縮小した[17]．

次に，地帯別の産業構造の特徴をより詳しく見てみよう(表5上部)．まず北部地帯では，鉱業の比重が41.9%で最大となっているが，公的サービスもそれに匹敵するほどの大きさ(38.7%)となっていることが大きな特徴である．公的サービスのなかで大きいのは，電気・ガス(14.4%)，公務・国防・社会

保障(8.6%)，教育(7.8%)である。序章で説明したように，北極域は，世界的に見て，①大規模資源開発，②先住民などによる伝統的経済，③公的サービスの3つのセクターから成ることが知られているが，ロシア政府によって北極地帯と認定されている北部地帯では，このことが最も鮮明に現れている。北部地帯は，サハの面積の52.2%（161万km²）を占める一方で，人口のシェアは6.4%（6.4万人）なので，公的サービスのコストは極めて高く，そのことがGMPに占めるこれらの部門の大きさに反映されていると考えられる。

東部地帯は，鉱業の比重が大きい(75.4%)。これは，同地帯の中核を担うオイミャコン郡で，サハの金生産量の21.5%が産出されていることによるところが大きい（表6）。

中部地帯には，サハの人口の58.2%が居住する。同地帯は，他の地帯とは大きく異なり，公的サービスと「その他」がそれぞれ3～4割の比重を占め，運輸・通信の比重がそれに次いでいる。中部地帯はGMP総額ではサハ全体の21.1%を占めるに過ぎないが，公的サービスでは55.3%，「その他」では62.6%，運輸・通信では44.7%を占めており，農林水産業でも55.6%を占めている（表5下部）。

しかし，中部地帯のなかでも，ヤクーツク市とそれ以外の10の自治体では，産業構造にかなりの違いがある。ヤクーツク市では公的サービス以上に「その他」が大きく，運輸・通信も15.9%の比重を占めているのに対し，ヤクーツク市以外の10の自治体では公的サービスが圧倒的に大きく(55.2%)，農林水産業の比重も大きい(10.4%)ことが大きな特徴である。ヤクーツク市は，サハの情報・通信業のGMPに占める比重が87.8%であるほか，「その他」に含まれている商業や不動産などのサービスについてもサハ全体の過半を占める。一方，ヤクーツク市以外の中部の自治体はサハの農業のGMPの41.4%を占めており，サハ農業の中心地となっている。これらの自治体においては公的サービスの比重が非常に大きいが(55.2%)，そのなかでも教育(19.5%)，公務・国防・社会保障(13.5%)，保健衛生・社会事業(10.6%)などの比重が大きい。

サハ鉱業の中心地である西部地帯では，GMPの81.0%を鉱業が占める。

西部地帯は，サハの鉱業の GMP の 71.3％を占めるほか，建設でも 52.5％を占める。このうち鉱業は，ミールヌィ郡だけでサハ全体の 37.8％を占める。レナ郡は，鉱業でサハ全体の 32.7％を占めるほか，建設業でも 43.2％を占める。一方，この 2 つの郡を除く 4 つの自治体では，鉱業の比重は 20.0％に過ぎず，公的サービスが最も大きな比重（46.5％）となっている。これらの 4 つの自治体は，ヤクーツク市以外の中部地帯の自治体に比較的類似する産業構造となっており，農林水産業においてサハ全体の 17.5％を占めている。

　南部地帯の 3 つの郡も鉱業に特化しており，レナ郡やミールヌィ郡と類似する構造となっている。南部地帯では，運輸・通信の比重も比較的大きく（9.6％），サハの運輸・通信の GMP の 29.3％を占めている。これには，2009 年末に完成した ESPO パイプラインによる原油の輸送と，これに並行する形で敷設され，2019 年末に完成したガス・パイプライン「シベリアの力」による天然ガスの輸送が大きく貢献している。2 つのパイプラインは，南部地帯の 3 つの郡と西部地帯のレナ郡を通過しているが（Pulyaevskaya, 2012, p. 165），この 4 つの郡で，サハの運輸・通信の GMP の 42.2％を占めている。

　図 7 には郡ごとの 1 人当り GMP を大きい順に示したが，これには大きな差がある。共和国の平均よりも大きい郡は 8 つしかないが，そこには表 6 に示したような鉱産物の生産中心地が名を連ねている。トップのレナ郡の水準はサハの平均の 7.4 倍，2 位のミールヌィ郡は 3.5 倍である。他方，最も低いヴェルフネヴィリュイ郡の水準はサハの平均の 6 分の 1 程度，レナ郡の 46 分の 1 程度である。サハの平均の半分に満たない自治体が，ヤクーツク市以下，22 もある。

　1 人当り GMP と鉱業の発展の間に強い相関があることは，図 8 から明らかである。同図の左側は 2021 年の 1 人当り GMP，右側は各自治体の GMP に占める鉱業の比重を示す。1 人当り GMP が 300 万ルーブルを超える 4 つの郡では，いずれも鉱業の比重が 70％を超えている。1 人当り GMP が 100〜300 万ルーブルの 6 つの郡では，鉱業の比重が 40％以上となっている。他方，鉱業の比重が 10％以下である 18 自治体のうち 15 自治体において，1

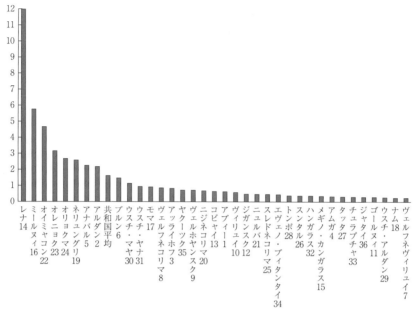

図7 サハの自治体別1人当りGMP（2021年）（単位：100万ルーブル）

注：自治体名の下の番号は，裏見返し地図に対応する。人口データについては，図9の注参照。
出所：サハ統計機関ウェブサイト［https://14.rosstat.gov.ru/chisl_sostav］，同機関提供資料から作成。

人当りGMPが50万ルーブル以下となっている（例外は，ヤクーツク市と北部地帯のニジネコリマ郡とアブィー郡）。1人当りGMPとGMPに占める鉱業の比重の相関係数は0.74であり，高い相関である[18]。ロシアのなかでも，石油・ガスなどの鉱業生産が盛んな地域とそうでない地域の間に大きな経済格差があるが，サハのなかでも，同じことが生じているわけである。しかし，富を生み出す鉱産物が偏在していることから，このような格差が生じるのは当然のことである。また，こうした生産の格差が，住民の所得や生活水準の格差を必ずもたらすとは言えないので，所得などの格差については，物価水準や生活費などをも考慮に入れた分析が別途必要であろう。

北部地帯のなかでも，西部のアナバル郡，オレニョク郡，ブルン郡では，鉱業の比重が50％を超えており，1人当りGMPがサハのなかで10位以内

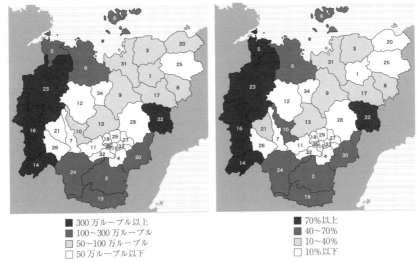

図8 サハの各自治体の1人当り GMP(左図)と GMP に占める鉱業の比重(右図)(2021年)
注:番号に対応する自治体名は裏見返し地図あるいは図7参照。地図中の35はヤクーツク市(35)だけでなく,ジャタイ市(36)を含む。人口データについては,図9の注参照。
出所:図7に同じ。

に入っていることが注目される。アナバル郡やオレニョク郡はダイヤモンド生産が盛んであり,ブルン郡でもダイヤモンドや石炭の生産が行われている。北部地帯は人口が少ないこともあり,こうした資源開発によって,かなりの経済発展が期待できる (Kryukov et al., 2021)。一方で,北部地帯の住民は資源開発企業の進出に対して否定的であるというアンケート結果も出されている (Kalavriy and Sleptsov, 2021)。こうした地域における鉱業生産の実態を分析することは,今後の課題である。

　自治体別の1人当り GMP のジニ係数を計算すると,2021年において0.571であった。このジニ係数の推移を見ると,若干ではあるが拡大傾向にあることが分かる(図9)。鉱業は必然的に地域的な偏りを伴うものであり,鉱業の発展,すなわち資源開発は,地域間の生産格差の拡大をもたらしている。

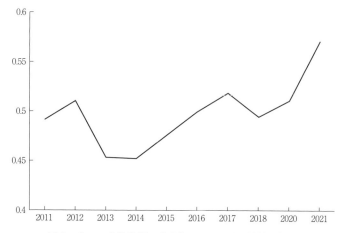

図9 サハの自治体別1人当りGMPのジニ係数の推移

注：2019年は自治体別のGMPデータが入手できていない。人口は年平均人口を用いたが，それが得られない2020～2021年については，年初データの平均値を採用した。2021年以前の自治体別人口データについては，2021年人口センサスによる修正がなされたデータが得られていない。
出所：図7に同じ。

5　おわりに

　本章の分析からサハ経済の産業構造とその変化に関して次のような結論が得られた。第1に，近年の石油・ガス・石炭・金などの生産増加は，サハ経済の成長率を引き上げている。従来は，ダイヤモンドの影響力が圧倒的であったが，近年は石油・ガスの貢献度が急速に大きくなっている。これは，サハ経済がますます鉱業に依存するようになったことを意味する。

　第2に，産出される鉱産物の多くが輸出されており，鉱業の発展は輸出の増加によってもたらされている。鉱産物の輸出先は，ダイヤモンドを除いて，中国向けが多い。特に，2022年のロシアによるウクライナ侵攻後は，石油・ガス・石炭などの世界的な取引関係が大きく変化するなかで，これらの中国向け輸出が増加傾向にあり，これはサハにとっては経済発展を促進する要因となっている。ただし，鉱産物，特に石油・ガスの輸出利益が地元に十分還

元されていないという問題がある。第2章の財政の分析においても明らかにされるように，石油・ガスの開発は，連邦には大きく貢献するが，地元への貢献は限定されたものとなっている。

　第3に，このような鉱物資源はサハのなかで偏在しており，そのことが地方自治体間の産業構造の大きな差異を生み出し，大きな経済格差を生じさせている。そして，そのような格差は若干拡大傾向にある。こうした格差が自治体の税収や住民の生活水準にどのような影響を及ぼしているかについては，本書の他の章で分析される。

　このような資源開発に基づく経済発展の持続可能性を検討する際には，環境に与える影響を考慮することが不可欠である。本章では，この問題を本格的に分析することができなかったが，問題の所在については確認しておきたい。ここでは，大気汚染についてのみ，状況を見てみると，資源開発が進むなかで，固定発生源からの汚染物質排出量が増加していることが分かる（図10）。このうち2009年の増加は，タラカン油田における生産拡大に関係して

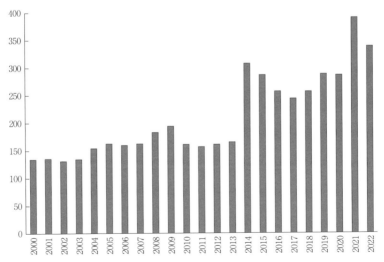

図10　サハにおける固定発生源からの汚染物質排出量（単位：1,000 t）
出所：Minprirody Sakha（2023）など各年版から作成。

いる。しかし、石油随伴ガスの利用が進んだため、2013年にかけて排出量の増加が抑えられた。2014年からの排出量の増加は、ミールヌィ郡のタース・ユリャフ・ネフチェガスダビィチャ社における原油・ガスコンデンセートの生産と石油随伴ガスの燃焼の増加によるものであった（Minprirody Sakha, 2015, p. 6）。その後の2017年にかけての減少は、タラカン油田を含めて、石油随伴ガスの燃焼が減らされたことによる（Minprirody Sakha, 2020, p. 537）。しかし、2018年以降は排出量が再び増加傾向にある。これは、石油・天然ガスの生産増加、電力と住宅・公営事業の設備の老朽化によるものであった。このように、環境汚染は資源開発の進展と深く結び付いていることが分かる。こうした問題についての本格的な分析は、今後の課題としたい。

注

1) ロシアのGRP統計では、2016～2017年に経済活動分類がOKVEDからOKVED2に変わったため、この前後の経済活動別データには連続性がない。このため、図2の注に示したような便宜的な計算を行っているが、他の部門についても厳密にはこの前後で連続性がないことに注意が必要である。

 鉱業の比重は、2004年から2009年は減少傾向となっており、特に2009年には、28.4％にまで急落した。これは、図1の鉱業生産データからも分かるように、石炭の大幅な減産によるものであり、リーマン・ショックの影響を受けたものであった。

2) 2017年以前の金は金属のデータであるが、大半を金が占めると考えられることと、2018年以降のデータとの連続性を考慮して、金のデータと見なすこととした。同様に、2015年以前のダイヤモンドは「その他の鉱業」のデータであるが、2010年についてダイヤモンドのデータとほぼ一致することと（Tabata, 2021, p. 3）、2020年以降のデータとの連続性を考慮して、ダイヤモンドと見なすこととした。後述する鉱業統計のデータ（図4）についても、金とダイヤモンドと記したデータは、出所の統計集等においては、それぞれ金属、その他の鉱業と記されているが、GRPのデータと同様に、金とダイヤモンドのデータであると見なすこととした。

 表2では、2020年以降、「その他」が一定の大きさを占めているが、これには、注1に記した部門分類の変化が関係している。後述のように、鉱業部門のなかに「サービス」という部門が現れるようになっており、表2の「その他」はそれに対応していると考えられる。2017～2019年の「その他」についても、ダイヤモンドだけでなく、この「サービス」が含まれていると考えられる。

3) GDPに占める石油・ガス部門の比重が小さく現れることに関しては、ロシア統計

庁も承知しており，2021年7月からは広義の石油・ガス部門のGDP，すなわち，鉱業部門に含まれる石油・ガス採掘に加えて，製造業部門に含まれる石油精製，商業部門に含まれる石油・ガスの卸売，輸送部門に含まれる石油・ガスの輸送，生産物税などを含むGDPを発表するようになった。それによると，2023年の広義石油・ガス部門の比重は16.5％であった。

4) https://rosstat.gov.ru/statistics/accounts
5) ロシア統計庁ウェブサイトによる[https://rosstat.gov.ru/folder/12781#]。
6) サハの同年の1人当りGRPはロシアの2.1倍である。因みに，極東連邦管区では，サハリン州が4位，チュコト自治管区が5位，マガダン州が6位，カムチャツカ地方が12位であった。極東のGRPが大きい理由の1つは物価水準が高いことにあり，1人当りGRPの高さは必ずしも生活水準の高さを示すものではない。
7) 北部地帯の例であるが，ダイヤモンドの独占企業アルロサの子会社であるアルマズィ・アナバラでは，1,700～1,800人の人員のうち97％が共和国の住民であるのに対し，スルグートネフチェガスでは，15％が地元の住民，残りは一定期間泊まり込みで働いているということである（Gordyachkova and Kalavriy, 2022, pp. 132-133; Kryukov et al., 2021, p. 160)。
8) これについては，ロシア統計庁の『ロシアの地域』統計集（Rosstat, 2023a, pp. 1108-1109）にも注記がある。
9) 同じ統計集のデータで，過去の数字を見ると，モスクワのシェアは2003年に32.7％，2004年に45.3％，2005年に50.5％と増大する一方で，ハンティ・マンシ自治管区のシェアは同じ3年間に25.7％，14.1％，7.5％と縮小した。この問題についてのさらなる検討は今後の課題としたい。
10) このデータはロシア税関庁のウェブサイト[https://customs.gov.ru/folder/527]から得られた。しかし，同ウェブサイトからこのデータが得られるのは，2016年と2017年だけである。上記の『ロシアの地域』統計集の地域別商品グループ別データには，HS71のデータは含まれていない。
11) 2022年については，ロシア経済発展省によるロシアの2024～2026年社会・経済発展予測に示された中国向け輸出価格を採用した。表4の推計に関する詳細な説明とデータの出所については，「補遺：サハ共和国の輸出額の推計」[https://src-h.slav.hokudai.ac.jp/publictn/slav_eurasia/17contents.html]にまとめたので，それを参照のこと。
12) 2011年以前については金（HS7108）の輸出額が得られていないため，推計ができていない。
13) Ministerstvo ekonomiki（2023, p. 39）によると，2022年のサハの石炭輸出の70.8％が中国向けであった。
14) 2022年にロシアの金の輸出は大きく減少したが，それは英国向けが減少したことによるところが大きく，中国向けなどは増加したと伝えられている（坂口, 2024, p. 73）。

15) 輸入についても，サハの輸入(サハの人々が消費する輸入品)の一部がサハではなく，モスクワなどの統計で記録されているという問題があるかもしれないが，その規模はそれほど大きいものではないと考えられる。

16) ロシアのなかで GMP データが策定・公表されている地域は，まだ限られている (Pulyaevskaya, 2015, p.136)。サハ統計機関はこの面でリーダーになっているようで，2023 年 11 月 7 日付のロシア大統領の要請では，極東連邦管区のいくつかの都市において，GMP の 1 つである都市総生産を計算する試験的プロジェクトを実施することがロシア政府に求められている [http://www.kremlin.ru/acts/assignments/orders/72690]。

17) 奇妙なことに，2016 年においてはヤクーツク市の GMP の 10.6％を鉱業が占めていた。2020～2021 年データでは，「ヤクーツク市に登録されている鉱業企業のデータは，実際に活動を行っている場所に含められている」という注が付けられた。すなわち，以前は，他の場所で活動を行っていても，ヤクーツク市で登録されると，同市の活動として統計に含められていたようである。これは，他の地域で生産活動を行っていても，統計は企業登録地のモスクワ市で記録されるという問題に似ている。ただし，この額(ヤクーツク市の GMP の 10.6％)はそれほど大きいものではないので，これだけでヤクーツク市の近年のシェアの減少を説明できるわけでは全くない。なお，GMP の自治体別生産活動別データは，2017～2019 年については入手できていない。

18) この相関係数は 2016 年に 0.86，2020 年に 0.81 であった。

第 2 章 財　　政
―― ベネフィット・シェアリングの観点から

横 川 和 穂・田 畑 伸 一 郎

1　はじめに

　ソ連崩壊後の 1990 年代，ロシア政府の北極域への関心は低下し，同地域はその維持コストの高さからむしろ重荷と認識されるようになった。しかし，21 世紀に入ると，北極域への国際的な関心の高まりとともに，ロシア政府もこのエリアに再度注目するようになり，2008 年には体制転換後初めて，北極域の発展に関する政策文書が採択された[1]。その後，この内容はより具体化され，現在は 2020 年に採択された「2035 年までのロシア北極域の発展および国家安全保障の戦略」(以下，「戦略」)がロシアの北極政策の基本方針となっている[2]。

　石油・ガス産業に依存するロシア経済にとって，北極域は資源開発のフロンティアとして極めて重要な位置付けにあり，北極政策の主眼もまずは資源権益の確保に置かれてきた(Fondahl et al., 2020)[3]。同時に，資源権益やロシア北方航路の発展などと並ぶ優先的な課題としてあげられてきたのが北極域の住民生活の質の向上である。実際，「戦略」のなかでは，北極域の住民の平均寿命の伸長や北極域からの人口流出の抑制，新たな雇用の創出，平均賃金の引き上げなどについて，野心的とも言える数値目標が掲げられている[4]。

　このように住民生活の質の向上の必要性が強調される背景には，北極域における厳しい生活の実態がある。ソ連崩壊後の深刻な人口減少，住民の平均寿命の短さ，老朽化した住宅，良質な社会的サービスへのアクセスの難しさなど，全般的な住民生活の質の低さは政府の基本方針のなかでも問題視され

ている。本章が対象とするサハ共和国では，共和国北部の13郡が，ロシア政府が定める「北極地帯」に当たる北緯66度33分以北に位置しているが，これらの郡の人口は1990年の約15万人から2023年時点の6万4,000人へと，6割近くも減少している。北極地帯では過酷な気候条件に加え，高い物価のせいで実質所得は最低生活費に満たないことも多い。また，医療や教育をはじめ，良質な公共サービスへのアクセスも限られる(Naberezhnaia, 2015)。結果的に，サハ共和国全体の人口が21世紀に入って増加に転じるなかでも，北部13郡からは若者を中心に人口の流出が続いてきたのである。

　ロシアにとって，北極域での資源開発を推進し経済を浮揚させることは，国内的にも，また国際政治・経済上の同国のプレゼンスを高めるうえでも極めて重要である。それゆえ，北極域の住民生活の質の向上と人口の維持は，ロシアの北極政策上欠かせない課題として位置付けられているものと思われる[5]。

　このような背景を踏まえ，本章ではサハ共和国を事例に，ロシア北極域における資源開発が地域住民の生活水準の向上にどのような形で還元されているのかを明らかにすることを課題としている。サハ共和国は，308万km^2というロシアの連邦構成主体随一の広大な領土を有し，資源にも恵まれた地域である。以前からある金やダイヤモンド，石炭の採掘に加え，近年では石油・天然ガスも産出されるようになり，鉱工業生産は伸びている。しかし，生み出された富は地域経済の発展や住民生活の改善に還元されているのだろうか。こうした問いに対し，本章では特にサハ共和国の財政構造の分析を通してアプローチする。

　以下，第2節では北極域の資源開発による利益がいかに地域に還元されてきたのか，ロシア以外の北極域諸国の事例も含め，先行研究のレビューを通してポイントを整理する。第3節では，サハ共和国を含むロシアの北極域と連邦政府との財政関係について分析し，ドナー地域としての北極域の位置付けを確認する。第4節では，サハ共和国財政の歳入および歳出構造の分析から，地域経済・社会に対して政府がどのような役割を果たしているのかを考える。さらに第5節では，地方自治体レベルの財政に着目し，郡・都市財政

の構造的な特徴，サハ共和国内での地域間格差の存在やその是正について明らかにする。最後に第6節では，以上の分析を踏まえた総括を行う。

2 北極域諸国におけるベネフィット・シェアリング

2-1 北極域の経済構造と先住民コミュニティ

世界で北極域に属する領土を持つ国は，アメリカ，ロシア，カナダ，北欧諸国など8カ国ある（序章第2節参照）。政治体制にはかなりの差異があるものの，北極域は経済的には共通した課題を抱えている。過酷な自然環境，人口の希薄さ，大都市からの遠隔性と交通アクセスにおける利便性の欠如，物価の高さと高い生産コスト，人的資源の面での制約，資源採掘に伴う環境破壊，気候変動から受ける負の影響などである（Larsen and Petrov, 2020, p. 80）。その一方で，北極域は石油やガス，貴金属や宝石など，多様な天然資源の宝庫でもあり，これらの要因が北極域独特の経済構造を形作ってきた。北極域の経済は，序章で述べられているように，資源セクター，伝統的な自給自足経済，そして公的セクターという，主に3つのセクターから構成されている（Larsen and Petrov, 2020, pp. 79-80）。他方，高コストな北極域では製造業は概ね未発達である。

サハの経済構造もまさにこの分類に当てはまり，金やダイヤモンド，近年では石油や天然ガスも加わった資源セクターが経済成長を牽引している。また，資源地域と中心都市ヤクーツク以外では，自給的な農業・漁業を営む住民が多い（Pulyaevskaya, 2012）。さらに，公的セクターはサハにおいても極めて重要な役割を担っており，公務員を含む第三次産業における雇用は，2022年時点で7割弱を占めている[6]。とりわけサハ北部の北極地帯では従属人口比率が他地域よりも高いため，年金が一家の生活を支える唯一の収入源になっているケースもある。

元来先住民たちが伝統的な自給自足経済を営んできた北極域では，第二次世界大戦後に資源開発が進んだことで，経済成長がもたらされた。ただし，

資源開発の主体は地域外にいることが多く，開発によって生み出された利益の多くは往々にして域外に流出し，地元経済への貢献は限られていた。他方で，資源開発が環境に与えるダメージは，先住民たちの生業を脅かす存在にもなった。また，地域の先住民コミュニティと政府，および企業間の関係が決して対等ではなかったことも，地元住民が十分な利益や補償を受け取ることができない理由となった(Larsen and Petrov, 2020)。資源開発によって国全体が経済成長を遂げるなかで，北極域の先住民たちはそこから取り残され，高い失業率や貧困といった問題を抱えていたのである(Coates and Broderstad, 2020, pp. 11-15)。

2-2　ベネフィット・シェアリングとその諸類型

　資源開発が生み出す富を地元に還元させる，あるいはそれによる損失を補償させるうえでは，企業と地元住民・コミュニティの間での利益の共有，「ベネフィット・シェアリング」が重要である。ベネフィット・シェアリングは，北極域の先住民たちの権利の獲得と合わせて，1960年代，70年代頃から進んできた。グリーンランドやノルウェー，アラスカ，カナダなどでは，先住民団体が自らの権利の向上や環境の改善を訴え，政府を相手に闘い始めたのである。その結果，カナダの先住民は資源収入の配分，天然資源プロジェクトの認可，自治などの権利を拡大し，またアラスカではコミュニティ企業の設立を通して，先住民がビジネスや自治，地域の発展に関与するようになった(Coates and Broderstad, 2020, pp. 15-17)。こうして企業，政府，地域コミュニティの間で合意が結ばれ，それが資源開発企業に操業のための「社会的ライセンス」を与える役割を果たしてきたのである(Johnson, 2020, p. 107)。

　Tysiachnioukらの研究では，北極域の各地におけるベネフィット・シェアリングのあり方について，類型化が試みられている(Tysiachniouk and Petrov, 2018; Tulaeva and Tysiachniouk, 2017)。パターナリスティック・モード，企業中心のCSRモード，パートナーシップ・モード，および株主モードの4つである。第1のパターナリスティック・モードでは，国が支配

的な立場から企業活動に対し監督・介入を行い，企業はそれに従って地域コミュニティや先住民たちを支援する。ただし，コミュニティや先住民側に利益の配分に関する主導権はない。ロシアではこの形のベネフィット・シェアリングがソ連時代からの遺産として存在しており，先住民たちのエネルギー企業への依存を生み出してきたとされる。第2の企業中心のCSRモードでは，企業はグローバル・スタンダードに従って先住民たちに「必要最小限の」補償を行うことで，操業のための「社会的ライセンス」を得る。第3のパートナーシップ・モードは，エネルギー企業，政府，先住民コミュニティの三者がパートナーシップに基づいて利益の配分を行うもので，より対等な立場に置かれるという意味で手続き的な公平性は高い。Tulaeva and Tysiachniouk (2017) は，ロシア・サハリン州での資源開発がこれに該当し，プロジェクトに融資する国際金融機関によるコンディショナリティが地元コミュニティの意思決定への参加を促したと主張している。ただし，手続き的な公平性が高い一方で，補償の規模等，配分の公平性が必ずしも高いとは限らない。第4の株主モードは，住民が資源関連企業の株主となって経営に参加し，そこから配当収入を得るというもので，主にアラスカ州で見られる形態である。以上のように，ベネフィット・シェアリングにはいくつかの形があるが，実際にはいずれか1つのモードに収束するというよりは，多くの地域で複数モードが併存している (Tysiachniouk and Petrov, 2018)。

　ベネフィット・シェアリングには資源企業から地域住民への直接的な支払いや支援以外に，より広義には企業の納税が政府財政を介して公共サービスの形で還元されるものも含まれる。以下では，財政も含めたベネフィット・シェアリングのあり方について，特に資源産業のウェイトが大きいロシアとアメリカ・アラスカ州を中心により詳しく見てみよう。

2-3　アラスカとロシアにおけるベネフィット・シェアリングと財政

　北極域と言っても，資源開発の有無や規模によってその経済状況は大きく異なってくる。ここでは先行研究をベースに，ロシア北極域と，同じく北極域の資源地域であるアメリカのアラスカ州を取り上げ，ベネフィット・シェ

アリングの制度的な違いを概観したい。

　アラスカ州は 172 万 km^2 の土地に 73 万人超の人口を抱えており，その半数以上がアンカレッジとフェアバンクスに集中している。先住民は州人口の約 18% を占めており，なかでもユピック族，アサバスカン族，イヌピアック族などが北極域で狩猟や漁業などの自給自足生活を営んでいる[7]。州全体としては石油や鉱物資源の採掘を主要産業としており，アメリカ全土で 1 人当り GDP が最も高い州の 1 つでもある。

　このように，アラスカ州の経済・社会構造はロシアの北極域やサハ共和国とも類似性がある。しかし，資源産業からの利益の配分の方法は全く異なっている。アメリカではロシアのように石油・ガス産業からの税収が連邦財政に繰り入れられる仕組みがないため[8]，アラスカの石油採掘関連の税収はすべてアラスカ州財政に入り，州の歳入の 8 割以上を占めている。潤沢な石油収入の存在により，アラスカ州はアメリカで唯一，個人所得税や消費税など個人向けの課税が一切ない州となっている。この石油関連税収の大部分はアラスカ州の一般会計に組み込まれるが，残りは予備費積立金(Constitutional Budget Reserve)，あるいはアラスカ恒久基金(Alaska Permanent Fund)に繰り入れられる。アラスカ恒久基金を運用した投資収益は毎年住民に支払われており，1982 年から全住民に対し，1 人当り年約 10 万円が支払われてきたという(岡野内，2014，pp. 4-5)。

　また，アラスカでは，1971 年の「アラスカ先住民権益処理法」(Alaska Native Land Claims Settlement Act；ANCSA)により，土地に対する先住民の権利が放棄される代わりに，アラスカを 12 の地域に分けて設立された地域会社(regional corporation)，および各地域内の先住民部落ごとに設立された村落会社(village corporation)を通じて，先住民は土地や地下資源に対する権限や利益を享受することになった(片山，2014，pp. 82-90)[9]。これらの 12 の先住民地域会社すべてが 2010 年までにアラスカ州に本社を持つトップ 25 企業に入るという成功をおさめており，先住民たちはそこから配当収入を得ているのである(岡野内，2014，p. 12)。

　このように，アラスカでは石油関連税収が基本的に州内にとどまるため，

州財政が自立しており，税収が公共サービスとして住民に還元される仕組みになっている。また，石油収入を積み立てたアラスカ恒久基金の運用益が配当として全住民に支払われている。さらに，住民が村落会社，地域会社といった先住民企業の株主となることで配当を受け取るほか，地下および地上の資源がこれらの地域企業の所有となることで，開発に伴う補償も受けることができる。以上のように，アラスカでは資源開発からの利益は，パターナリスティック・モードや株主モードが融合した形で，地域の先住民やコミュニティに還元されている。

　では，ロシア北極域におけるベネフィット・シェアリングはどうなっているのだろうか。ロシアでは極北やシベリア，極東に40の先住少数民族が居住し，伝統的なトナカイの遊牧や狩猟，漁業などに従事している。しかし，国際的には1960～1970年代頃から政策決定に対する先住民コミュニティのエンゲージメントが深まってきたのに対し，中央政府が極端に強いロシアではそうはならなかった。むしろ，先住少数民族は深刻な環境破壊をもたらした工業化や資源開発プロジェクトを受け入れてきており，RAIPON（Russian Association of Indigenous Peoples of the North）のような先住民問題を代表する勢力は抑圧されている（Coates and Broderstad, 2020, p. 17）。パターナリスティック・モードが主流のロシアでは，先住民や地域コミュニティによる意思決定への参加が欠けている代わりに，政府による補償がトップダウンで行われる傾向にある（高倉，2017；原田，2021）。

　ロシア北極域の資源地域におけるベネフィット・シェアリングに関するTysiachniouk らの研究によると，ロシアにおけるベネフィット・シェアリングは①国の法令，②国際的基準，③企業の規約という，3つの要因に規定されている（Tysiachniouk and Petrov, 2018; Tulaeva and Tysiachniouk, 2017）。まず①の法令についてであるが，ロシアでは先祖代々の土地に住み，伝統的な生活様式を維持し，人口が5万人に満たず，自らを独立した民族コミュニティと認識している者たちが政府によって「先住少数民族」と認定され，保護の対象となっている（序章で説明されたように，先住民であっても人口が約50万人に上るサハ人は，先住少数民族にカウントされない）。また，

ロシアの法律によって，先住少数民族たちは「伝統的自然利用区域」(以下，「TTP」)を指定することが認められている[10]。資源企業がTTPで操業する場合は先住民たちの合意を得る必要があり，企業活動によって生じる損失に対しては補償を行わなければならないことになっている[11]。また，ロシアの土地法典も農業，林業，その他の活動に指定された土地を資源開発から守る役割を果たしている。例えば，農業用の土地がトナカイの遊牧企業にリースされている場合，同じ土地で採掘を計画している石油会社は遊牧企業の合意を得なければならず，土地の喪失に対して補償を行わなければならない。補償の金額は連邦の基準に基づいて算定されるが，ロシアでは2013年に牧草地のダメージへの公的な補償が定められ，企業による先住民への支払額が5～10倍に増加したという[12]。このほか，環境監査に関する連邦法もあり，工業施設を建設する際は必ず適用される。住民の公聴会もこれに含まれる。

②の国際的基準は，国連，北極評議会，国際金融機関，ILO，その他によって設けられているもので，ロシアの企業にも影響を与えている。③の企業による規約は，先住民の利害や土地，文化に対して敬意を払うことを謳っており，通常は②の国際機関の基準に準拠する(Tulaeva and Tysiachniouk, 2017, pp. 5-6)。しかし，国家の影響力が強いロシアの資源産業の性格を考えれば，資源企業の行動に対し，①の国家の法令が②の国際的基準や③企業自身の規約以上の影響力を持っていることが予想される。

Tysiachnioukらのロシアのネネツ自治管区，ハンティ・マンシ自治管区，サハリン州における石油企業と地元住民とのベネフィット・シェアリングに関する調査によると，ネネツ自治管区およびハンティ・マンシ自治管区では，パターナリスティック・モードと企業中心のCSRモードの混合の形でベネフィット・シェアリングが見られたという。これらの地域では，協定の締結も資金の配分も企業側[13]と知事との間の合意に依拠しており，先住民コミュニティの関与はわずかであるということ，そして合意がインフォーマルな形で結ばれることが多いことが特徴としてあげられている。手続き上の公平性，つまり先住民コミュニティの参加度は低いものの，配分上の公平性は高く，コミュニティは社会的インフラや道路，学校，幼稚園，スポーツ施設，

医療施設，文化センターなど，多くの必要なものを現物で受け取っている。こうした形のベネフィット・シェアリングには，ソ連およびポスト・ソ連時代からの経路依存性が存在している（Tulaeva and Tysiachniouk, 2017）。他方，同じロシアでもサハリン州では，多国籍企業であるサハリン・エナジー社やエクソン・ネフチェガス社が，パートナーシップ・モードのベネフィット・シェアリングを展開していたとされる。ここではプロジェクトに融資する国際金融機関からのグローバル・スタンダード遵守に対する要請が強く，先住民との間に問題が起これば融資が受けられなくなる可能性があった。そのため，先住民コミュニティが意思決定に関与して土地の利用や利益に関する交渉が行われ，世界的にも稀に見る成功事例となったと評価されている（Tulaeva and Tysiachniouk, 2017）[14]。

ただし，このような論調に対して異議を唱える研究もある。ヤマル・ネネツ自治管区のトナカイ遊牧民を事例としたマゴメドフの研究では，RAIPON が現政権の圧力のもとで政権に忠実な団体へと様変わりさせられたことで，今では資源開発の進行に対して土地問題など遊牧民の利害を守る存在はなくなったと，より政府に対して厳しい評価がなされている。また，こうしたロシア政府の強硬な措置が，「ツンドラの声」のようなより急進的な運動の出現につながっているということも指摘されている（Magomedov, 2020；マゴメドフ・德永，2020）。

本章の対象であるサハ共和国では，ダイヤモンド産業においては，株主モードに近い形でベネフィット・シェアリングが行われている。アルロサ社の株式を共和国政府や自治体が保有することで配当収入を得るほか，アルロサは毎年売り上げの約5％を社会的プログラムに投じ，インフラ整備や，学校，幼稚園，病院，住宅，スポーツ・文化施設の建設や支援に取り組んでいるという[15]。ただし，株式を住民が個人として所有するのではなく，地域・地方政府が所有することで，企業に対して上から影響力を行使しているという点ではパターナリスティック・モードにも分類されよう。

以上で見てきたように，ロシアでは国の指導のもとで，その程度については論争の余地があるとは言え，企業が先住少数民族や地域コミュニティに対

し，補償および様々な社会的サービスやインフラを提供している。ベネフィット・シェアリングのあり方において，企業の意思決定に住民が株主として参加するアラスカのケースと，政府の法令が企業に対して強い拘束力を持ち，パターナリスティックな分配が行われるロシアは，対照的な事例のように映る。

それと並んで重要なのは，アラスカ州では石油採掘企業からの潤沢な税収が全面的に地域に還元されていることであるが，ロシアにおいて北極域の資源企業からの税収がいかに地域に配分されているのかについては研究が少ない[16]。以下ではこの点に焦点を当て，サハの資源産業からの税収の流れを詳しく見ていこう。

3　ロシア連邦におけるサハ共和国財政の位置付け

3-1　ロシア政府の北極政策と財政支出

ロシア政府の北極政策の基本方針である「戦略」は，2021年3月30日付政府決定第484号「ロシア北極地帯の社会・経済発展」国家プログラムおよびその改訂（2021年10月30日）によって，国家プログラムとして肉付けされている。このプログラムでは，極東・北極域発展省を実施主体として，2021〜2024年に195億5,853万ルーブルが北極域のインフラ整備などに支出される計画になっていた[17]。また，この政府支出を呼び水として，4年で4,570億ルーブルの民間投資の流入と約5万人分の雇用創出を見込んでいた。対象地域の連邦構成主体政府に対しては，連邦政府とのプロジェクトの共同実施や，投資主体に対して地域・地方税に関する特典や行政手続き面などでの優遇措置を設けることが求められていた。

ただし，現在までの経緯を見ると，地域開発で当てにしていた民間投資はロシアのウクライナ侵攻によって絶望的となり，ロシアの北極政策はこれまで以上に国家財政からの投資に頼るしかなくなっている。また，戦争遂行のために国家財政そのものが苦しい状況にあり，北極域の社会・経済発展を目

指した国家プログラムも，計画通りの規模の支出を期待することは現実的には難しいと思われる。

3-2 サハ共和国の資源産業と財政収入

サハ共和国政府のレベルでも，地域の北極政策が策定されており，連邦政府の政策方針同様，北極域の住民の生活水準と質を向上させることが目標とされている[18]。本節では，こうした政策の実施を左右するサハの財政状況について見てみよう。サハの経済を牽引するのは資源産業で，2022年のデータによると，GRPの約6割を採掘産業が占めている。元々サハはダイヤモンドや金の採掘が盛んな地域であったが，2010年代に入って石油・ガス生産が急拡大し，現在では石油・ガスが採掘産業のGRPの約半分を占めるようになっている（第1章参照）。

サハ共和国で徴収される税の産業別構造を表したものが図1である[19]。これによると，石油産業からの税収が2010年代，特に2014年から急増してい

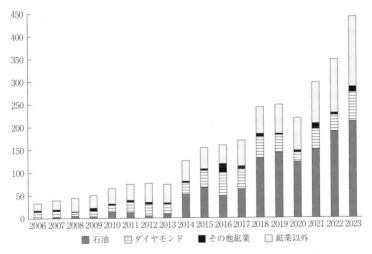

図1 サハ共和国の産業別税収構成（単位：10億ルーブル）

出所：ロシア税務庁ウェブサイト［https://www.nalog.gov.ru/rn77/related_activities/statistics_and_analytics/forms/］から作成。

ることが分かる[20]。ロシア予算法典によると，石油および天然ガスにかかる資源採掘税は100％が連邦財政の収入になる。石油・ガス関連でもそれ以外の税，すなわち法人税の一部や法人資産税などは連邦構成主体の税収となるものの，石油・ガス産業からの税収の大部分は連邦財政に入ることになる。したがって，サハ共和国における石油・ガス産業の成長は，サハ自体の財政収入の増加にはそれほどつながっていないのである。他方，ダイヤモンド採掘税は100％連邦構成主体の税収となる[21]。アルロサからの配当収入や法人税と合わせ，ダイヤモンド産業のサハ財政への貢献度は非常に高い。

3-3　連邦財政に対するドナーとしてのサハ共和国

北極域にあるロシアの連邦構成主体は，2024年3月にハンティ・マンシ自治管区内の2つの自治体が加えられ，合計10となった（表見返し参照）。地域によって財政状況は大きく異なるが，ヤマル・ネネツ自治管区やハンティ・マンシ自治管区のような人口が少ない資源地域は，連邦財政への納税額が連邦政府からの財政移転の受け取り額を上回るドナー地域と位置付けられる（田畑・本村，2020）。

図2は，サハの税収のうち連邦財政への納税額を総寄与額とし，総寄与額から財政移転の受け取り額を差し引いた額を純寄与額として示した。サハ共和国は連邦政府への納税額も多いが，支出のコストが高いために連邦からの財政移転の受け取りも多く，ネットで見ると長らく受け取り額の方が多い地域であった。しかし，石油・ガスからの税収が増えた結果，2015年頃から，コロナ禍の2020年は例外として，ネットでドナー地域に転じたことが分かる。

ロシアでは石油・ガス部門からの税収は連邦レベルに集められ，その後財政移転を通してロシア全土に配分される仕組みになっている[22]。石油・ガス収入は，地域間の格差が大きいロシアにおいて再分配を図るための重要な財源となっている。ただし，連邦財政からの補助金として配分される資金には，後述するように使途が特定されたものも多い。サハ共和国も，ロシアの他地域を支えるために税収を上納していることになり，これは石油産業からの税

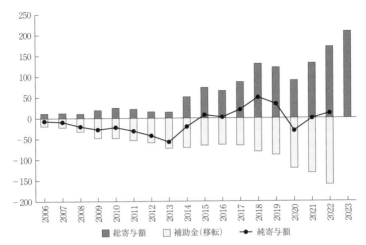

図2 サハ共和国の連邦政府への納税と財政移転受け取り額（単位：10億ルーブル）

注：総寄与額（連邦財政への納税額）は，法人税の連邦財政納付額，付加価値税と採掘税の税収総額の合計値として計算した。個人所得税，物品税については，連邦財政納付額のデータが得られないので，含めていない。

出所：ロシア税務庁とロシア出納庁のウェブサイト[https://www.nalog.gov.ru/rn77/related_activities/statistics_and_analytics/forms/, https://www.roskazna.gov.ru/ispolnenie-byudzhetov/konsolidirovannye-byudzhety-subektov/]，サハ共和国財務省提供資料，Rosstat(2023a)など各年版から作成。

収がすべて自地域の収入となるアラスカ州のケースとは対照的である。

4 サハ共和国の歳入・歳出構造

4-1 サハ共和国の歳入構造

次に，財政資金がいかなる形でサハ共和国の地域内で配分されているのかを明らかにするために，歳入および歳出構造についてより詳しく見てみよう。ロシアのガバナンス構造は，連邦政府の下に，州や共和国といった準国家レベルの連邦構成主体があり，さらにその下に市町村などの地方自治体が置かれるという3層構造になっている[23]。本節では共和国レベル，さらに次節で自治体レベルの財政の構造を取り上げる。

図3は，自治体を除いた共和国レベルの財政について，歳入の推移を示している。連邦からの財政移転を除いた独自の収入は，2010年代前半までは5割前後であったが，石油・ガス部門からの税収が増加した2015年から2021年の間に6割を超える水準まで増加し（コロナ禍だった2020年は例外），2022年には国・公有資産利用収入の減少などで再び約50％に低下していることが分かる。

独自財源の大半を占める税収のなかでは，共和国レベルでは法人税が最も多く，次に個人所得税が多くなっている。法人税は資源関連企業からの税収が中心である。資産税はほとんどが法人資産税であり，サハの主要企業であるアルロサからの固定資産税に加え，ロシアと中国を結ぶ天然ガス・パイプライン「シベリアの力」の開通によって，2020年からはガスプロムからの固定資産税も入るようになった[24]。天然資源採掘税は，石油・ガスからの税収は上述したように連邦財政収入となるため，大半はダイヤモンド採掘からの税収である。また，2017年から2019年にかけては，国・公有資産利用収入の増加も見られる。ここにはサハ共和国政府が保有するアルロサ株25％

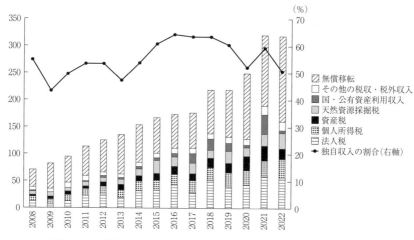

図3 サハ共和国の財政収入（自治体分を除く）（単位：10億ルーブル）
出所：ロシア出納庁ウェブサイト[https://www.roskazna.gov.ru/ispolnenie-byudzhetov/konsolidirovannye-byudzhety-subektov/]から作成。

分からの配当収入が含まれ，この間にアルロサが配当を増やしたことに従って増加している。

このように，資源企業からの税収および配当収入が共和国財政に組み込まれ，独自財源の大部分を占めている。とりわけアルロサ社は，法人税や固定資産税，天然資源採掘税，配当の形で，さらには従業員の給与を通じて個人所得税の形でもサハ財政に貢献している。

一方，サハ共和国の財政収入のうち，連邦政府からの財政移転を含む無償移転の比重は，40％台後半から50％台で推移してきた。独自の収入が増えた2015年から2019年の間には30％台に下がっていたが，2022年には再び約50％に増加している。サハ共和国が受け取る無償移転の推移を示したものが図4である。連邦政府からの財政移転のなかでは，一般財源となる平衡交付金(Dotatsiia)が最大の比重を占めており，2008年から2016年頃までは，無償移転全体の7～8割を占めていた。しかし，2017年以降交付金の比率が低下し，特に2022年には4割を切っている。代わって注目されるのは，政策的補助金(Subsidiia)が2020年のコロナ禍以降，顕著に増加していることである。この政策的補助金は，連邦政府に使途を指定される特定補助金で，公的施設や農村の道路建設などの投資的な経費のほか，児童手当や年金への

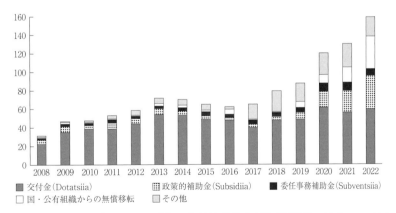

図4 サハ共和国が受け取る財政移転の内訳(自治体分を除く)(単位：10億ルーブル)
出所：図3に同じ。

付加給付などの社会的給付，学校教員の増員の費用など，福祉的な目的で支出される金額も大きい。この数年で，共和国政府の裁量の余地が狭まる一方，連邦政府が福祉を含め，直接地域レベルの政策への関与を強めてきたことが観察される。

連邦政府からの財政移転以外では，特に2022年に国・公有組織からの無償移転が急増していることが注目される。戦費の拡大による財源不足と関連して，ロシア政府は企業からの徴収を強化しているが，地域レベルでも財源不足を補う方法として，こうした企業からの繰り入れが増えているものと考えられる。

以上をまとめると，サハ共和国は石油・ガスの生産増加から税収の増加という財政的な恩恵を一定程度は受けているものの，より多くの利益が中央政府に吸い上げられていること，また，連邦財政からの政策的補助金が増えることで，連邦政府が補助金を介して直接地域における政策に介入する度合いが強まっていることが指摘できる。また，2022年には企業からの税収以外の形での繰り入れが顕著に増加しており，財源不足を補うために，企業がよりいっそう政府への貢献を求められていることもうかがえる。

4-2　サハ共和国の歳出構造

次に，歳出構造に目を転じ，税収がどのような形で住民に還元されているのかを確認しよう。サハ共和国のような北極域において，公的支出は極めて重要な役割を担っている。政府部門内や建設，医療，教育といった部門での雇用を生み出し，社会的給付を通して家計の収入を補い，医療や住宅などのサービスをコストより安く供給することで住民の生活を支えている（Larsen and Petrov, 2020, p. 81）。一方で，北極域はその地理的な遠隔性，未発達な輸送網のために物価が高く，支出も高コストにならざるを得ない。ここで，サハを含む北極域の連邦構成主体と，ロシア連邦全体の財政支出の平均とを比較してみよう。

図5は，自治体を含む地域統合財政支出を住民1人当りの金額で比較したものであり，ロシア連邦平均の支出水準を1として，ロシア北極域とサハ共

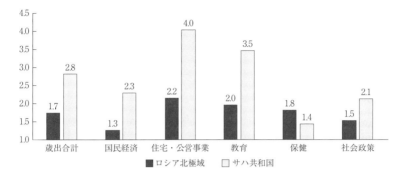

図5 ロシア連邦平均を1とした時の北極域の1人当り地域財政支出水準(2019年)
出所：ロシア出納庁[https://www.roskazna.gov.ru/ispolnenie-byudzhetov/konsolidirovannye-byudzhety-subektov/]，Rosstat(2020a)から作成。

和国の支出水準を指数化したものである。なお，ここでロシア北極域とは，カレリア共和国，コミ共和国，アルハンゲリスク州，ムルマンスク州，ネネツ自治管区，ヤマル・ネネツ自治管区，ハンティ・マンシ自治管区，クラスノヤルスク地方，サハ共和国，チュコト自治管区の10地域を含んでいる。これによると，ロシア連邦平均の歳出総額は1人当り9万2,445ルーブルであるが，北極域では1人当り16万636ルーブルで，ロシア平均の1.7倍となる。サハ共和国では住民1人当り25万9,658ルーブルかかっており，全国平均の2.8倍と，北極域のなかでも高コストであることが分かる。

項目別に見ると，サハでは特に住宅・公営事業や教育のコストが高く，住宅・公営事業費は全国平均の4倍，教育費は3.5倍の金額になっている。住宅・公営事業費については，酷寒の気候のもとでの生活を支える電気・ガス・暖房・水道事業などへの補助金に費用がかかること，教育については，サハの広大な領土を考えれば，人口希薄な辺境の地域で教育を維持するコストは当然高くなることが予想される。反対に，サハでは保健(医療)費の水準は北極域のなかでも低い。国民経済費については，全国平均の2.3倍で，ほかの北極域と比べると比較的多い方となっている。

このように1人当りの財政コストが高いことがサハ共和国の特徴としてあげられる。以下ではサハ共和国の財政支出の内訳や推移をより詳細に見てい

こう。図6は地方自治体を除く共和国の財政支出の推移を示している。

共和国財政支出の内訳としては，国民経済費，住宅・公営事業費，教育・文化費，保健・スポーツ費，社会政策費，政府間財政移転が主な費目になっている。2011年から政府間財政移転が大幅に減ったように見えるが，これは同年から政府間財政移転の項目に使途を特定しない一般補助金のみが計上されるようになったためであり，ひも付きの特定補助金は政府間財政移転以外の各費目のなかに含まれるようになっている。特定補助金も含め，自治体への財政移転を除いた共和国の真水の支出は，大雑把に計算して共和国財政支出の6割程度と考えられる[25]。

以下，主な項目を見ていこう。まず，国民経済費については，歳出全体に占める比率は15％前後で推移してきた。国民経済費の内訳は，過去数年の推移を見ると，燃料・エネルギー・セクターへの支出，農林水産業，道路・

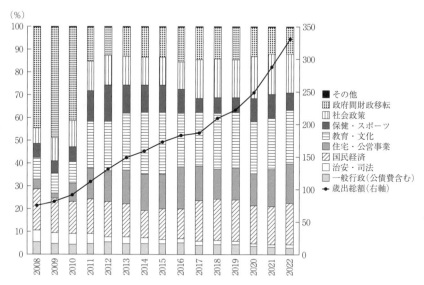

図6　サハ共和国の財政支出（自治体分を除く）（単位：10億ルーブル）

注：2011年以降，政府間財政移転が大幅に減少しているように見えるのは，同年から使途を特定した補助金が他の目的別経費のなかに計上されるようになったためである。
出所：図3に同じ。

輸送に対する支出が大きくなっている。共和国の農業関係では，郡レベルへの財政移転に加え，生産者への補助金が多い。サハの農業は補助金抜きには成り立たず，共和国政府からの補助が生産者を支えている。後述するように，より下位の郡レベルでも農業・漁業費は計上されているが，これらも大半が生産者への補助金である。

住宅・公営事業費には，公営住宅の建設費なども含まれるが，よりウェイトが高いのは公益事業費に対する支出である。公益事業費は大部分が企業への補助金であり，電気やガス，暖房などの公共料金を実際のコスト以下に抑え，住民生活を支えるうえで非常に重要な役割を果たしている。第6章で触れられているように，サハでは全国的な電力供給網から孤立した自治体が多いことも，こうした地方政府による地方政府の補助金負担につながっている。

教育・文化費の大部分を占める教育費については，義務教育や就学前教育に関する主な業務はロシアではより下位の自治体レベルが担っており，共和国政府は主に，自治体への補助金を通してそのための財源保障を行っている。高等教育や職業教育については直接共和国政府の管轄となるが，自治体への補助金の方がより大きな比重を占めている。

以上，サハ共和国政府の歳出構造について概観すると，教育，保健，社会政策費，さらに住宅・公営事業費といった住民生活を支えるための経費が大部分を占めていること，また国民経済費についても，農家への補助金や燃料・エネルギー企業への補助金など，生産者を支えるための補助金が多くを占めており，地域経済への投資的な経費を増やす余地は限られていることがうかがえる。次節では，さらに下位の郡・都市レベルの財政について検討する。

5　サハ共和国における地方自治体の歳入・歳出構造

5-1　郡・都市レベルの歳入構造

本節では，共和国の下位に位置する地方自治体レベルの財政について見て

みよう。サハ共和国には合わせて36の郡と市が存在しているが，人口の約38％が首都であるヤクーツク市に集中しており，人口の偏在は大きい。北極地帯に該当する北部の13郡はサハの面積の約半分を占めているものの，人口は希薄で，2023年時点でサハの人口の6.4％を占めるに過ぎない。また，サハの経済を支える天然資源の偏在により，自治体間の財政力格差も大きい。図7はサハの郡および都市の歳入を表している。全体で見ると，多い時で歳入の8割超，少ない時でも75％程度が無償移転となっている。これはほとんどが共和国政府からの財政移転で，自治体の共和国財政への依存度が極めて高いことを示している。反対に自治体独自の税収や税外収入は少ない。2017〜2019年，および2021年には共和国財政の場合と同じく，公有資産利用収入の増加が見られるが，これはアルロサからの配当収入が増加したことが影響している。

　自治体間の財政格差について，住民1人当りの歳入のジニ係数の推移を示したのが図8である。グラフが示すように，ジニ係数は財政移転を除く独自

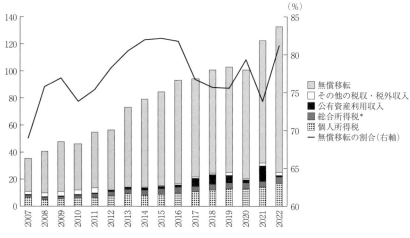

図7　サハの地方自治体財政収入（単位：10億ルーブル）

注：＊総合所得税には，統一農業税，各種活動による認められた所得に対する統一税が含まれる。
出所：サハ共和国財務省提供資料から作成。

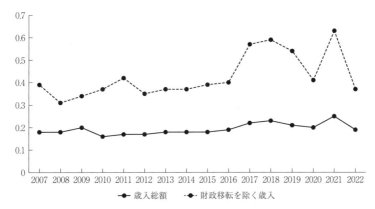

図 8　サハの自治体間の 1 人当り歳入格差（ジニ係数）
出所：サハ共和国財務省提供資料，サハ統計機関ウェブサイト［https://14.rosstat.gov.ru/chisl_sostav］から作成。

の収入の段階で概ね 0.4 程度である。ただし，2017～2019 年，および 2021 年の公有資産利用収入が増えた時期には 0.6 近傍まで上がっており，格差が拡大したことが分かる。これは公有資産利用収入の増加がアルロサからの配当の増加によるものであり，アルロサの株式を所有する 8 つの郡のみがその配当収入増加からの恩恵を受けた結果である（Tabata, 2021）[26]。

　ここで財政移転前の住民 1 人当りの歳入（2021 年）を地図で確認してみよう。図 9 が示すように，財政移転前の 1 人当り歳入が 5 万ルーブルを超えているのは，サハ北部のアナバル郡，オレニョク郡，西部のミールヌィ郡，レナ郡，ニュルバ郡，スンタル郡，ヴェルフネヴィリュイ郡，ヴィリュイ郡の 8 つである。なかでも，北極地帯に位置するアナバル郡とオレニョク郡は人口が 3,000～5,000 人と少ないため，1 人当り歳入は飛び抜けて多くなっている。これらの 8 つの郡はいずれもアルロサの株式をそれぞれ 1％保有し，配当を受けている。この配当の存在により，この 8 つの郡では公有資産利用収入が平均で歳入総額の 34.1％を占めており，他の自治体と比べ，独自収入（税・非税収入）の比重が顕著に多くなっている。アルロサからの配当が，一部の郡財政にとって重要な役割を果たしていることが分かる。ただし，アル

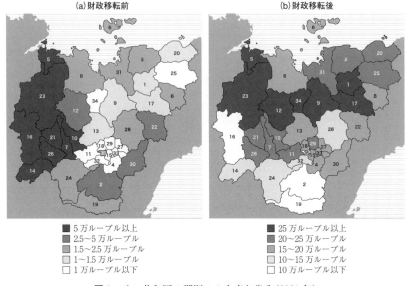

図 9　サハ共和国の郡別の1人当り歳入(2021年)
出所：サハ共和国財務省提供資料，サハ統計機関ウェブサイト[https://14.rosstat.gov.ru/chisl_sostav]から作成。

ロサの配当は年による変動が大きく[27]，サハの自治体の歳入に占める公有資産利用収入の比重も，2017～2019年は5～7%程度，2020年は2.2%，2021年は9.4%，そして2022年は0.6%と，乱高下を繰り返している(図7)。

　他方，このような配当収入のない自治体にとって，収入の圧倒的大部分を占めるのは財政移転である。図8で示されるように，財政移転の受け取り後の歳入総額のジニ係数は0.2程度に下がっており，財政移転によって格差がかなり是正されていることが分かる。図9の財政移転後の収入を示す地図からも，最終的な歳入の多寡は，財政移転前の独自の収入とはあまり関係がないことが見て取れる。自治体が受け取る財政移転の内訳を示した図10によると，財政移転のなかではSubventsiiaと呼ばれる補助金が最も多く，近年では自治体の歳入総額の約半分を占めるようになっている。Subventsiiaは上位の政府，すなわち共和国政府からの委任事務の財源を保障するための補助金である。これが自治体の歳入の約半分を占めているということは，自治

第 2 章　財　政　63

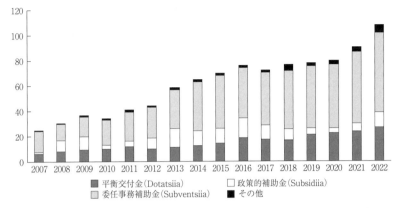

図10　サハの地方自治体が受け取る財政移転の内訳(単位：10億ルーブル)
出所：サハ共和国財務省提供資料から作成。

体の連邦構成主体の出先機関としての性格が強いことを示している。これに対し，Dotatsiia は財源不足を是正するための平衡交付金であり，使途を縛られない一般補助金となる。Dotatsiia の受取額は，財源の少ない貧しい自治体，および支出コストの高い北極地帯の自治体で多い傾向にある。

5-2　郡・都市レベルの歳出構造

地方自治体レベルの歳出構造は，図11に示されている。サハに限らず，ロシアでは全国的な傾向として自治体レベルにおける教育・文化費の比重が年々拡大してきており，その大半は教育費である。サハでも2007年には約45％であったが，最近では6割超を占めており，自治体の教育機能への特化度が高まってきた。なお，自治体レベルの教育支出は，就学前教育および日本の小学校から高校に相当する一般教育が中心である。

次に多い国民経済費は10％弱を占めており，教育費とともにその比重が高まってきた。内訳としては，2007～2009年においては輸送，道路などインフラ関係の支出が多かったが，国民経済費の急増が見られる2012年以降は農業・漁業費が中心となり，最近では国民経済費の6割程度を占めるようになっている(図12)。これは2012年からの法改正によって，郡や都市の農

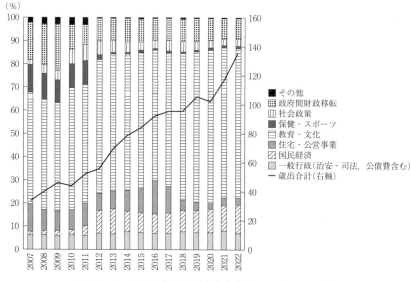

図11 サハの郡・都市の財政支出(単位:10億ルーブル)
出所:図10に同じ。

業生産の支援に対する権限が拡大されたこと,また同時に,2012年より共和国財政から郡・都市に対して家畜の飼料購入のための補助金を交付する手続きが導入されたことによるものである[28]。共和国政府が財源を保障する形で,自治体レベルでの農業振興策が強化されてきたことが分かる[29]。

全体的な傾向として,教育費および国民経済費のウェイトが高まってきたのに対し,それ以外の経費,すなわち住宅・公営事業費や保健・スポーツ費などは減少しており[30],郡・都市の財政が主に義務教育,および農業部門の支援を中心とする国民経済費によって逼迫していることがうかがえる。

では,自治体間で歳出構造や歳出の水準にはどの程度の格差が存在するのだろうか。自治体間の歳出水準の格差を1人当り歳出額のジニ係数で見ると(表1),2007年から2022年まで概ね0.2程度で推移しており,比較的平等度は高い。最も格差が小さいのは教育費で,2007年以降,平均すると0.17で推移してきた。国民経済費は格差が大きく,特に2000年代は0.5を超え

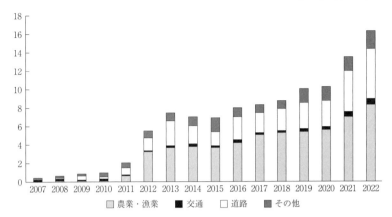

図12 サハの郡・都市財政の国民経済費の内訳(単位:10億ルーブル)
出所:図10に同じ。

表1 サハ共和国の地方自治体間の1人当り歳出格差(ジニ係数)

	歳出総額	国民経済費				住宅・公営事業	教育
			農業・漁業	交通	道路		
2007	0.18	0.61	0.67	0.52		0.60	0.16
2008	0.18	0.54	0.67	0.53	0.51	0.68	0.15
2009	0.20	0.48	0.70	0.49	0.56	0.70	0.16
2010	0.17	0.49	0.65	0.55	0.43	0.72	0.17
2011	0.18	0.43	0.78	0.50	0.53	0.57	0.17
2012	0.17	0.32	0.35	0.52	0.45	0.50	0.17
2013	0.19	0.27	0.34	0.50	0.36	0.42	0.17
2014	0.19	0.31	0.37	0.55	0.40	0.52	0.17
2015	0.17	0.31	0.43	0.63	0.41	0.49	0.18
2016	0.19	0.32	0.36		0.37	0.49	0.18
2017	0.21	0.36	0.39		0.42	0.54	0.18
2018	0.23	0.38	0.43		0.48	0.74	0.20
2019	0.22	0.43	0.43	0.77	0.58	0.76	0.19
2020	0.20	0.36	0.36	0.61	0.44	0.70	0.19
2021	0.22	0.41	0.39	0.60	0.54	0.81	0.19
2022	0.21	0.40	0.39	0.71	0.55	0.73	0.18

出所:サハ共和国財務省提供資料,サハ統計機関ウェブサイト[https://14.rosstat.gov.ru/chisl_sostav]から計算。

る年もあったが，支出が拡大した2012年以降はジニ係数も低下している。農業・漁業費の増加が自治体間の格差を縮小する方向に働いたことが分かる。道路や交通に関する支出は農業・漁業費よりも格差が大きい。また，住宅・公営事業費については，特に2018年頃から格差が拡大しており，金額の圧縮とともに一部の地域に集中して支出されるようになったことが分かる。

サハ共和国内の地域は，経済構造によって大きく首都圏，鉱物資源を産出する工業地帯，北極地帯，およびそれ以外の農業地帯と，大きく4つのタイプに区分することができる[31]。この4タイプの住民1人当り歳出額の平均と，歳出に占める各費目の構成比を示したものが表2である。1人当り歳出額の平均は，人口が集中する首都圏が6万3,377ルーブルであるのに対し，北極地帯ではその4倍の26万133ルーブルに上り，北極地帯のコストの高さが際立っている。表2によると，教育費が圧倒的に多いのはすべての地帯に共通しているが，意外にも教育費の比重が最も高いのは工業地帯である。首都圏では，人口の集中を反映し，住宅・公営事業や道路といった居住環境の整備への支出がほかより多くなっている。農業地帯では，国民経済費のうち農

表2　地域タイプ別に見たサハの1人当り歳出水準と構成比（2021年）（単位：左列はルーブル，右列は％）

	工業地帯		首都圏		農業地帯		北極地帯	
歳出総額	129,653	100.0	63,377	100.0	181,901	100.0	260,133	100.0
一般行政	11,141	8.6	5,205	8.2	10,964	6.0	17,919	6.9
国民経済	9,795	7.6	6,450	10.2	21,443	11.8	29,625	11.4
農業・漁業	5,884	4.5	531	0.8	16,621	9.1	17,058	6.6
交通	604	0.4	300	0.5	240	0.1	1,414	0.5
道路	2,636	2.0	4,857	7.7	2,692	1.5	1,403	0.5
住宅・公営事業	1,839	1.4	6,189	9.8	2,853	1.6	26,247	10.1
教育	83,288	64.2	39,773	62.8	111,045	61.0	144,379	55.5
社会政策	3,726	2.9	2,346	3.7	3,610	2.0	6,650	2.6
下位政府への財政移転	13,036	10.1	0	0.0	21,228	11.7	30,905	11.9

注：地帯の区分はGavrilyeva(2016)に依拠している。北極地帯には北部13郡，首都圏にはヤクーツク市とジャタイ市，工業地帯にはアルダン，ニュルバ，レナ，ミールヌイ，オイミャコン，ウスチ・マヤ，ネリュングリの7郡，農業地帯にはそれ以外の14郡が含まれる。
出所：表1に同じ。

業・漁業への支出が全タイプ中最も多く，9.1％を占めている。また，下位の集落レベルへの財政移転も11.7％と多く，農家や集落への財政支援が重要な任務になっていることが分かる。北極地帯では，1人当りの金額が全般的に他の地帯より高額で，特に1人当りの住宅・公営事業費や教育費が非常に大きく，ロシア全土の北極域の財政支出の特徴が，より顕著な形で表れていると言える。また，農村地帯と同様に，農業・漁業費や下位政府への財政移転も重要な支出項目である。以上のように，地域経済構造によって，財政支出が果たす役割にも差異があることが確認できる。

最後に，歳入と歳出との関係に注目しよう。サハの地方自治体の歳入のうち，約半分を占めるのが委任事務補助金(Subventsiia)である。また，歳出面では教育費が約6割を占めている。各自治体が受け取る住民1人当り委任事務補助金の金額と，住民1人当りの教育費との関係を示したものが図13である。この図は2007年から2022年の平均値をとっているが，Subventsiiaと教育費の間には非常に強い相関関係があることが分かる。Subventsiiaに

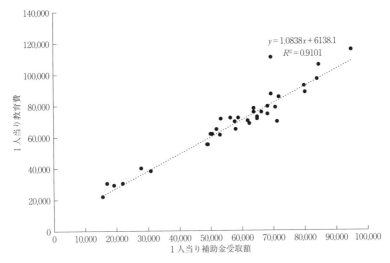

図13　1人当り教育費と委任事務補助金の相関(2007〜2022年平均)(単位：ルーブル)
出所：表1に同じ。

よって学校教員の給与が保障され，各自治体における教育が維持されているのである。このことはロシア，およびサハ共和国において，財政的制約が厳しいなかでも教育が優先事項として維持されていることを示している。この教育費，および農業部門への支援のあり方が示すように，サハにおいては共和国政府による財源保障の有無が，自治体財政運営を左右している。とりわけ資源企業からの配当収入が得られる一部の郡を除けば，住民生活も農業の存続も，共和国財政頼みということができよう。

6 おわりに

　本章では，サハ共和国を事例に，ロシア北極域の資源開発によるベネフィット・シェアリングのあり方，すなわち資源開発から生み出された富が地域住民の生活水準の向上にどのような形で還元されているのかを，財政的な側面から考察してきた。ここまでの内容は以下のようにまとめられよう。第1に，近年サハ共和国では石油・ガスの生産が拡大してきたが，石油・ガスの採掘から得られる税収のほとんどは連邦政府の収入となってしまい，地元の利益として還元される金額は少ないことである。サハで石油・ガス部門からの税収が増えれば増えるほど，連邦財政への上納額が増える結果となっている。第2に，資源部門のなかでも，ダイヤモンド産業はより地元経済に恩恵をもたらしている。税だけでなく配当の面でも地方の財政収入に寄与し，またアルロサ社が地域に提供する様々な社会的なサービスを通して住民生活を支えている。とりわけ自治体の財政力が乏しいなかにあっては，企業の役割は大きい。第3に，サハ共和国および自治体の財政構造の分析から，共和国と自治体の財政が最低限の住民生活を支えるサービスの維持，および農業部門への補助でかなり逼迫していることが指摘できる。酷寒のサハにおいて，住民は公的な補助に支えられた電気，ガスや暖房の供給がなければ生活できないが，こうしたサービスは非常に高コストである。また，自治体レベルでは，最大の業務となっている義務教育の運営が，共和国政府からの財政移転への全面的な依存のもとで行われており，それ以外の支出は圧迫されている。

農業部門も補助金なしでは存続が難しいが、その行方は共和国の財政状況にかかっている。

したがって、サハ共和国におけるベネフィット・シェアリングのあり方を俯瞰すれば、サハの豊かな資源産業から生み出される税収の多くは、地域というよりもむしろロシア全土を支えるために連邦政府に上納され、地元経済や住民に還元される程度は決して高くないことが分かる。教育や、住民生活に関わる諸サービス、地元の産業への支援の行方は、共和国政府の財政状況に依存しており、共和国財政がより多くの財政収入を確保できれば、これらのサービスがより充実する可能性はある。しかし、現在の戦時体制のもとではそれはいっそう困難になっている。資源企業による地元コミュニティへの様々なサービスの供給は、乏しい地方財政を補完するうえでも重要な役割を果たしてきた。ただし、かろうじて地域に残されたダイヤモンド産業もロシアへの経済制裁の標的にされるなかで、住民生活が置かれた状況の好転を予想することは難しいだろう。

注

1) 2008年9月18日大統領令「2020年までの期間とその後の展望におけるロシア連邦の北極域における国家政策の基盤」。
2) 2020年10月26日付大統領令第645号「2035年までのロシア北極域の発展および国家安全保障の戦略」。
3) 2008年から2017年までのロシアの北極政策を概観したFondahl et al.(2020)は、その時期の優先的な課題を、第1に北極域の資源権益の確保、第2に国際的な輸送回廊としてのロシア北方航路の発展、第3に国際協力と平和の領域としての北極域の実現、第4に北極域の環境保全、第5に先住少数民族の権利であると整理している。しかし、この間のロシアの北極政策の変遷を踏まえると、ロシアが北極域を自らの「大国」としての地位を強化するための天然資源の供給地と捉える向きが強まっており、植民地主義的な性格に回帰していること、そのなかで1990年代に一時的に関心が高まった先住民の権利の問題などは後景に退いてしまっているとも指摘している (p.212)。ロシアによる2014年のクリミア半島の併合以降は、北極域を取り巻く国際環境は大幅に変化し、欧米諸国との関係悪化によって北極域における安全保障の優先度が再度強まっている。
4) 一例をあげると、平均寿命を2018年の72歳から2035年までに82歳に引き上げる、5％の人口流出を2％の流入に転換する、新たな企業での雇用を20万人分創出する、

企業労働者の平均賃金を 8 万 3,500 ルーブルから 21 万ルーブルに引き上げる，GRP に占めるハイテク分野の比率を 6.1% から 11.2% に引き上げる，などの数値目標が掲げられている．

5) Efimov et al.(2022) は，ロシア政府が掲げる北極域の複合的発展を実現するには多くの高度人材が不足していること，専門的な人材の育成や他地域からの誘致も含め，人材の確保が重要であることを主張している．

6) Rosstat (2023a) より計算．ただし，Gavrilyeva (2016) が示した 2006〜2012 年のデータでは，サハにおける第三次産業での雇用は 8 割を超えるとされている．

7) Arctic Council ウェブサイトより [https://arctic-council.org/about/states/the-united-states/]．

8) アメリカの連邦財政収入は，50% 超が個人所得税，約 30% が賃金税，法人税が 8〜9% である (2022 年度実績) [https://www.cbo.gov/publication/59331]．

9) 1971 年にトランス・アラスカ・パイプライン建設のために先住民の土地を接収した際，その補償として先住民にアラスカ全土の 11% を与え，残りの 89% を公有地や私有地とすることが定められた．先住民は 200 余りの先住民集落のいずれかに登録され，村落会社の株主となった．先住民が所有する土地は村落会社が管理し，その地上部分から得られる資源の所有権・処分権は村落会社に属している．また，地域会社はその土地の地下資源の所有権を保有している．

10) ロシア語では，территория традиционного природопользования．

11) ハンティ・マンシ自治管区やヤマル・ネネツ自治管区，サハ共和国などでは，地域レベルで TTP に関する法律が定められている．ハンティ・マンシ自治管区のケーススタディによると，TTP で操業するスルグートネフチェガスが，先住民に対する補償としてスノーモービルや船外エンジン，チェーンソー，燃料，衣服などの提供を行っているという．TTP が定められていない場合には，企業は資金を自治体の財政に移転するが，TTP が指定されている場合よりも企業中心的になり，配分上の公平性が低くなる可能性がある．企業にとっては，先住民の長たちと個別に交渉を行うよりは，自治体を通す方がはるかに面倒が少ないという (Tulaeva and Tysiachniouk, 2017, pp. 8-9)．

12) ネネツ自治管区では，2013 年に石油会社とトナカイ遊牧企業との間で合意された補償により，遊牧企業の自立性が高まったという (Tysiachniouk and Petrov, 2018, p. 30)．

13) ネネツ自治管区ではルクオイル・コミ社，ハンティ・マンシ自治管区ではスルグートネフチェガス社が操業している．

14) ただし，2022 年からのロシアのウクライナ侵攻によって欧米企業が撤退したことにより，サハリンにおけるベネフィット・シェアリングのあり方の変質は避けられないだろう．なお，Tulaeva and Tysiachniouk (2017) は，ベネフィット・シェアリングにおいてパートナーシップ・モードが常に最善というわけではなく，コミュニティ側にも企業と同様，透明なルールに基づいて行動し，決定に対して責任をとる用意がで

きていない限り，パートナーシップ・モードは上手く機能しない可能性があるとも述べている(p. 13)。

15) アルロサ社のホームページおよび本書第5章を参照。

16) これまでの研究として，田畑・本村(2020)，横川(2022)，Tabata(2021)，Yokogawa(2024)など。ロシアおよび他の北極域の国々の先住民支援プログラムの比較研究を行ったMikhailyuk and Burundukova(2022)の研究によると，ロシアの北極域では，ヤマル・ネネツ自治管区での先住民支援が，サハ共和国やハンティ・マンシ自治管区など他地域と比べ，金額的にも内容的にも充実していると述べられている。

17) 具体的にはサブプログラム1「北極域における民間投資誘致のための条件の創出と新たな雇用の創出」，サブプログラム2「北極域の安定した社会・経済発展のための条件の創出」に区分されており，メインのサブプログラム1では，投資プロジェクトへの特恵条件の創出，北極域での企業家活動への支援，新たな雇用創出の保証，北極域の複合的発展に対する投資が行われる計画であった。なお，サブプログラム2は先住少数民族の伝統的経済活動への支援などが内容であったが，文書を見る限り，当初から連邦財政レベルでの予算付けはされていない。

18) 2020年8月14日付サハ共和国大統領令「2035年までのサハ共和国の北極域の社会・経済的発展の戦略について」。具体的な目標としては，人的資本の発展(教育，医療，文化レクリエーション，人材の育成，先住少数民族の発展，貧困との闘い)，均衡ある空間的発展(住宅政策，住宅・公営事業，通信，輸送システム，北方運輸インフラの発展)，地方の企業活動の発展(畜産・漁業，狩猟採集・毛皮獣養殖，食糧自給水準の向上，ツーリズムなど)，大規模投資・インフラ・プロジェクトの実現などがあげられている。

19) 税収としては，ほかにロシア税関庁が徴収するもの(輸出入関税，輸入品に対する付加価値税など)があるが，これは，どの地域から徴収したか分からないので，ここでは分析の対象としていない。詳しくは，田畑・本村(2020)参照。

20) 2014年に石油採掘税が急増しているのは，2013年までは新規開発油田に対する免税措置がとられていたためである(Tabata, 2021, p. 9)。

21) しかし，2022年12月19日付連邦法第521号で財政法典の一時的改正が行われ，2023年3月10日から5月10日までに限ってダイヤモンドの採掘税の46%が連邦財政に配分されることになった。連邦財政歳入を増やすための一時的措置と見られる。これによってサハが減収となることを避けるために，2022年12月28日付連邦法第566号により税法典の改定が行われ，2023年2月と3月に限って，ダイヤモンド採掘税を月に95億ルーブル引き上げるとされた(本書第5章も参照されたい)。

22) Oxenstierna(2015)は，石油・ガス部門からのレントが分配される仕組みとしてロシア経済を描いた代表的な著作である。

23) 厳密に言えば，地方自治体は市および地区(サハ共和国では郡)のレベルと，地区(郡)のさらに下にある集落レベルの2層に分けられる。

24) https://www.interfax-russia.ru/far-east/main/gazprom-vvel-v-yakutii-novye-obekty-

gazoprovoda-sila-sibiri

ガスプロムの2019年のサハ共和国での納税，および税以外の政府への支払いは計約10億ルーブル，うち固定資産税は2億ルーブルであった。2020年は，固定資産税額は不明であるが，納税総額が79億ルーブルへと約8倍に増加している。他方，アルロサからの納税は，固定資産税額は不明であるが，2023年には過去最高の790億ルーブルに達したと報道されている（TASS，2024年4月3日付，https://tass.ru/ekonomika/20428081?ysclid=lvlxtqnwk3482313690）。

25) 2008年から2022年について，サハ共和国の歳出総額から，地方自治体が受け取る財政移転（特定補助金を含む）の総額を差し引き，それを歳出総額で除して計算した。ただし，2022年についてはこの数値が76％に跳ね上がり，自治体レベルの支出は相対的に縮小している。

26) アナバル郡，ヴェルフネヴィリュイ郡，ヴィリュイ郡，ニュルバ郡，レナ郡，ミールヌィ郡，オレニョク郡，スンタル郡の8つの郡にはアルロサの生産および関連施設が所在し，郡政府がアルロサ株をそれぞれ1％ずつ保有している（Tabata, 2021）。

27) アルロサのサイトによると，配当総額は，2019年が586億ルーブル，2020年が194億ルーブル，2021年が1,350億ルーブル，2022年はゼロであった［https://www.alrosa.ru/press-center/news/2024/］。

28) 2010年12月15日付サハ共和国法により，自治体は家畜の繁殖や畜産物の生産・加工，ジャガイモ，野菜といった農作物生産など，農業生産を支援する権限を与えられた。

29) 農業の詳細については，本書第3章を参照されたい。

30) 2012年からの保健・スポーツ費の減少は，連邦法の改正に基づき，2012年から自治体の医療機関が国の機関として運営されることになったためである。

31) Gavrilyeva (2016) を参照した。

第3章 農　　業──国による支援とその行方

後藤正憲，ガリーナ・ダヤーノワ

1　はじめに

　本書第2部で詳しく紹介されているように，サハ共和国には地下資源が豊富に埋蔵されている。石油，天然ガス，石炭など化石燃料や，ダイヤモンドなどの貴石，金，銀，鉄，錫（すず），アンチモンといった貴金属や鉱石の埋蔵量が豊富で，鉱工業の分野が地域経済を支える重要な役割を担っている。その一方で，サハ共和国における農業の位置付けは，ロシアのなかでもかなり低いと言わざるを得ない。ロシアの社会経済分析を専門とする総合政策研究所（ICSS）が，農業分野における地域ごとの生産状況，財政状況，輸出量のほか，農家の保険契約数，新規事業者にとっての魅力度なども考慮に入れて，2020年に行ったランキングによると，ロシアの85構成主体のうち，サハ共和国は82番目にランクされている（ICSS, 2020）。「農耕危険地帯」[1]に含まれるサハ共和国では，シベリアの寒冷な気候と栄養に乏しい土壌が農業には適していないうえに，生産地と消費地を結ぶインフラが整備されていないために，農業の経済的発展は期待できないとする見方が一般的である（ulus.media, 2023）。

　しかしその一方で，農業は本来，人が生きていくうえで基本となる食料を得るための営みであることを考えると，たとえ商業的な物差しによる位置付けが低くても，そこに一定のポテンシャルを認めないわけにはいかない。サハのように，農業ビジネスに極めて不利な条件にある地域では，国による無償の財政支出を行って，その可能性を引き出していかなくてはならない

(Uzun, 2019)。豊富な地下資源に恵まれ，財政が比較的豊かな地域ではなおさら，行政からの支援は農業にとって必然的な条件となる。そこで本章では，サハの農業とそれに対する支援のあり方を通して，サハ農業の持つ可能性に迫ってみたい。

最初に，本章の議論の構成について述べておくと，まず背景となるロシア農業において，ソ連崩壊による衰退からいかにして回復の道のりを歩んできたのか，そこではどのような農業支援が行われてきたのかを，時間的経緯に沿って振り返る。次に，サハの農業について概観するなかで，様々な地理的，社会的制約を受けながらも，サハでは家族を基盤として小規模な生産を志向する農業が行われてきたことを示す。さらに，サハ共和国の政策による農業支援のあり方について整理したうえで，農業現場の実情と傾向についてより具体的に捉えやすくするために，ゴールヌィ郡の事例を紹介する[2]。この事例について分析を試みたうえで，生産性の指標では捉えることのできないサハ農業のあり方について考察する。

2　ロシア農業の歩み

今日では，ロシアは世界で最も多く小麦や大麦を国外に輸出しているだけでなく，その他にもヒマワリ油や油かす，豆類をはじめとして，多くの農産物を輸出している。特に2010年代から今日にかけてのロシア農業の発展ぶりには，目覚ましいものがある。ここではまず，サハの農業の背景にあるロシア農業について，国家による農業支援のあり方に軸足を置きながら振り返ってみたい。

ソ連末期の1970年代から1980年代に，ソ連政府は国内の食料消費を充実させる目的から，畜産の拡大に力を入れていた。積極的に家畜頭数を増やし，飼料となる穀物を国内では賄いきれないとなると，海外から大量の穀物を輸入した。そのために，一時は世界の穀物市場に大きな影響を及ぼしたとさえ言われている[3]（Osborne and Trueblood, 2002, p. 5）。政府は農業生産者を支えるために，財政的な援助を惜しまなかった。農産物の買取価格を引き上げ，

経営の苦しい集団農場や国営農場の借金を無利子のまま返済猶予したり，帳消しにしたりした。また，機械や設備，資材の補充，インフラ建設のために，毎年相当額の予算がつぎ込まれた (Zemtsov, 2016, p. 57)。

ソ連崩壊後は，こうした国家による手厚い支援が失われることによって，ロシアの農業は壊滅状態に陥った。単に国による支えがなくなっただけではなく，政変後のハイパーインフレによって燃料費や農業資材の価格が跳ね上がったために，農業生産は急速に減退した。家畜頭数は激減し，飼料用の穀物に代わって食肉が堰を切ったように輸入された[4]。ソ連崩壊後の解放感と相まって，当時のアメリカ大統領に因んで「ブッシュの足」(nozhki Busha) と呼ばれた米国産の安価なチキンレッグが，ロシア人の食卓をにぎわせたのもこの頃である。

しかし，1998年に財政危機が起こり，ルーブルの平価切下げが行われることによって，それまでの流れが大きく変わっていく。もはや輸入品は，誰にでも簡単に手に届くものではなくなり，それまで輸入に頼っていた食料を自前で調達する必要が生じてきた。折しも，国外への資本流出を防ぐために，海外への投資を制限されたロシアの投資家たちが，新たに目をつけるようになったのが農業だった (Serova, 2007, p. 191)。当時，経営の破綻した農業組織の金融資産は，極端に安い値段で手に入れることができた。初期投資が少なくて済むうえに，回収までの期間が比較的短い農業は，魅力的な投資先となる。だがその一方で，農業資材や種子等の供給が滞っていたために，それを入手するための交渉に多くの費用を要するという問題があった。こうした交渉費用を削減し，ビジネスの金融リスクを回避する目的で，複数の企業が統合を繰り返してできたものが，今日のロシア農業では顕著な「アグロホールディング」と呼ばれる垂直統合型の巨大企業グループである。セローワによると，当時穀物生産費の約40％を燃料費が占めていたために，石油やガスのエネルギー部門の親会社が農業企業の株を取得して，金融リスクを回避しようとする傾向があったという (Serova, 2007, p. 195)。すなわち，石油価格が高い間は，穀物部門の収益率は低いが，石油部門の収益率が高く，石油価格が下がると，今度は石油部門の収益率が下がる代わりに，穀物部門の収

益率が上がるという仕組みになっている。同様に，アグロホールディングでは異なる部門の企業が垂直につながることによって，リスクを分散させる機能が得られた。

　しかしながら，ソ連末期から衰退の一途をたどっていたロシア農業が，実際に回復に向かっていったのは，プーチン政権下で農業支援のための一連のプログラムが行われるようになってからのことである。2005年9月に行われた大統領演説は，経済の立て直しに加えて，「人的資本」の育成を促すものだった。これに基づいて，保健医療，教育，住居と並んで，農業の分野でも「優先的国家プロジェクト」が立ち上げられた。2006年から2007年の計画として立てられた農業発展のための優先的国家プロジェクトでは，畜産業を発展させ，中小農家の生産基盤を確立させるための予算が割り当てられた（Ibragimova and Vafina, 2014）。続いて2008年から2012年までを期間とする「農業の発展国家プログラム」では，畜産業の支援が継続されるとともに，農業生産者の負債を軽減するために金利負担の一部を補助金で賄うなどの政策がとられた。

　2012年8月にロシアは正式に世界貿易機関（WTO）に加盟し，世界的な取引がより活発に行われることが期待されたが，その1年半後のクリミア併合に対する経済制裁によって，西側諸国との取引の道が閉ざされることになった。これを受けて，2013年から再開されていた「農業の発展国家プログラム」では，食料自給の目標が明確に打ち出されるとともに，輸入代替のための生産拡大が重要な課題として掲げられた。さらに2016年末以降のロシア農政は，農産物輸出を促進する新たな段階へと進んでいく。植物衛生や動物衛生の管理体制に加え，ロシア産農産物を海外市場に売り出すためのサポートシステムが整備されて，その後穀物をはじめとする農産物輸出が飛躍的に増大した[5]（World Bank, 2020, p. 53）。2021年にはロシアから輸出される穀物と油糧作物に可変的関税を課し，その税収を農業生産者支援に回す，いわゆる「穀物ダンパー」制度が導入された[6]。

　上述の「農業の発展国家プログラム」は，実施期間が2025年まで延長され，本稿執筆時の今も継続されている。現在ではその他に，農業従事者の家

屋や村落インフラの建設を支援する「包括的村落地域発展プログラム」，畜産技術や農薬，農作物種子の開発促進を趣旨とする「農業の発展連邦科学技術プログラム」(2017〜2030)，またソ連崩壊後に増加した耕作放棄地の問題を解消することを目的とした「農業用地利用への効果的な誘引と土地改良システムの発展プログラム」が同時に進行している[7]。

こうしたロシアの農業支援は，世界と比べて国の負担する額が特に大きいというわけではない。世界銀行の 2018 年のデータによると，国内総生産(GDP)に対する農業支援額の比率の高い国は中国やトルコで，いずれも 1％を超えている。ロシアはというと，米国よりは高いが，EU と同じ数字となっている。いずれにしても 0.5 から 0.7％で，それほど大きな違いは認められない[8] (World Bank, 2020, p.85)。少なくとも，農業部門の支援額がGDP の 1 割を占めていたソ連末期のようなことは，現在のロシアではあり得ない (Osborne and Trueblood, 2002, p.5)。むしろ，農業の付加価値に対する農業支援総額の割合では，ロシアは米国や EU の半分程度にとどまっていることから，農産物を加工して商品化する産業部門の弱さが指摘されている(World Bank, 2020, p.90)。概してロシアの農業支援は，インフラや技術面での公共サービスの充実よりも，生産者の財政支援に重点が置かれ，特にアグロホールディングのような大型組織が優遇される傾向にある(World Bank, 2020, p.47)。また，農業支援に割り当てられる予算は毎年調整され，中央から地域政府を通して各事業体に振り分けられる過程では，恣意的で不透明な交渉によるところが大きいとされる(Kvartiuk and Herzfeld, 2021)。ロシアの大部分の農業従事者にとって，国からの補助は欠かせないが，それを受けるうえでは，流動的で不安定状況に置かれていると言える。

3 サハの農業概観

農業支援の多くは，第 2 章の第 4 節で述べられているように，連邦政府から財政移転された地域財政を使って，残りの一部を連邦財政から直接補う形で行われる。その施行においては地域政府が責任を負うこととなり，具体的

な方策は，それぞれ農業のあり方によって，地域ごとに異なっている。そのため，サハにおける農業支援のあり方について知るためには，まずサハ農業の基本的な特徴を押さえておく必要がある。

　ロシア統計庁の2022年のデータから計算すると，サハ共和国の地域総生産（GRP）のなかで農林水産業の占める割合は，約1.0％である。同じ年のロシア全体では，GDPに対して農林水産業の占める割合は約4.2％であることから，サハ経済における農業の比率は，ロシア全体と比較しても極めて低いことが分かる。このことは，サハの過酷な自然環境が，農業には不利な条件となっていることを物語っている。1年のうちで作物の育つのは，短い夏のせいぜい2～3か月ほどの間に限られているうえに，国土の94％が永久凍土に覆われているため，土壌の肥沃度が乏しく，深く耕すこともできない（Minsel'khoz Sakha et al., 2021, p. 31）。しかしながら，サハ共和国の農村人口の比率は高く，全人口約100万人のおよそ3分の1は農村で暮らしている。もっとも，そのすべてが農業を営んでいるわけではなく，第1章でも述べられているように，農林水産業就業者の数は年々減少している。しかし，農村で暮らす人々の大半は何らかの形で副業的に農業に携わっているうえに，都市生活者であっても農村とのつながりは強く，多くの人は家族や親せきが農家であったり，自分の家畜の飼養を農家に託したりしている（Naumov and Sidorova, 2018, p. 15）。サハ人にとって農業は，経済的な数字に表れている以上に，生きるうえで重要な役割を果たしている。

　気候や土壌の条件に恵まれないサハでは，ウシ，ウマ，トナカイを中心とする牧畜が中心に行われている。特に寒さに強いウマの放牧数は，ロシア国内で最も多く，トナカイではヤマル・ネネツ自治管区，ネネツ自治管区に次いで，3番目に多い（Minsel'khoz Sakha et al., 2021, p. 20）。このことは，農地利用のあり方にも色濃く表れている。その内訳は，2010年以降ほとんど変わらず，農業用地の約半分を放牧地が占めており，44％が牧草を刈り取るための採草地，残る6％が耕地となっている（Sakha(Yakutia)stat, 2023, p. 339）。ソ連時代には，国営農場で穀物栽培にも力が入れられていたが，ソ連崩壊後はその推進力が失われた。2018年には2000年と比べて，穀物の作付

け面積，生産量ともに3分の1以下にまで落ち込んでいる（Dayanova et al., 2020d, pp. 21-22）。現在の耕種農業は，温室も含めて家庭菜園での野菜等の栽培が中心となっている。

　牧畜を中心とするサハ農業では，時間的，空間的制約が大きいことも，農業にとっては不利な条件となっている。家畜動物の食肉への加工は，外気でも保存が可能となる11月に集中的に行われる。基本的に，ウマとトナカイは1年を通して放牧されるのに対し，ウシは夏の期間だけ森林の間に点在する放牧地に放され，冬には村に近い牛舎に集められて越冬する。そのため，夏の間はウシが市場から遠く離れていることになるが，広大な土地を結ぶ道路がなく，凹凸やぬかるみに阻まれて，車で移動するのも容易ではない。おまけに，最大の消費者である子供たちの学校や幼稚園が夏休みに入ると，消費は落ち込んでしまう。殺菌して品質を保つ手段のない遠隔地では，牛乳はすぐに傷んでしまうため，比較的付加価値の低いバターに加工して保存するほかない（Minsel'khoz Sakha et al., 2021, p. 28）。このように，動物や植物の生命活動が活発になる夏の間は，かえって空間的に閉ざされ，経済的に閉塞してしまうという矛盾を抱えている。

　こうした状況のもとでは，大規模な農場経営よりも，小回りの利く家族経営の方が有利となる。一般的にロシアの農業事業者は，農場経営のあり方でいうと，法人企業による農業組織，企業登録を済ませた個人によるフェルメル（農民）経営，企業登録しない個人による住民経営の3種類に分けられる。サハではフェルメル経営と住民経営の割合が，ロシア全体と比較してかなり高いことが特徴となっている（後藤ほか，2020, pp. 112-113）。2022年統計による農業生産高の比率を見ると，ロシア全体ではアグロホールディングを含む農業組織の割合が60％を占めるのに対し，サハでは29％しかない[9]。住民経営とフェルメル経営の割合は，ロシアではそれぞれ24.1／15.8％なのに対し，サハでは45.3／25.6％となっている。ウズンらは，地域ごとに異なる農業構造を分類し，農業組織が地域での農業生産額の55％以上を占める場合を「企業型」，住民経営とフェルメル経営の総和が55％以上の場合を「家族型」，いずれもが45～55％で拮抗する場合を「混合型」としている

(Uzun et al., 2021, p. 1047)。さらに，企業型のなかでもアグロホールディングに属する農業組織の生産額が全体の25％以上の場合は「アグロホールディング型」とし，家族型のなかでもフェルメル経営の生産額が全体の25％以上の場合は「フェルメル型」と細分化している。この分類を用いるならば，サハの農業は「フェルメル型」に位置付けられる。インフラが整備されておらず，交通の不便なサハのような土地では，大規模な企業型農業組織よりも，分散して機能する小規模農家の方が，効率がよいと言える[10](Dayanova et al., 2019, p. 462)。

　さらに国の政策も，サハの農業組織にとっては不利な条件となっている。2018年に，それまで何とか経営を保っていた農業組織も，一斉に赤字に転じた。その主な理由は，同年の大統領選挙直前に行われた法改正に基づく最低賃金の引き上げにある。この法改正によって，最低賃金は政府が決める最低生活費に応じて設定されることとなり，2018年は前年に比べて43％も上がった(Dayanova et al., 2020c, p. 146)。複数の従業員を抱える農業組織は，当然ながら経営難に陥った。その一方で，住民経営とフェルメル経営の農家では，非公式の雇用が一般的に行われている。被雇用者にとっては，公的な就職あっせんを通さず，いわば「ヤミで」農家のもとで働くことによって，納税義務等の厄介な手続きを回避したまま，手軽に収入を得ることができる。しかし同時に，正式な雇用契約を交わさず，最低賃金も関与しないので，安定した収入源とはなり得ない。近年の農業就労者の減少は，農業組織での減少が多くを占めており，農村での雇用における非公式な雇用の比率は，ますます高まっている(Dayanova and Nikitina, 2018)。

　一般的にサハの農業においては，大規模な生産を展開するには不向きで，大部分の農家が小規模生産を志向する傾向にあり，生産の目的の第1に自家消費がある(Dayanova et al., 2019, p. 461)。しかし，サハ共和国全体で見ると，過去5年ほどの統計に表れる食料自給率の数字は，肉が25～26％，牛乳が55～58％とあるように，それほど高くはなく，むしろ低い[11]。つまり，サハで生産されるよりもはるかに多くの農産物が消費されており，その多くが共和国外から運ばれている。しかし，交通インフラの発達していない極東

地域では，食料価格にかなりの燃料代と輸送費が付加されるために，他地域から食料を運ぶよりも，地元の生産者への補助を手厚くして生産を維持する方が，経済的にも理にかなっているという見方もある(Sukhomirov, 2017, p. 183)。もしそうだとすると，サハの農業においては，生産効率を度外視してでも行われる行政の支援が必要ということになる。そこで次節では，サハでは実際にどのような農業支援が行われているかということについて，詳しく見ていくことにしたい。

4　サハにおける農業支援

サハ共和国で行われる農業支援を特徴付けているのは，何と言ってもその支援に割り当てられる予算額の大きさである。ロシアの他の地域と比べても，その大きさは群を抜いている(Sukhomirov, 2017, p. 179)。2023年にサハで農業支援に割り当てられた予算は142億ルーブル(うち7億ルーブルは連邦予算からの直接支給)で，年末にはその執行額が158億ルーブルにまで膨らんだ[12]。サハで支給される農業支援は，その用途や目的に応じて5つのカテゴリーに分類される(Dayanova et al., 2020c, pp. 147-148)(図1参照)。以下本節では，サハの農業支援におけるこれらカテゴリー別の特徴を，順にた

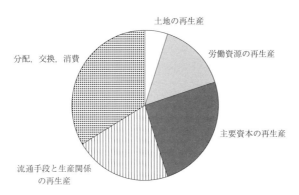

図1　サハ共和国における農業補助金の内訳(2019年)
出所：Dayanova et al.(2020c)から作成。

表1　サハの農業用地利用状況(単位：％)

	私有地	終身相続保有	使用権行使	賃貸契約
フェルメル経営	11.9	59.7	1.7	26.7
住民経営	28.2	7.8	23.5	40.5

注：経営形態別の割合，2020年1月1日。
出所：Minsel'khoz Sakha et al.(2021, p.79)から作成。

どってみよう。

4-1　土地の再生産

　サハ共和国では，国土の大半が連続永久凍土帯に覆われているうえに，大陸性の乾燥した気候のため降水量が少ない。粗放的な牧畜を行うにしても，永続的に採草地を利用するためには，灌漑や排水，整地といった土地改良を行うことが必要となる。そのため，同じ土地を循環的に利用するための土地改良や，土壌の肥沃化を目的とした補助金が設定されており，2019年には支援額全体の5.2％を占めている(Dayanova et al., 2020c, pp.148)。耕作放棄地を減らすことは連邦の政策課題に含まれていることもあり，地域行政でも本格的に取り組む姿勢を見せている。サハでは，2023年に農地の土地改良にかかる費用の80％を補助金として地域財政から支出することを決めた[13]。しかし，表1が示すように，サハの農業事業者の大半を占めるフェルメル経営と住民経営では，いずれも「私有地」を利用する割合が少ないことから，一般農家の間で長期的な視点から土地改良に投資するインセンティブは低いと言わざるを得ない[14] (Minsel'khoz Sakha et al., 2021, p.79)。

4-2　労働資源の再生産

　農村から都市への若者の人口流出は，サハ農業に後継者不足をもたらすという点で深刻な問題となっている。農村における教育や情報基盤のほか，社会整備を行うことで労働資源を確保するための支援に，2019年には農業支援全体の14.8％が支出されている。そもそも農村人口が流出する背景には，農村における雇用や社会保障など生活環境の問題が深く関わっている。サハ

での農業部門の給与水準は，20種ほどに細分される雇用分野のなかでも最低で，工業分野の3分の1程度しかなく，最低生活費よりもさらに平均して25％低い (Dayanova et al., 2020b, p. 72)。また，農村地域では一般的に道路が整備されておらず，ガスや水道の普及率も10％に満たないなど，社会的インフラの欠如が目立つ。学校や病院，文化施設なども，都会の水準には遠く及ばない。これらのことから，農村は多くの若者にとって，居住して資本を投入するだけの魅力ある場所となり得ていないのが現状である。

4-3 主要資本の再生産

畜産を主体とするサハの農業では，最大の資本となる家畜頭数の維持や，その生産性の向上，また農業機械やその他の物質的基盤の刷新を目的とする補助金に，全体の25.2％が割り当てられている。ソ連崩壊後の農業の停滞は，サハでも急激な家畜頭数の減少をもたらした。ウシとウマの数は1999年頃に底をつき，それから増加に転じたものの，ウシは2004年頃から再び減り始め，その後も減少に歯止めがかからない状況になっている (後藤，2021, pp. 88-89)。トナカイの頭数は，国による補助に左右される度合いが大きい。ピーク時の1979年には38万頭以上いたトナカイは，政変後から急激に数を減らし，2002年頃には3分の1程度にまで落ち込んだ。それからしばらくの間持ち直し，その後減少と増加を繰り返している (Dayanova et al., 2020a, p. 32)。ウシの飼育に関しては，最も大きな比重を占める住民経営を支援する目的で，サハ政府は2021年から住民経営を対象に，飼育する乳牛1頭につき3万5,000ルーブルを支給している (Minsel'khoz Sakha et al., 2021, p. 27)。その額は年々増額され，2023年には3万7,000，2024年には3万9,000，北極地帯では4万5,000ルーブルに引き上げられた。また，ウマについては雌馬1頭につき5,000ルーブル，トナカイは雌雄を問わず頭数ごとに5,335.4ルーブルの補助金が支給されている[15]。

4-4 流通手段と生産関係の再生産

農業生産量の拡大と維持を目的として，農場経営の財務状況を支援するた

めに支出された補助金が，2019年には全体の21.4％を占めている。新規で農業を始める農家は，行政に企業登録するか否かによって，フェルメル経営か住民経営のいずれかを選択することになるが，登録してフェルメル経営を選択した者には，行政からスタートアップ支援を受ける権利が与えられる。応募して審査に合格すると，農地の長期貸付のほか，種子や肥料，設備等の農業資材の購入費および修理費の補助を受けることができる（Dayanova et al., 2019, p. 462）。ただし，この補助金を受給するにあたって，農家は政府との間で様々な契約を交わすことになり，その履行が求められる。たとえば，5年にわたって毎年10％の割合で生産量を増やしていくこと，期間中に従業員を1〜3名雇用すること，5年間は営農を続けること，年2回以上補助金の精算と成果報告を行うことといったように，細目にわたる条件が設定されている（Minsel'khoz Sakha et al., 2021, p. 84）。

4-5　分配・交換・消費

　前節で述べたように，サハの大部分の農村部では道路の整備が進んでいないため，農産物が市場に届きにくいという問題を抱えている。この物流における障害を補って，農産物の販売と加工を促進するために，2019年には全体の33.6％が費やされた。その中心的なものとして，牛乳調達に付随する補助金がある。通常，政府の指定する調達業者が各農家から牛乳を買い取って製品化するが，その買取価格に補助金が付加されることで，農家はより多くの報酬を受け取っている。たとえば，牛乳1kgの対価として10ルーブルが調達業者から支払われ，同時に政府から補助金が35ルーブル支給されることによって，合計で45ルーブルを受け取るといった具合である。原則として企業登録を行っていない住民経営の農家にこの特典はないが，多くの場合では，近隣の住民経営が集まって協同組合を結成し，法人組織として牛乳を提供することによって，補助金を得ている。この牛乳調達のための補助金の金額も，近年では年ごとに増額されている。2021年には，それまで牛乳1kgにつき35ルーブル支給されていた補助金が50ルーブルに引き上げられた（Minsel'khoz Sakha et al., 2021, p. 27）。さらに2023年には60ルーブルと

なり，2024年1月1日からは65ルーブルとなっている。

　以上のような，サハにおける農業支援の特徴を概観すると，一般的にロシアの農業支援について指摘されるような，インフラや技術面での公共サービスよりも生産者の財政的支援に多く向けられるといった意味での偏りが，ここでも顕著に表れていることが分かる（World Bank, 2020, p. 22）。土地や労働資源の再生産といった，公共の利益に資する補助金よりも，むしろ個々の農家に与えられる直接的な補償に，多くの補助金が割かれている。また，その農家への補償のなかでも，持続的な農業を維持していくための再生産のプロセスに寄与する部分よりも，牛乳のような日々の生産物の交換に充てられる部分の比重が大きいことが，特徴として見られる。しかし，いずれにしても，ロシアのなかで突出した規模の財政支援を受けて行われるサハ農業は，主に資源開発の分野で得られた利益循環によって，行政のバックアップに支えられるところが大きいと言える。

5　大規模化の躓き——ゴールヌィ郡の事例

　サハの農業に投じられる補助金の大きさと，農業生産から得られる経済効果の小ささとでは，明らかにバランスがとれていない。この著しい不均衡を是正すべく，サハ共和国首長ニコラエフは，2023年末に行われた年次教書演説のなかで，思い切った方針を打ち出している。それによると，新たな生産施設を設けた大企業が農業の骨組みを作っていくべきで，それが供給する分だけで農業生産全体の60％以上を占めるのでなければならない。大量の補助金をつぎ込むのだから，それなりの成果をもたらす大企業が農業をリードするべきだという見方を示している[16]。しかし，その内容を受けて議会で審議が行われ，最終的に法制化された2024年3月28日付共和国政令（第269号）では，「大企業」についての言及はなく，代わりに小規模の住民経営をも含む「経営主体」（khoziaistvuiushchie sub"ekty）が中心となって，農業生産の拡大に取り組むべきとされている[17]。ロシアの農業地帯で見られるよ

うな，アグロホールディングをはじめとする大企業主導の農業は，やはりサハではなじまないということだろうか。本節では，具体的な事例としてゴールヌィ郡の事象を取り上げながら，この問題を検証してみたい。

ゴールヌィ郡はレナ川左岸の台地上に位置している(図2参照)。共和国の首都ヤクーツクに隣接し，郡の中心からヤクーツクまでは舗装された幹線道路が通っており，しかもレナ川を渡る必要がないために，比較的交通の便がよい[18]。ザレチナヤ(「川の向こう側」の意)と呼ばれるレナ川右岸と違って，幾分標高が高く，採草地に適した地形に乏しいことから，農業が盛んとは言い難い。しかし，その交通の便利さと，エネルギー供給の確かさから，先に述べた首長の年次教書でも生産拠点の候補地の1つに数えられている。

そのゴールヌィ郡のなかでもヤクーツク寄りに位置する地区では，かつての国営農場を引き継ぐ形で，農業協同組合が牛乳と乳製品の生産・加工を行ってきた。2011年にこの農業協同組合は，当時のゴールヌィ郡知事による強力な後押しを受けて巨額の投資を行い，最新の設備と技術を導入した。銀行から多額の融資を受けて大型の牛舎を建設し，スウェーデン製の搾乳機や，搾乳した牛乳を貯蔵し管理するオートメーション装置を取り入れたのである。同時に，ザレチナヤから乳牛を大量に買い寄せて，250頭ほどにまで

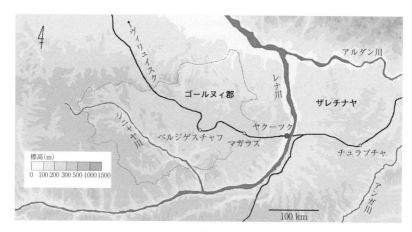

図2　ゴールヌィ郡周辺地図(筆者作成)

生産規模を拡大した。こうした積極的な采配ぶりが評価されたのか，当時のゴールヌィ郡知事は後に共和国農業相に抜てきされ，農場長だった人物も，その後地方自治体のトップの地位に就いている。しかし，農場そのものは2015年頃から経営が悪化し，2016年には生産部門と調達加工部門に分割されて，経営の再編が行われた。

　そのうち調達加工部門が独立してできた組織は，ゴールヌィ郡の農家から一手に牛乳を集めて，乳製品に加工する業務を請け負っている。サハでは，農家から牛乳を買い取って加工し，製品化して販売するまでを，地区ごとに公認された単一の事業者が行うことが法律で定められている[19]。道路の整備されていない状況で，牛乳やバターを積んで長距離を運ぶのは労力と費用がかさむうえ，牛乳の価格は行政によって設定されているために，独自に調整して収益をあげることもできない。資金繰りがうまくいかず，農家への牛乳代金の支払いが遅延することもしばしばである。一方，かつての生産部門から独立した組織は，さらに厳しい状況に置かれている。わずかな収益は莫大なローンの返済に充てられ，従業員の給料は何か月も未払いが続く。耐えかねて多くの従業員が組織を去り，残った者が少人数で仕事を分担しなくてはならず，それぞれに負担が重くのしかかる。飼育環境の悪さから，家畜頭数は最盛期の半分ほどにまで減った。組織は経営が改善せず，結局倒産した。

　倒産した組織の資産は，調達加工部門も含めて，ヤクーツクを拠点として農業関連の金融事業を展開する代議員の手に委ねられた。経営の合理化を押し進めることで農場の立て直しを図る彼は，「金融と生産の各部門を統合することの有効性を証明してみせたい」と話す[20]。こうした異なる事業の垂直的な統合は，見たところ一種のアグロホールディングのように見えなくもない。行政に近い立場の人物が複数の事業を束ねることで，交渉費用の削減を可能にしている。しかし，サハの農業生産と流通では，商品やサービスの多様性に欠けるため，経営のリスクを回避するまでには至らない。調達加工部門では，行政の補助を受けて郡の事業を独占的に請け負っているため，それなりに回転しているが，生産部門となると，業績はよくなるどころか，むしろ徐々に悪化している。

その一方で，フェルメル経営の農家のなかには，農業組織を上回る頭数のウシを飼育したり，助成金を得て購入した農業機械で土地を耕し，飼料作物を育てて売ったりする事業家もいる。しかし，生産した牛乳を自ら加工して流通にのせようとしても，単一調達加工業者の制度があるために，行政から認可が下りない[21]。実際，あるフェルメル経営の農家が補助金を受けて牛乳加工用の設備を購入したが，加工業務を行う認可が下りなかったため，やむなく調達加工業者の組織に設備を貸し出すはめになった。一般的な農家には，業種を超えて経営規模を拡大する道が，自ずから閉ざされている。

　その意味で，経営の破綻した農業組織と対照をなしているのは，フェルメル経営ではなく，むしろ非営利の公的機関である。幹線道路沿いのマガラス村には，古代ギリシャの建築様式を模した新築の立派な小学校があり，すぐ隣には大きな体育館も併設されている。その名もアグロシュコーラ（農業学校）と呼ばれるこの学校では，子供たちが実際にウシやウマを飼育し，採草場で草刈りの実習なども行う。学校はすべてサハ共和国によって運営され，教育は無料で行われている。学校の農場でとれた野菜，肉，乳製品はすべて子供たちの給食に使われ，市場には出されない。先の農業組織で従業員がやりきれないといった調子で話すところによると，組織では100頭以上のウシを1人か2人でみなくてはならないのに，学校ではウシ5頭世話するのに何人もの従業員がいて，しかも農業組織よりも高い給料を遅滞なくもらっている。

　また，マガラス村からほど近い場所に，ヤクート牛の保護を目的とした飼育場がある。ヤクート牛はサハ在来種のウシで，サハの気候に適応して寒さに強く，粗飼料だけで越冬する耐久性を持つ（図3）。しかし，体格が比較的小さく，乳量も少ないことから，ソ連時代に欧州の多産品種との交配が進められ，ヤクート牛は一時絶滅寸前にまで追いやられた（後藤，2021，p. 91）。しかし，生物多様性の意識が高まるとともに，ヤクート牛の遺伝的価値が世界的に認められるようになることによって，2001年にはヤクート牛遺伝子ファンド保護法が成立。その後は国をあげて保護政策が採られている（Granberg et al., 2009, p. 158）[22]。現在では7つの郡に支部を持つ国営企業で

ヤクート牛の飼養が行われており，そのなかでは2番目に古いマガラス村の飼育場では，130頭ほどが飼われている。あくまで繁殖させることが目的であるため，食肉にすることはもちろん，搾乳も行わない。農場は国営企業が管理し，飼料となる草も国から支給される。従業員は，農業組織の2倍の額の給料を，滞ることなく受け取っている。

　以上こうしたゴールヌィ郡の事例は，サハで大規模な企業型の農場を経営することの難しさを示している。ソ連時代の国営農場を引き継ぐ農業組織は，地方行政と太いつながりを持ち，牛乳の調達加工業を独占的に執り行っているが，生産部門の弱さを抱えている。一方，フェルメル経営の農家は，家族を基盤とする農場で強い生産力を発揮するが，行政とのつながりを欠き，調達加工業にまで業務を拡大することができない。もともと独立志向が強いため，利害を超えて農業組織と統合したりすることもあり得ない。結局，生産から流通を経て消費につながる市場の原理に立つ限り，大規模な経営を行うことは難しく，国の後見的な保護を受けた公的機関だけが繁栄を見せるという状況になっている。

図3　ヤクート牛（2017年9月，マガラス村，筆者撮影）

6 おわりに

　シベリアの寒冷な気候と，肥沃度に乏しい土壌に条件付けられるサハは，農業には全く不向きな土地である。そのサハで行われる農業分野に，ロシアのなかでは群を抜いて高額な補助金が支給されている。それによって作物が多く生産され，他地域に供給されるわけではなく，それどころか，他地域から供給を受けなければ，域内で消費される量を賄うこともできない。サハにおいて農業は，経済効率の悪い分野と見なされても仕方がない。

　しかし，サハの農業は人々が厳しい環境に適応して，生き残りの術を身に付けるなかで培われてきた技でもある。この意味で，先にあげたヤクート牛の存在に，サハ農業の典型を見ることはできないだろうか。ヤクート牛はシベリアの気候に適応して，極寒のなかを粗飼料だけで生き延びる強靭さを持つ。体格は小さくて乳量も少ないが，過酷な環境のなかを生きるヤクート牛は，まさにサハの人々が築いてきた農業を体現している。ソ連時代にヤクート牛は，「近代化」の名のもとに生産性を追い求める指導者たちによって排除され，数を減らしてしまった。もし同じように，生産性や効率性といった価値ばかりを追い求めるならば，サハの小規模な農家が持つしなやかな生命力も失われてしまうかもしれない。そうならないように，サハの農業においては，規模の大小を問わない「経営主体」のつながりに，行政の支援が向けられている。そしてこのことは，資源開発によってもたらされる財政収入の一部が充てられることによって，可能となっているのである。

注

1) 「農耕危険地帯」(zona riskovannogo zemledeliia)という言葉は，ロシアでは広く用いられているものの，その厳密な定義は存在しない。広義に捉えるなら，その対象は，ロシア南部の農業に最適な黒土地帯と，逆に全く農業に適さない北極圏を除いた全域となる。
2) ここで取り上げる事例は，北極域研究推進プロジェクト(ArCS)のテーマの1つ「地域文化の記憶と科学的知識の総合化によるシベリア地域の環境教育教材の制作」

の枠組みで，2017年から2019年にかけて行った3回（各回2週間程度）の現地調査に基づくものである。現地調査は，ロシア科学アカデミー・シベリア支部人文科学・北方少数民族諸問題研究所のサルダナ・ボヤコワ氏による献身的な力添えがなければ，とても成し遂げることができなかった。

3) 端的な例として，1972年7月から8月にかけて，ソ連が米国から約4億4,000万ブッシェル（およそ1,200万t）の小麦を買い付けた後に，米国では品薄となった穀物をはじめとして食料価格全般が高騰し，混乱に陥ったことがあげられる。ソ連との取引では，米国の穀物在庫削減を目的とした輸出補助金が使われていたことが明らかとなり，輸出業者と並んで米国農務省（USDA）に対しても批判が高まった。一連の騒動は，マスコミでは「大穀物強奪」（"The Great Grain Robbery"）と報じられたが，実際にはソ連との取引だけでなく，米国の生産者保護を目的とした農産物価格調整などの要因も重なって，食料価格高騰が引き起こされたことが指摘されている（Luttrell, 1973）。

4) ロシアでは1986年にウシ飼育頭数が6,050万頭でピークに達した後，ソ連崩壊後は急速に減少した。1996年には3,510万頭，2006年には2,160万頭にまで減っている。同じくブタの飼育頭数も1986年がピークで4,020万頭だったのに対し，1996年にはその半分以下の1,910万頭，2006年には1,620万頭にまで落ち込んだ。ロシア統計庁ウェブサイト参照［https://rosstat.gov.ru/bgd/regl/b09_38/IssWWW.exe/Stg/d01/05-01.htm］。

5) もっとも，世界市場におけるロシア農業の躍進は，ひとえに国の支援策によるものというわけではない。世界銀行のレポートが示すように，ロシアで農産物の自給率が向上し，輸出が拡大したのは，ルーブルの価値が下落したことも大きな要因として考えられる（World Bank, 2020, pp. 73-80）。

6) 例えば次の記事を参照。Агроинвестор [2021.5.5] Забрать, чтобы вернуть. Демпфер на зерно начнет действовать в России со 2 июня, а на подсолнечное масло — с 1 сентября. ［https://www.agroinvestor.ru/analytics/article/35756-zabrat-chtoby-vernut-dempfer-na-zerno-nachnet-deystvovat-v-rossii-so-2-iyunya-a-na-podsolnechnoe-mas/］（「返すために取る。6月2日からロシアで穀物ダンパー始動。ヒマワリ油については9月1日から」）。

7) ロシアの耕地面積はソ連末期から年々減少し，2005年にはソ連崩壊時の3分の2を下回るまでになった。その後2010年代から徐々に回復してはいるものの，いったん放棄された農地を再び生産可能な状態に戻すことは容易ではなく，2023年でも1991年との耕地面積比は70％にとどまっている。プログラムでは，使われていない農業用地1,320万haの再生利用と，土地改良済の土地360万haの維持が目標として掲げられている。Агроинвестор [2023.6.2] Земли на карту. Минсельхоз решил создать схему распределения земельных ресурсов страны.［https://www.agroinvestor.ru/markets/article/40400-zemli-na-kartu-minselkhoz-reshil-sozdat-skhemu-raspredeleniya-zemelnykh-resursov-strany/］（「地図上の土地。農業省，国の土地資源分布図の作成

を決定」）。

8）ロシア政府の公表する2023年農業支援の総額は5,400億ルーブルで，ロシア統計庁による同年のGDP 171兆410億ルーブルにつき合わせて計算すると，0.3％となる。

9）サハ農業のなかでもトナカイ牧畜に関しては，広大な放牧地を集団で移動しながら生活する必要があることから，ウシやウマの牧畜とは事情が異なっている。トナカイ牧畜の経営は，国営農場を引き継ぐ形の「オーブシチナ」（Obshchina：共同体）と呼ばれる農業組織で行われるのが主流で，2019年の統計でもサハで飼育されているトナカイの94％は，農業組織の所有となっている（Dayanova et al., 2020a, p. 31）。

10）もっとも，農業構造の特徴は地域ごとに様々な要因に基づいて成り立っているため，一概に「フェルメル型」の地域がサハと似たような特徴を持つとは言えない。因みに「フェルメル型」は，比較的南部連邦管区に多く，アストラハン州（47.5％）では農業生産の半分近くをフェルメル経営が占めている。サハ共和国の位置する極東連邦管区では，他にマガダン州（40.8％）やユダヤ自治州（37.6％）でフェルメル経営の比率が高い。ロシア統計庁ウェブサイト参照［https://rosstat.gov.ru/folder/210/document/13226］。

11）ロシア統計庁ウェブサイト参照［https://rosstat.gov.ru/storage/mediabank/k_so.xls］。

12）同じ年の農業支援額は，イルクーツク州で37億，ハバロフスク地方では10億，農業の一大産地のロストフ州やヴォロネジ州でも86〜87億，比較的財政が豊かで農業の盛んなタタルスタン共和国でも132億ルーブルである。例えば次の記事を参照のこと（ulus.media, 2023）。

13）TASS［2023.6.15］В Якутии выдадут субсидии из местного бюджета на мелиорацию сельскохозяйственных земель.［https://tass.ru/ekonomika/18014583］（「ヤクーチアで地域財政から土地改良に補助金支給」）。

14）農地利用の分類にある「終身相続保有」は，まだ土地の私有権が存在していなかったソ連時代に，土地の利用を認証する制度として使われていた概念。2001年の民法改正後，この範疇で新たに土地が認証されることはなくなったが，既に「終身相続保有地」として認証されている土地については，現在も継続して適用されている。個人の遺産として親から子に相続することは可能だが，あくまで所有者は国であるため，個人が勝手に土地を分割したり，第三者に売却したりすることはできない。行政の都合で接収されることもあり得る。手数料さえ支払えば「私有地」への切り替えは可能だが，大量の書類を準備して提出する必要があるため，その手続きは進んでいないのが現状である。一方で，住民経営では比較的「私有地」の割合が高くなっているのは，土地を売りたいと考えている人が多いためと考えられる。

15）Социальный фонд России［2022.11.30］В Якутии в 2023 году на поддержку сельского хозяйства направят свыше 14 млрд рублей.［https://sfr.gov.ru/press_center/z_news/~2022/11/30/241463］（「2023年ヤクーチアの農業支援140億ルーブル超で調整」）；Якутия daily［2024.1.23］В Якутии с нового года увеличены субсидии на молоко и

第 3 章　農　業　　93

　　другие направления сельского хозяйства.［https://yakutia-daily.ru/v-yakutii-s-novogo-goda-uvelicheny-subsidii-na-moloko-i-drugie-napravleniya-selskogo-hozyajstva/］（「ヤクーチアで新年から牛乳への補助金など農業支援増額」）．

16）Послание Главы Республики Саха (Якутия) А.С. Николаева Государственному Собранию Ил (Тумэн) Республики Саха (Якутия) от 22 декабря 2023 года.［https://glava. sakha. gov. ru/o-glave/ezhegodnye-poslanija-glavy-rsja2019/poslanie-glavy］（「2023 年 12 月 22 日付サハ共和国（ヤクーチア）首長 A.S. ニコラエフによるサハ共和国（ヤクーチア）国会への教書」）．

17）О развитии местного производства и туризма в республике Саха (Якутия).［https://glava.sakha.gov.ru/ot-28-marta-2024-g-----269］（「サハ共和国（ヤクーチア）における地場産業と観光の発展について」）．

18）レナ川中流域の川幅は，狭いところでも 3 km ほどあるうえに，毎年春に大量の氷が解けて氾濫を起こすため，橋が架けられていない．それでも氷上を自由に横断できる冬季の移動では何の支障もない．また夏の間は，パロム（parom）と呼ばれる平底のフェリーボートに乗って川を渡ることもできる．しかし，春と秋には小型のホバークラフトしか運航されておらず，車の移動は完全に遮断される．レナ川に橋を架ける計画は 1980 年代から構想されていたが，資金不足を理由にこれまで実現されてこなかった．その悲願の橋の建設は，2024 年 10 月にようやく動き出し，目標とされる 2028 年末までの開通を目指して，まさに工事が進められている．レナ川架橋工事ウェブサイト参照［https://mostlena.ru/#close］．

19）牛乳の調達加工業者の条件としては，税金の滞納がないことや，業務を行うための設備，資材，交通手段を持つこと，技術的・衛生的規準を満たした生産管理を行うことのほか，1 日に 500 kg 以上，年間 800 t 以上の牛乳を処理する能力を持つことといった細かい条件の規定がある．こうした条件を満たす業者のなかから，最終的に地方自治体の選考委員会によって 1 つの業者が選定される．2023 年 2 月 13 日付サハ共和国農業省政令第 111 号参照［http://publication.pravo.gov.ru/Document/View/1401202303020004］．

20）インタビューによる聞き取り．2017 年 9 月 20 日，ヤクーツク．

21）注 19 参照．

22）2020 年にはヤクート牛の飼養を目的とする補助金に 1 億 4,500 万ルーブルが支出され，2021 年から 2025 年までの計画においては総額で 13 億 4,400 万ルーブルが予算に計上されている．こうした保護政策のおかげで，一時は 1,000 頭を切ったヤクート牛の個体数は順調に増え，2023 年 1 月には 2,500 頭を超えるまでになっている．サハ共和国農業省ウェブサイト参照．В парламенте Якутии обсудили перспективы и планы по развитию генофонда якутского скота.［https://minsel.sakha.gov.ru/news/front/view/id/3237250］（「ヤクーチア議会でヤクート牛の遺伝子ファンド発展の見通しと計画について議論される」）；В Якутии содержат свыше 2,5 тыс. голов коренной породы скота, приспособленной к морозам.［https://minsel.sakha.gov.ru/news/front/view/

id/3343187]（「ヤクーチアで寒冷地適応の在来種2,500頭以上飼育される」）。

第 2 部

資源とエネルギー

第4章　石油・ガス開発
　　　——拡大する生産と莫大なポテンシャル

原　田　大　輔

1　はじめに

　ロシア・東シベリアにおける石油・ガス開発は，同国の石油開発東漸の歴史において，成熟し生産減退を迎えようとしている西シベリアからの生産を補填する新規フロンティア開発のなかで，中心的な役割を与えられ，それを果たしてきた。21世紀に入り，原油価格が高騰し，ロシア財政およびロシアの石油会社が潤い，莫大な資金を必要とする新たな輸送インフラ（原油および天然ガス・パイプライン）を建設する機運が高まったことも同地域における上流開発が進展してきた重要な要素であろう。

　他方，連邦構成主体で見た場合，サハ共和国で進む石油・ガス開発は，同共和国に賦存する埋蔵量ポテンシャルと敷設されたパイプライン・ルートの特性により，原油よりも天然ガスに偏っている。また，1983年に発見された同共和国のチャヤンダ・ガス田は東シベリアにおいて最大のガス田であるにもかかわらず，当初から開発の開始は先延ばしとなってきた。市場を結ぶ輸出インフラがなく，本命の市場である中国との間ではガス供給交渉が難航し，チャヤンダから中国を結ぶ天然ガス・パイプライン「シベリアの力」の建設が遅延してきたためである。

　本章では同共和国の炭化水素ポテンシャルと開発の歴史，その中心にある中ロパイプライン建設における背景をレビューしながら，当地における石油・ガス開発の特徴および課題を抽出することを目的とする。特に輸送インフラであるパイプラインと開発鉱区の位置関係には経済性において相関関係

が見られることが指摘できるが，サハ共和国には南部辺縁地域にしか原油・天然ガス・パイプライン・インフラは存在しない。そのことが今後どのような影響を及ぼすのか。また，ロシア・ウクライナ戦争によって欧州は脱ロシアを掲げ，脱炭素を加速させようとしている一方で，ロシアは中国にその代替市場を見出そうとしている。このような情勢が同共和国にどのような影響をもたらすのかについても分析を試みる。

2 石油・ガス・インフラが牽引する経済活動

　サハ共和国の経済活動は，他の北極域と同じように，大規模資源開発，伝統的経済（小規模家族経営），公的サービス部門（公務，教育，厚生など）の3つのセクターで行われており，サハのGRP（地域のGDP）を見ると，半分以上が鉱業部門（鉱物資源採掘業）で占められている（第1章参照）。近年，同共和国における原油および天然ガス生産の増加によって（図1），なかでも石油・ガス部門の比重が増大している。

　原油生産は東シベリア・太平洋（East Siberia Pacific Ocean；ESPO）パイプライン（図2）が稼働を開始する2009年から急速な増加が始まり，2016年に1,000万t（日量20万バレル）を超え，2020年には1,600万t（同32万バレル）と上昇してきた。採掘される原油の9割以上が輸出されており，日本も中国に並ぶ輸出先となってきた。

　また，天然ガスについても，2014年に中ロで合意に至った長期ガス供給契約に基づき，建設が開始された天然ガス・パイプライン「シベリアの力」と同共和国内に位置するソ連時代に発見された大ガス田であるチャヤンダ・ガス田（図2）の開発が進み，2019年12月に稼働を開始したのを受けて急増している。2024年12月には設計容量である年間38 BCM（10億m^3）に達したことが発表されている。

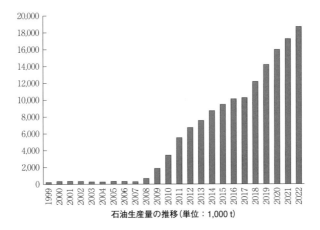

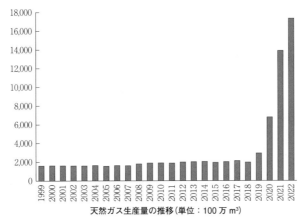

図1　サハ共和国における石油・天然ガスの生産量の推移
出所：サハ統計機関ウェブサイト[https://14.rosstat.gov.ru/folder/209360]から作成。

3　原油価格高騰とウクライナ問題が加速させてきたロシアの東方シフト

　原油パイプライン ESPO そして天然ガス・パイプライン「シベリアの力」がそれぞれ2009年，2019年に稼働を開始したことは，21世紀に入ってから

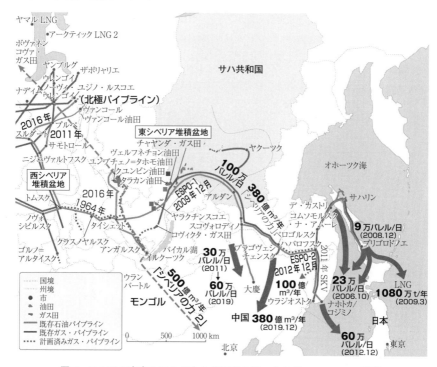

図2　ロシアの東方シフトが生んだ極東の新エネルギー・フローの現状

の資源価格高騰と無関係ではない。ソ連解体直後の経済的混乱とアジア危機の余波を受けロシアがデフォルトに陥った1990年代では，これらインフラを作りたくても作れなかった。しかし，21世紀に入り，中国の需要増加と先物市場への資金流入を受けて，原油価格は上昇し続けてきた。90年代にバレル当り10ドル台だった原油価格は，一時的な下落はあるものの，足元では70ドルから80ドルで推移している。天然ガス市場もまた原油価格に引き摺られる形で価格が上昇し，2022年にはロシアによる自作自演の価格高騰演出により，史上最高値の100万英国熱量単位（BTU）当り92.6ドルという記録的価格を付けている。東日本大震災による原発停止とその代替としての日本による液化天然ガス（LNG）へのシフトに伴う市況の上昇もあった。これら資源価格の高騰という神風がロシア政府とその実行部隊である国営企

業を潤し，原油であればパイプライン独占企業であるトランスネフチ，天然ガスであれば同様にパイプライン・ガス輸出独占企業のガスプロムをして，高価なパイプライン建設を可能としたのである。

また，2014年に始まるウクライナ危機がロシアの東方シフトを加速させ，結果としてサハ共和国を含む東シベリア地域の発展を促してきたことも重要な点である。2013年のヤヌコーヴィッチ前大統領によるEU連合協定の破棄から始まるウクライナ危機が，2014年2月クーデター，3月のロシアによるクリミア併合，そして欧米による対ロ制裁を生み出し，ロシアによる欧州離れを引き起こし，エネルギー分野での東方シフトを加速させる要因となってきた。ただ，ロシアの東方シフトへの動きは制裁よりもずっと前から進められてきた点には留意が必要である。たとえば，2004年にはロシア・ユーコス社の構想であった対中原油輸出ルートの確立を，国営原油パイプライン独占企業のトランスネフチがESPOパイプライン建設という形で進めることが決定され，2007年には「東方ガス・プログラム」を政府が承認し，国営ガス企業体ガスプロムが極東地域のガス化を進めるとともに，中国を中心とするアジア太平洋市場への輸出も模索し始めた[1]。それらは上述の通り，2009年にロシアの北東アジアへのエネルギー・フローとして結実し，2013年にはロスネフチが中国国営石油会社CNPCと2,700億ドルに及ぶ長期原油供給契約(25年間／日量約29万バレル)[2]を，2014年にはガスプロムが8年越しの交渉を経て4,000億ドル規模の長期天然ガス供給契約(30年間／年間38BCM)[3]を同社と締結している。これらもまたロシアの東方シフトの一環と見ることができるだろう。

また，ロシアは将来的に減退する西シベリアの既存ガス田を引き継ぎ，欧州への安定供給を確保するべく北極圏に位置するヤマル半島を開発する計画(パイプラインおよびLNGプロジェクト)を2008年より本格化させてきた。北アフリカ・中東からの欧州へのパイプライン・LNG輸入増加による既存市場の侵食，ウクライナ問題による供給途絶リスクの顕在化，さらには欧州が支持する天然ガス・パイプライン計画による中央アジア産ガスのロシア迂回ルートの試行(オーストリアOMVが推進したナブッコ・パイプライン構

想，アゼルバイジャンのシャハデニース・ガス田からの天然ガスをトルコ・欧州へ輸出する TANAP および TAP パイプラインの建設)によって，ロシアの地位が揺らぎ始めていることがその背景にある。これに対してロシアは新たなドイツ向けの北ルートであるノルド・ストリーム(2011 年稼動)やイタリア向けの南ルート(サウス・ストリーム，2014 年末に欧州制裁に対抗してルートがトルコ経由のトルコ・ストリームに変更)，欧州・アジア双方をターゲットとするヤマル LNG プロジェクト推進による LNG 輸出に力を入れ，既存欧州市場の確保と新規市場の開拓に注力してきた(原田，2009)。他方，欧州は 2006 年，2009 年と断続的に発生したウクライナとのガス供給問題によるロシア離れが加速し，2011 年 3 月にはそれを決定付けるいわゆる「第 3 次エネルギー・パッケージ(生産者および輸送者の分離を義務付けるものであり，つまり，暗に独占企業体であるガスプロムを対象とするもの)」を採択する[4]。2014 年のロシアによるクリミア併合とウクライナ分裂の危機をもたらす紛争までに拡大したウクライナ問題により，ロシアはあたかもその代償をエネルギーの安定供給者の地位を返上し欧州に支払わせるべく，欧州離れを加速し，東の巨大市場である中国に接近しているのが現下の状況でもある。

4 サハ共和国における石油・ガス開発の特徴

ロシアでは今ある油田からの生産が限界を迎えつつあり，早晩生産量の減退が始まると言われている。新たなポテンシャルを有する地域は北極圏やサハ共和国を含む東シベリアといったインフラの不足した，永久凍土で覆われた開発環境の厳しい地域へ移っている。つまり，莫大なコストがかかり，リスクも高い，投資家が敬遠する地域となっていく。そこで，政府はそのようなフロンティア地域に優遇税制を設定することで投資を誘致し，開発を促している。

サハ共和国のような永久凍土での石油・ガス開発は冬季が最盛期を迎える。夏場は永久凍土の表層が融けて沼地になってしまい，重機の持ち込みができ

ない。冬場は地面が凍り，道がないようなところでも重機を持ち込むことができるようになるからだ。そして，冬の間に夏場も作業を継続できるように道路を作り，土砂を持ち込んで地盤を固定・整地する。インフラが全くない地域であれば，必要な電力を供給する発電所や生産された石油・ガスを輸送するパイプラインも建設する必要がある。それら資機材をどのようにして持ち込むのかもコストのかかる難題であり，陸路か，海上輸送(ロシア北方航路)で河川から持ち込むことを検討する。そのプロジェクトのためだけに新たに鉄道を建設した事例もある。中東のように海に近い，永久凍土とは無縁の石油・ガス開発と異なり，探鉱から運よく油ガス田が見つかっても，それらを需要地に輸送するインフラまで多額の費用がかかることが，サハ共和国をはじめとするロシア永久凍土地帯における石油・ガス開発の特徴と言えるだろう。

したがって，石油・ガスを開発するエリアにインフラが既にあるのかどうかはプロジェクトの判断にとって重要な要素となる。その点において，サハ共和国には前述の通り，既に太平洋に至る原油パイプラインESPO，大消費国である中国につながる天然ガス・パイプライン「シベリアの力」があることは今後の開発にとっても大きな利点となる。

主要油ガス田開発の現状

サハ共和国では天然ガス埋蔵量が豊富であることが判明している。これまで政府に登録された域内の油ガス田のうち，実に72％がガス田だった。

インフラ面では恵まれているサハ共和国だが，現在開発が進む地域はソ連時代に発見された油ガス田が集中する共和国南西部，まさに輸出用の原油・天然ガス両パイプラインが敷設されているエリアに集中している(図3)。原油，コンデンセートおよび天然ガスの埋蔵量もロシア全体と比べるとそれほど多くないことも特徴となっている(表1)。天然ガスは対中ガス輸出のソースである巨大ガス田であるチャヤンダ・ガス田の存在が大きい。

また，既存油ガス田の位置が南西部に集まっていることは，インフラまでの距離が経済性に大きく影響を与えていることも示している。東シベリアに

図3　サハ共和国における主要油ガス田の位置

表1　サハ共和国の原油・コンデンセートおよび天然ガス埋蔵量

対象	サハ共和国	ロシア全体	サハ共和国のロシア全体におけるシェア
埋蔵量カテゴリー	AB1＋C1＋B2C2	AB1＋C1＋B2C2	
石油（10億 t）	0.70	31.25	2.2%
天然ガス（BCM：10億 m³）	3.14	67.14	4.7%

出所：Minprirody（2022）から作成。

おける油田開発での試算（INK および JOGMEC の共同研究）によれば，既存油ガス田の開発では埋蔵量が小規模の場合には ESPO から約 200 km 離れるだけで経済性が見込めない可能性がある。現在開発されている油ガス田を足掛かりに，今後さらに周辺地域の探鉱開発が進んでいくかどうかが今後のサハ共和国の課題であり，経済発展の鍵を握っていくだろう。

チャヤンダ・ガス田

チャヤンダ・ガス田はソ連時代の 1983 年に発見された東シベリア最大の

ガス田の1つである。ガスプロムが公式発表している推定埋蔵量は天然ガス1,238.77 BCM，コンデンセート17億5,800万t，原油43億9,800万tとされており，ガスの成分には窒素の他，エタン，プロパン，ブタン，ヘリウムがかなりの割合で含まれていることが特徴となっている。ガス田の開発は発見から32年後，中ロガス供給契約合意後の2015年に開始され，2024年のフル生産量(25 BCM)に達するまでに226のガス生産井の掘削が予定されていて，その後，約20年間にわたって生産量を同容量で維持する計画となっている。また，ガス生産維持のための生産井を追加で104坑掘削する予定である。2032年には若干の生産減退が見込まれ，年間生産量は25.8 BCMから2043年に25.6 BCMに減少すると予測されている。コンデンセートおよび原油生産量のピークは，それぞれ年間40万t(日量0.8万バレル)と320万t(同6.4万バレル)で，これら生産井の数は187坑井が見込まれている。

ガスプロムが保有するその他のサハ共和国の鉱区

ガスプロムは現在サハ共和国において4つのガス田鉱区のライセンスを取得しており，対中ガス供給パイプラインである「シベリアの力」への供給ソースであるチャヤンダ・ガス田とイルクーツク州に位置するコヴィクタ・ガス田が生産減退フェーズに入った時に備えていると考えられている(表2)。これら鉱区は現在探鉱鉱区としてリストされており，今後数年間の生産計画はない。

表2　ガスプロムがサハ共和国で保有するその他鉱区と推定される埋蔵量

	天然ガス (BCM)	原油 (100万t)	コンデンセート (100万t)
ヴェルフネヴィルチャンスコエ	209.35	33.8	…
タース・ユリャフ	114.04	…	…
ソボロフ・ネジェリンスコエ	64.77	…	3.07
スレドネチュングスコエ	199.5	…	12.64
合計	587.66	33.8	15.71

出所：RusEnergy，ガスプロム資料から作成。

スレドネボツオビン鉱床

スレドネボツオビン鉱床は，1970年にミールヌィ近郊で発見された。この鉱床は3つのブロックに分かれており，そのライセンスを各企業が保有している。

- 中央と隣接するクルングスキー鉱区：ロスネフチの子会社であるタース・ユリャフ・ネフチェガスダビィチャ
- 東部：JSC RNG
- 北部：JSC Alrosa-Gaz

同鉱床の推定埋蔵量は原油1億9,087万t，天然ガス238.47 BCM，コンデンセート333万tが含まれていると考えられており，またチャヤンダ・ガス田同様にかなりの割合のヘリウムが含有していることが判明している。

ロスネフチは2012年のTNK-BP買収にあたって，タース・ユリャフ・ネフチェガスダビィチャの権益を35.3％取得し，2013年までに100％買収した後，2015年に20％をBPに売却し，29.9％をインド企業のコンソーシアムに売却している。2013年に生産が開始されており，生産された原油は，169 kmのパイプラインを経由してESPOに接続，輸出されている。生産量は2021年に500万t（日量10万バレル）でピークを迎え，現在減退中である。なお，同鉱床の特記すべき事象として，1976年から1987年にかけて7回の地下核実験が行われ，そのうちの6回が地層を破砕したとされている。この実験は原油生産を促進することが目的であり，残りの1回は地下の原油貯蔵スペースの創出のためであったと言われている。このような事実は，現在は負の遺産となっており，同鉱床の開発においては環境への放射性物質の影響を防ぐための配慮が必要となっている。また，タース・ユリャフ・ネフチェガスダビィチャはサハ共和国で10の鉱区ライセンスを保有しており，2021年7月，新たなケデルギンスコエ油田の発見を発表している。

同鉱床東部のライセンスは，キプロスに登記されているEastSib Holdingの100％子会社であるJSC RNG（旧名 Rostneftegaz）が保有しており，推定埋蔵量は原油2,200万t，天然ガス14.3 BCMと見込まれている。2019年に原油生産が開始され，日量約2万バレルがESPOで輸出されている。

同鉱床北部は，世界のダイヤモンド生産量の約4分の1を占める国営企業アルロサの子会社として設立されたJSC Alrosa-Gazが保有し，埋蔵量は天然ガスを中心に34 BCM程度と小規模で，その生産量のほとんどをアルロサが自社で消費している。

タラカン油田等（スルグートネフチェガスが保有する鉱床）

タラカン油田は1987年に発見された。この油田にはもともと原油1億2,357万tおよび天然ガス63.16 BCMが見込まれていたが，生産されてきた結果，現在の残存埋蔵量は原油9,963万tおよび天然ガス41.33 BCMとされている。スルグートネフチェガスが2003年から同油田のライセンスを保有しており，その他，サハ共和国で21の鉱区ライセンスも有している。タラカン油田の開発は2004年に開始され，2008年に生産が開始された。生産原油はESPOパイプラインで輸出されている。生産量は，2009年から2012年にかけて年間610万t（日量12万バレル）でピークに達し，現在約500万t（同10万バレル）まで低下しているが，依然，サハ共和国の原油生産量の主力生産者である。

スレドネヴィリュイスコエ鉱床（YaTEK社が保有する鉱床）

スレドネヴィリュイスコエ鉱床は1965年に発見された。サハ共和国ヴィリュイスク市から60 kmに位置する油ガス田で，開発は1975年に始まり，原油は生産減少段階にある。残る推定埋蔵量として天然ガス198.9 BCMおよび随伴するコンデンセート840万tがある。サハ共和国域内への供給を主業務とする天然ガス生産会社・ヤクーツク燃料エネルギー会社（YaTEK）の主要資産でもある。同社は同鉱床の他，サハ共和国で7つの鉱区ライセンスを保有し，保有する全体の可採埋蔵量は天然ガス423.5 BCM，コンデンセート2,680万t（約2億バレル）である。年間約2 BCMの天然ガスを生産しており，その全量がサハ共和国に供給されている。

同社は長期的戦略として，ハバロフスク地方を経由してオホーツク海まで1,300 kmのガス・パイプラインを敷設し，1,200万〜1,800万tの液化能力

を持つ LNG プラントを建設するプロジェクトを視野に入れていた。しかし，同社のガス埋蔵量基盤は十分ではなく，コストが非常に高いことや技術的な問題から現実的ではないと見られている。

ビュクスコエ鉱床(INK が保有する鉱区)

レンスクおよびミールヌィに位置するビュクスコエ鉱床は，推定埋蔵量は天然ガス 13.5 BCM と小規模ながら，2015 年に INK によって発見された。同社はサハ共和国で近年積極的に探鉱活動を行っており，6 つの鉱区ライセンスを保有している。他方，現時点では，これらの鉱区の商業開発は埋蔵量が不足しており，さらなる探鉱による埋蔵量の追加が求められている。

5　対中パイプライン「シベリアの力」の現状

2019 年 12 月 2 日，サハ共和国チャヤンダ・ガス田を供給源に中国に天然ガスを供給する「シベリアの力」パイプラインが稼働を開始した(図 4。原田，2019)。2007 年の「東方ガス・プログラム」から 2014 年の中ロによる政府間合意まで 7 年，稼働開始まで 5 年，そして，中国国内のパイプラインについても，上海までの最終区間は 2024 年完了を目指して建設中である。2023 年にはイルクーツク州に位置するコヴィクタ・ガス田との接続も完了し，2024 年 12 月には最大輸送設計容量である 38 BCM を達成したとガスプロムが発表した(図 5)。

契約価格に関しては，2024 年初めに中国の通関統計が発表されたことにより，2019 年 12 月稼働を開始した「シベリアの力」を経由した中国向け通年供給価格(2023 年まで)が判明している(図 6)。中ロが 2014 年 5 月からこれまでに合意した供給価格を決定するフォーミュラについては非公開となっており，原田(2019)においても分析を試みているが，実績が判明したことで，中国国境価格がどの競争相手とリンクしているのかが判明し，どのようなフォーミュラ構成となっているか想定することができる。

過去 10 年余りの対中ガス価格の推移を供給国別にプロットした図 6 につ

第 4 章　石油・ガス開発　　109

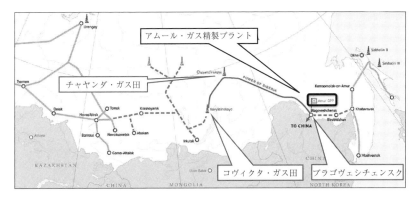

「シベリアの力」天然ガス・パイプラインの諸元							
ルート	ロシア〜中国（陸上）						
稼働年	2019 年 12 月 2 日（月）供給						
距離	2,864 km（ロシア国内） 中国国内は 3,371 km（黒竜江省〜上海）。黒竜江省〜吉林省までの 1,067 km は 10 月に完成し、今後 2024 年までに上海区間を建設。						
容量／口径	38〜60 BCM／年／56 inch（陸上）						
コスト	〜680 億ドル（推定）／ 22.8 MMUSD/km						
PL 所有者 （中流）	ロシア国内	Gazprom Transgaz Tomsk：100%					
	中国国内	CNPC（Petrochina）：100%					
供給源 （東シベリア）	ガス田	発見年	埋蔵量（AB+C2）		生産見通し	ヘリウム 含有率	窒素 含有率
	チャヤンダ	1983 年	ガス	1.2 TCM	年間 25 BCM	0.6%	7.7%
			NGL	4.5 億バレル	日量 4.6 万バレル		
	コヴィクタ	1987 年	ガス	2.7 TCM	年間 25 BCM	0.2%	1.6%
			NGL	6.6 億バレル	−		
上流権益 （上流）	ガスプロムが供給者（100%）						
ガス購入者 （下流）	CNPC（Petrochina）が購入者（100%）						

図 4　中ロ天然ガス・パイプライン「シベリアの力」
　　注：TCM は兆 m³。
　　出所：ロシア政府大統領府，ガスプロム資料等から作成。

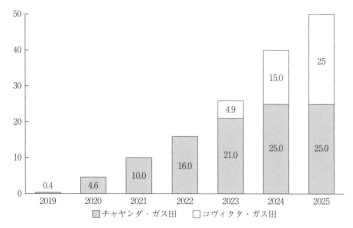

図 5 供給ガス田（チャヤンダおよびコヴィクタ）の生産プロファイル（単位：BCM）

注：生産プロファイルとはガスプロムが想定する生産計画・見通しのこと。
出所：ガスプロム・ダヴィチャ・ナヤーブリスクから作成。

いて，一目で分かるのは，当然と言えば当然だが，液化コストのかからないパイプライン（PL）・ガスは，高価なミャンマーからのガスはあるものの，LNG 輸入価格に対して相対的に安いということである。そのスプレッドは 100 万 BTU 当り全体平均で 2.53 ドルに及び，さらに LNG は揚陸後，再ガス化コスト（中国では幅があるが，100 万 BTU 当り約 1 ドル）がかかる。そうであれば中国は LNG よりもパイプライン・ガスに傾注するのは当然で，実際，21 世紀に入ってからまず LNG 輸入が先行し，パイプライン・ガスの輸入は 2009 年の中央アジアを起点に始まっていくわけだが，この価格差の背景を理解するにあたって最も重要な点として，中国国内の移動距離にも注目する必要がある。パイプラインは安いように見えて，それぞれがロシア，カザフスタン，ミャンマー各国境から需要地まで国内輸送されるため，そのコストが発生する。他方，LNG は海上輸送で需要地である沿海部・華東・華南地域へ輸送され，そこで再ガス化され，使用されることが想定されている。つまり，パイプライン・ガス国境価格＋国内輸送コストと LNG 輸入価格＋再ガス化コストがバランスするような形で中国の天然ガス輸入ポート

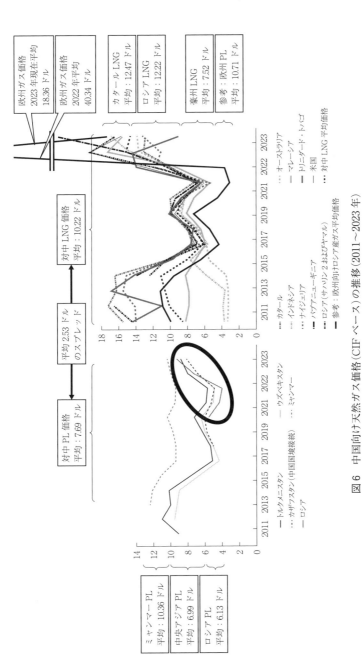

図6 中国向け天然ガス価格（CIFベース）の推移（2011～2023年）
出所：中国通関統計、SIA Energy 資料から作成。

フォリオが形成されていることを示している。

　そのようななかで最も安い価格を示しているのが，ロシアからのパイプライン・ガス(「シベリアの力」。図中は左図の丸い囲み内)である。その価格は，対中 LNG 平均価格(10.22 ドル／100 万 BTU)に対し 6 割程度(6.13 ドル)という安さになっている。

　「シベリアの力」天然ガス・パイプライン建設と両輪をなすのがアムール・ガス精製プラント(Gas Processing Plant ; GPP)プロジェクト(表3)だが，サハ共和国が有するチャヤンダ・ガス田の特性，すなわちヘリウム含有率の高さという観点から触れる必要がある。

　天然ガスという原料輸出だけでなく付加価値を生むガスケミ製品(天然ガスからのヘリウム分離や液化石油ガス(LPG))輸出を実現するべく，ガスプロムは 2021 年稼働を目指して，ブラゴヴェシチェンスク(ベロゴルスク近郊。図2)に 2015 年から工場建設を行っている。処理能力は 42 BCM(うち，38 BCM の天然ガスが中国向け)と世界第 2 位の規模となる見込みで，運用開始すれば，以下の製品を生成・輸出する計画である。

- ヘリウム：年間最大 6,000 万 m^3
- エタン：年間 250 万 t
- プロパン：年間 100 万 t(LPG へ)
- ブタン：年間 50 万 t(LPG へ)
- ペンタン・ヘキサン：年間 20 万 t

　同プロジェクトはガスプロム(Pererabotka Blagobeshchensk)を中心に，プラント建設オペレータを NIPIGAZ[5] が務め，イタリア(Technimot)，中国(Sinopec)およびトルコ(Renaissance Heavy Industry)が参画していた。また，ヘリウム抽出技術は独リンデ，同プラント建設は中国(CGGC)および

表3　アムール・ガス精製プラントの建設計画

第1フェーズ	2015〜2018 年	土地造成。基本プラント設計・建設
第2フェーズ	2016〜2019 年	ワニノ湾までの鉄道等 LPG ロジスティクス
第3フェーズ	2016〜2024 年	ウラジオストクまでのヘリウム・ロジスティクス
第4フェーズ	2017〜2024 年	ガス精製プラント(5 系列)の順次試験運転

出所：NIPIGAZ プレゼンテーション資料(2018 年 7 月，ウラジオストク)から作成。

ロシア(Velestroy)企業が担当し，その他ガス精製プラントを構成するモジュールの建設は中国(CNPCの子会社 CPECC)，英国(FLUOR)が行うとともに，精製されたエタンからエチレンを製造する部門はガスプロムからノヴァテクが買収したロシア最大のガスケミ企業シブール(同社の 20%を中国Sinopec が 2015 年に買収)が担当しているという複雑な多国籍プロジェクトとなっていた。ロシアによるウクライナ侵攻を受けて，欧米外資が軒並み撤退しており，オペレーションには遅延または支障が出ているのが現状である。

ヘリウムは医療用や工業用で活用されている。特に工業用では光ファイバー(焼成時の雰囲気ガス)および半導体(熱処理炉のチャンバー熱置換用ガス)の製造現場で不可欠な素材であり，大気中にはほとんど存在せず，ヘリウム含有率の高い(0.3%以上)天然ガス田から抽出されている。現在，世界のヘリウム供給の約半分を米国が占めるが，減少傾向にあり，カタールやアルジェリアのシェアが上昇している(図7)。チャヤンダ・ガス田に代表される東シベリアのヘリウム埋蔵量は 16 BCM と評価されており，同ガス田の天然ガス埋蔵量の 12 TCM に比べて少なく映るが，これだけで世界需要の

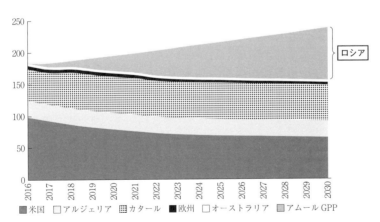

図7　ガスプロム・エクスポルト社による 2030 年までの世界のヘリウム生産見通し(単位：100 万 m³)

出所：ガスプロム・エクスポルト社プレゼンテーション(2016 年 7 月，ウラジオストク)から作成。

80年分に相当する規模となる値である(みずほ情報総研, 2015)。2024年2月には,ついにガスプロムが中国への液体ヘリウムの定期輸送を開始したとの報道がなされている。2023年9月以降,470t以上の液体ヘリウムを積んだ110のコンテナがアムールGPPからロシアおよび外国の消費者に出荷されたとされている(Interfax, 2024年2月7日)。今後,主要生産国である米国・アルジェリア・カタールからのヘリウム生産量が不足していく可能性が指摘されるなか,サハ共和国のチャヤンダ・ガス田からのヘリウム生産と中国への供給が市場で注目を集めていくだろう。

6　サハ共和国における新たなフロンティアと　　その開発に向けた課題

　サハ共和国における石油・ガス開発は南西部のパイプライン・インフラが整備された地域を中心に行われており,今後周辺地域への拡大(探鉱とインフラの拡張)が期待されるが,4-1で述べた通り,遠隔地に行けば行くほど,開発コストの上昇により経済性が劣後していくという課題を抱える。また,表1の通り,これまでの探鉱結果から天然ガスのポテンシャルが高いことが明らかになりつつある。このことはガス輸出法によって事実上幹線パイプライン「シベリアの力」を保有する国営ガスプロムしか輸出ができず,ガス田を発見したとしても鉱区保有者は限られた国内市場への安価な供給か,輸出業者であるガスプロムに対して国際価格の数倍安価での売却を迫られることを意味するため,投資のインセンティブにはつながらない。中長期的には2019年から生産を開始したチャヤンダ・ガス田からの対中ガス輸出が30年間にわたって確保されており,同ガス田からのガス生産に支障が生じたり,中国が「シベリアの力」パイプラインからのガス調達を増加させたりするような事象が生じない限りは,サハ共和国で大規模な上流開発が進むような環境は生まれないとも考えられる。ガスプロムは現在中国との間で,東シベリアではなく西シベリアのガス田を供給源とし,クラスノヤルスク地方からイルクーツク州,そしてモンゴルを経由する「シベリアの力2」パイプラインによる新たな対中ガス供給について交渉しており,このこともサハ共和国で

の上流開発が後回しになる要因ともなるだろう。

　他方で，同共和国が北極海に有する巨大な炭化水素ポテンシャルの可能性についても触れる必要がある。イルクーツク州のバイカル山脈に源を持ち，サハ共和国を 4,400 km 縦断するロシア最長のレナ川が北極海（東シベリア海）に形成している世界最大級のデルタ（三角州），いわゆる「レナ・デルタ」である（図 8）。その面積は北海道の面積の約半分に相当し，長年にわたる堆積物と炭化水素生成環境が成立している可能性が高いと考えられている。世界の石油・ガス産業では注目されているフロンティアの 1 つがサハ共和国にある。既に国営企業であるロスネフチが周辺鉱区を取得しているが（ロシアでは北極海・オフショアについては国営企業にのみ開発の主導権が与えられている），この 10 年ほどは探鉱成果に対する新たな情報は出てきていない。これは陸上のインフラの欠如はもとより，レナ川河口での石油・ガス開発は多大な開発コストがかかる北極海開発でもあり，まだロシアでもバレンツ海やカラ海で始まったばかりの分野であることや，2014 年にはロシアによるクリミア併合を受けて発動された欧米制裁によって北極海開発への欧米企業の機器・サービスの提供が禁止されたことも影響を与えている。また，ロシア北方航路を活用するエネルギー輸出では先行するヤマル LNG プロジェクトがあるが，砕氷機能を有する特殊なタンカー船団と非常時の原子力砕氷船による曳航が必要となる特殊なスキームを必要とするハードルの高さも，プロジェクトが進まない原因と考えられる。

7　おわりに

　サハ共和国について石油・ガス開発を中心にその現状と課題を俯瞰してきた。21 世紀に入っての世界的な資源価格の上昇がロシアの東方シフト，すなわち石油・ガス産業にとってそれぞれのプロジェクトの成否，マネタイズのための鍵を握る輸出インフラ・パイプラインの新たな構築を可能とし，サハ共和国も原油パイプライン（2009 年稼働を開始した ESPO），天然ガス・パイプライン（2019 年稼働を開始した「シベリアの力」）の建設・稼働による

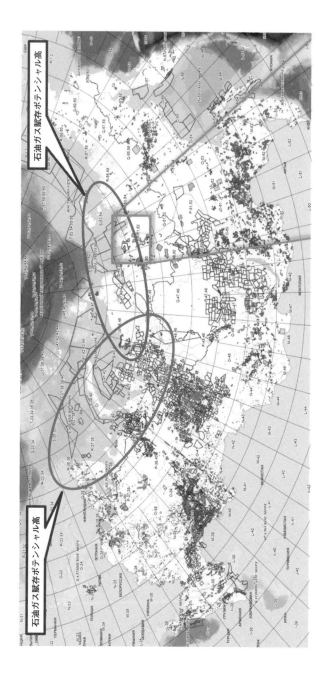

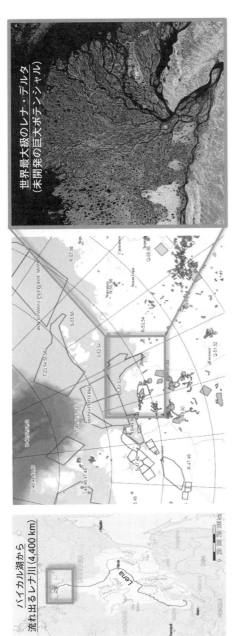

図8 ロシアの探鉱・開発ライセンス鉱区とサハ共和国に位置する世界最大級のレナ・デルタ

出所：ロシア天然資源環境省が公開している検索サイト、NASAパブリック・ドメイン（レナ・デルタ写真）から作成。

恩恵を受けてきた。広大な共和国に莫大な炭化水素ポテンシャルを有し，まだ開発の行われていない北極海に面する地域にも石油・ガス産業が注目する未探鉱エリアを抱えている一方で，現時点ではその開発の範囲は油ガス田が集中する南西部に偏っている。リモートなエリアであるがゆえにインフラの欠如が開発コストの上昇を意味する。今後南西部の輸出幹線パイプライン近傍から徐々に開発エリアが拡大していくことが短期的には見込まれる。また，中国という巨大市場への輸出インフラがあることは，将来的に見込まれる既存油ガス田の減退に対して，中長期的に同共和国の上流開発の必要性が注目されていく可能性もあるだろう。他方，「レナ・デルタ」のように世界が注目する高いポテンシャルを有する一方で，インフラの欠如や既存インフラからの開発地域の距離が事業の経済性に大きな影響を及ぼすことも，サハ共和国における石油ガス開発の特徴である。厳しい自然環境・永久凍土地帯での上流開発には，国際市場における高い原油価格と，ロシア政府による優遇税制等のインセンティブが不可欠であるということは，同共和国の将来を見据えるうえで重要である。

注

1) ガスプロム「東方ガス・プログラム」参照［http://www.gazprom.com/about/production/projects/east-program/］。
2) ロスネフチのウェブサイト参照「Rosneft and CNPC Sign Agreements on Crude Oil Supplies」［https://www.rosneft.com/press/releases/item/114364/］。
3) ガスプロムのウェブサイト参照［http://www.gazprom.com/press/news/2015/may/article226167/］。
4) EU委員会ウェブサイト「エネルギー」参照［https://ec.europa.eu/energy/en/topics/markets-and-consumers/market-legislation］。
5) NIPIGAZはシブール傘下のエンジニアリング会社（EPCコントラクタ）。1972年設立。従業員数2,100名。本プロジェクトの他，ヤマルLNG，アークティックLNG2でも事業を請け負っている。ロシアによるウクライナ侵攻を受け，米国が2023年に制裁を発動。

第5章　ダイヤモンド
　　　──制裁で交錯するグローバルとローカル

服部倫卓

1　はじめに

　ロシアは，世界全体のダイヤモンド採掘量の3割以上を占め，その大部分がサハ共和国に集中している。ダイヤモンドは，ロシアおよびサハ共和国に貴重な収益をもたらしてきた。

　2022年2月にロシアがウクライナへの全面軍事侵攻を開始して以降も，ロシア産ダイヤモンドの取り扱いに関し，欧米日の足並みは揃わなかった。ダイヤモンド分野の制裁が遅れたのには，欧州連合(EU)加盟国であるベルギーの利害に加えて，ダイヤモンド産業のバリューチェーンがグローバルに広がり，複雑なネットワークを織り成しているため，制裁の実現可能性と効果が疑問視されたという要因があった。それでも，G7は2023年12月にロシア産ダイヤモンドの輸入禁止措置につき対応を申し合わせた。

　サハ共和国におけるダイヤモンド産業およびそれをほぼ独占するアルロサ社の重要性ゆえ，ロシアの経済学者がそれらを取り上げた先行研究は存在する。Kurneva and Romanova (2012)は，アルロサの沿革と概要を整理することに主眼を置いた論考である。Danilov (2011)は，世界のダイヤモンド産業におけるロシアおよびアルロサの位置付けについて論じている。Parnikov (2012)は，国家管理体制と産業政策の観点からロシア・ダイヤモンド産業を概観している。

　しかし，ロシアによるウクライナ侵攻後，ダイヤモンドが対ロシア制裁の焦点の1つとなったことで，新たな分析の光を当てることが必要となった。

サハ共和国のダイヤモンド産業は，グローバル経済，ロシアの国民経済，そしてサハ共和国の地域経済のいわば交点である。ただし，本章で論じる通り，ダイヤモンドに関してはロシア国民経済よりもサハ共和国地域経済にとっての重要性が圧倒的に高く，本章がフォーカスするのも後者である。グローバルとローカルの双方の視点からアプローチしないと，制裁に関しても透徹した議論はできない。

本章では，ダイヤモンドのグローバル・バリューチェーンと，そこにおけるロシアおよびサハ共和国の位置付けを概観し，ダイヤモンドの収益の分配，アルロサのサハ経済への貢献度を検証する。そのうえで，G7による制裁の動向と，その効果と妥当性につき吟味する。

2　ダイヤモンドのグローバル・バリューチェーンとロシア

第4節以降で検討するロシア産ダイヤモンドに対する経済制裁の問題を考えるうえでも，ダイヤモンドのグローバルなバリューチェーンと，そこにおけるロシアの位置付けを把握しておく必要がある。ここでは，Boston Consulting Group (2024)，Fin-plan (2024)，Danilov (2011) 等に基づき，全体像を確認することにしよう。

天然ダイヤモンドには，高品位な宝石用と，やや質が落ち生産現場で切削・研磨等に用いられる工業用とがあり，価格にもかなりの開きがある。天然ダイヤモンドのうち，15％が宝石用，55％が準宝石，30％が工業用となっている。

なお，本章では議論を天然ダイヤモンドに絞るが，科学技術により人工的に生産される人造ダイヤモンドがここに来て存在感を増しており，今後天然ダイヤモンドの市場を脅かす可能性があることは念頭に置いておく必要がある。モルガン・スタンレーの推計によれば，世界のダイヤモンド原石市場に占める人造のシェアは，2023年14％，2024年18％，2025年21％と高まっていく見通しだ[1]。Gemcenter (2023) によると，2022年の時点で世界の人造ダイヤモンド生産の56％を中国が占め，以下インド15％，米国13％，シン

ガポール10％，ロシア2％と続いている。ロシアではソ連時代から人造ダイヤモンドの開発が試みられ，現在は主に高温高圧合成による生産が行われている。

図1に見る通り，天然ダイヤモンドのグローバルなバリューチェーンは，①上流：原石の採掘，②中流：ダイヤモンドの加工・研磨，ジュエリーの生産，③下流：ジュエリーの販売，に大別される。ロシアの特徴は，①に強みがあるのに対し，②および③ではほとんど存在感がないことである。②中流のカット・研磨に関して言えば，ロシア産のダイヤモンドが国内で加工される割合は極めて低く[2]，大部分の原石がインドに運ばれ，そこで加工されたうえで世界市場に供給されてきた。ロシアから直接にではなく，インドでの加工を経て世界に供給されることは，第4節以降で見る対ロシア・ダイヤモンド制裁の難易度を高めることになる[3]。

ロシアは世界最大の天然ダイヤモンド原石産出国である。全世界の確認埋蔵量の41％がロシアに賦存する。2022年の世界全体の採掘量が約1.2億カラットであったところ，ロシアはその35％に当たる4,190万カラットを生産し，ロシアの世界シェアは過去最高レベルに達した。同年ロシアは3,670万カラットのダイヤモンド原石を輸出した。

上・中・下流の区分	上流		中流			下流
バリューチェーンの段階	探査	採掘	選鉱,評価	カット,研磨	ジュエリーの生産	ジュエリーの小売り
プレーヤーの数*	5		>100	>5,000	>10,000	>100,000
参入の難易度	高い		中間			低い
ダイヤモンドの状態	原石			研磨済み		ジュエリー

図1　天然ダイヤモンドのバリューチェーン

注：＊売上高ベースで世界市場の70％を生み出しているプレーヤーの数。
出所：Boston Consulting Group（2024, p.3）掲載図から作成。

世界のダイヤモンド取引のハブとなっているのが，ベルギーのアントワープであり，以前は上掲②の加工・研磨作業は大部分がこの街に集中していた。だが，かつて正統派ユダヤ教徒が牛耳っていたアントワープのダイヤモンド・ビジネスは，今日ではインド北西部グジャラート州からの移民が支配するようになっている。そして，彼らの出身地であるグジャラート州では，スーラト市を中心に，低賃金労働を駆使したダイヤ加工・研磨産業が栄え，2018年までは世界のダイヤモンド加工・研磨に占めるインドのシェアは9割ほどに及んでいた。アントワープの取引所で売買されるダイヤも，大部分がスーラトに運ばれて加工された[4]。他方で，アラブ首長国連邦（UAE）のドバイに開設された取引所が成長し，加工拠点であるインドも取引所を整備するなど，アントワープの地位は脅かされるようになった。

　2021年のアルロサの販売先を見ると，ベルギーが36.0％，UAEが20.1％，インドが20.1％，ロシア国内が12.1％，イスラエルが8.0％，中国が1.0％などとなっている。ただ，ベルギーやUAEの取引所で売買されても，やはりその後インドに運ばれて加工されるケースが圧倒的に多かった。

　しかし，2018年にインドの宝石業界で発生した巨額詐欺事件を受け，当局が管理を強化したため，世界のダイヤ加工・研磨に占めるインドのシェアはにわかに低下し，代わってEUおよびUAEがシェアを伸ばしたという情報がある。

　最後に，③下流について言えば，ダイヤモンドの宝飾品が最終的に販売される市場としては，米国の割合が50％強と圧倒的に大きく，中国およびインドという新興2大国が計25％ほどを占め，以下，西欧，日本，湾岸諸国などが続く。

　ロシアのダイヤモンド採掘業は，株式会社「アルロサ」がほぼ独占しており，同社は世界最大のダイヤモンド生産企業となっている。アルロサはロシア国内だけでなく，アンゴラ，ボツワナ，ジンバブエでの採掘にも従事している。アルロサは，デビアス（ルクセンブルク），デブスワナ（ボツワナ），リオティント（英・豪）とともに4強を形成し，合計で世界全体の8割ほどを生産している。

ロシアにおけるダイヤモンド採掘業の概要を整理すると，表1のようになる。伝統的に，ロシアのダイヤモンド生産はアルロサによるサハ共和国での採掘がほぼすべてであったが，近年アルロサはアルハンゲリスク州での開発も進めており，またアルロサ以外の会社の参入もある。表1にある2022年の採掘量を合計すると3,900万カラットとなり，うち88％ほどがアルロサによるものとなっている。また，ロシア全体の生産のうち，79％ほどがサハ共和国で，21％ほどがアルハンゲリスク州で採掘されたことになる。

　サハ共和国のなかでは，ミールヌィ郡とニュルバ郡がダイヤモンド産地として双璧を成しており，オレニョク郡，アナバル郡がこれに続く。ミールヌィ郡においては，ソ連で最初に開発された伝説的なミール鉱山で2017年に水没事故が発生し操業が停止，大きな埋蔵量を残しながら再開の目途が立っていない。現在アルロサが最も力を入れているのがオレニョク郡のヴェルフネ・ムンスコエ鉱床の開発で，2018年にはプーチン大統領も直々に参

表1　ロシアにおけるダイヤモンド採掘業の概要(単位：100万カラット)

本社	生産企業	鉱山	所在地		2023年時点の埋蔵量	2022年の採掘量
アルロサ	ウダチナヤ採鉱選鉱コンビナート	ヴェルフネ・ムンスコエ鉱床	オレニョク郡	サハ共和国	22.7	2.6
		ウダチナヤ鉱山	ミールヌィ郡		119.9	4.2
		ザルニツァ鉱山			6.5	0.4
	アイハル採鉱選鉱コンビナート	ユビレイナヤ鉱山			99.8	3.8
		アイハル鉱山			46.1	3.5
	ミールヌィ・ニュルバ採鉱選鉱コンビナート	ミール鉱山			154.6	…
		インテルナツィオナリナヤ鉱山			35.4	2.3
		ボトゥオビンスカヤ鉱山	ニュルバ郡		58.1	7.0
		ニュルバ鉱山			15.1	…
		ニュルバ漂砂鉱床			3.8	4.7
	アルマズィ・アナバラ	エベリャフ川漂砂鉱床ほか	アナバル郡ほか		12.7	2.3
	セヴェルアルマズ	アルハンゲリスク鉱山	アルハンゲリスク州		38.7	1.3
		カルピンスキー記念鉱山			16.5	2.2
		ロモノソフ記念鉱山			47.9	…
		ピオネールスカヤ鉱山			27.7	…
AGDダイヤモンズ		グリブ記念鉱山			43.2	4.7

出所：Minprirody(2023)等から作成。

加して操業開始式典が挙行された[5]。

3 アルロサのサハ経済・社会への貢献度

3-1 所有権と利益の分配

　Bain & Company (2021, p. 7) に，世界のダイヤモンド・バリューチェーンの各段階における2021年時点での平均営業利益率の推計値が示されている。それによると，ダイヤモンド原石採掘の利益率は22〜24％，加工・研磨は5〜7％，小規模小売は6〜8％，大規模小売は13〜15％と見られるということである。むろんその時々の市況で変化もするが，上流の利益率が際立って高いことが分かる。
　他方，ややデータが古いが，Shtyrov (2001) は興味深い事実を指摘している。2000年の時点で，世界の各大手の売上に対する納税額の比率が，デビアスでは6.3％，リオティントでは8.2％であったのに対し，アルロサでは50.5％に上ったというのである。つまり，アルロサはダイヤモンド採掘であげた高い収益を，他の大手とは桁違いの割合で国庫に還元していることになる。では，その収益は，具体的にどこに向かっているのだろうか？
　その際に，まず確認すべきは，アルロサの沿革と株主構成だろう。当然，出資比率が大きいほど，利益の受益者になる可能性が高いはずだからである。
　Goryainov (2013, p. 88) によると，ソ連末期の1989年，当時のニコラエフ首長の側近だったサハ人の民族主義的な知識人グループが，ダイヤモンドを国際価格で販売すればサハ共和国（当時の正式名はヤクート自治ソビエト社会主義共和国）は経済的に自活できるという提言をまとめ，その考え方は1990年9月に採択された共和国の国家主権宣言にも取り入れられた。当地の採掘企業「ヤクートアルマズ」は，ソ連政府付属のダイヤモンド・金総局の下部機関だったが，その傘下にあった鉱山が，主権宣言により共和国の所有と主張された形となった。さらに1991年8月には共和国に所在する国営企業は共和国の所有である旨が一方的に決められ，かくしてサハ指導部はダ

イヤモンド産業を実質的に接収した。

　その際に，ロシア共和国のトップとしてゴルバチョフと権力闘争を繰り広げていたエリツィンが，1990年6月にニコラエフと会談し，ニコラエフはエリツィンを政治的に支持するだけでなく，サハの金（ゴールド）から生じる収益でエリツィンを資金的にもバックアップすることを提案した。これ以降，エリツィンがロシア大統領として君臨した期間中ずっと，両者の友好関係が維持された。その恩恵で，ダイヤモンド産業に関するニコラエフの提案は常に，エリツィン政権によって優先的に採用された。エリツィンはニコラエフの忠勤に応える形で，1991年12月11日に「共和国の天然資源の処分に関するサハ共和国の権限について」と題された大統領令に署名した（Goryainov, 2013, p. 88）。

　それを受け，1992年2月19日付のロシア大統領令により，アルロサ社が設立された。当初の株主構成は，ロシア連邦（国有資産省）が32％，サハ共和国（国有資産省）が32％，サハ共和国の8つの郡が計8％，同社の職員集団が23％，軍人社会保障基金が5％であった（Goryainov, 2013, pp. 88-89）。なお，サハ共和国には34の郡と2市があり，そのうちアルロサが事業を行っている8郡にアルロサの株式が各1％を割り当てられた。具体的にはアナバル郡，ヴェルフネヴィリュイ郡，ヴィリュイ郡，レナ郡，ミールヌィ郡，ニュルバ郡，オレニョク郡，スンタル郡の8つである。

　1993年1月19日付の協定に基づき，サハ共和国は，共和国が実質的に接収したアルロサの「賃貸料」といった名目で，ダイヤモンド販売収入の計32％を共和国財政に繰り入れた。さらに，アルロサはサハ共和国に，採掘された宝石用ダイヤモンドの20％を原価で販売する義務を負い，後にその割当は25％に引き上げられた。1990年代末には，サハ共和国の財政の実に80％がアルロサからの歳入で賄われるようになった（Goryainov, 2013, pp. 91-92）。

　もっとも，当初はサハ民族主義・分離主義を実現するための切り札という位置付けだったダイヤモンド産業も，次第に当地の支配層の利権へと変質していった。そして，1999年暮れにエリツィン大統領が退任し，プーチン体

制へと移行すると，連邦中央は資源採掘部門への統制を強化する路線に転換した。プーチン大統領は2001年4月にアルロサにおけるロシア連邦の出資比率を拡大することを決定し，サハ側の抵抗もあり実現には数年を要したが，2008年6月までにロシア連邦の出資比率は50％＋1株という過半数を達成した。このプロセスはアルロサの「連邦化」と呼ばれている（Goryainov, 2013, pp. 92-101）。

このように，連邦政府はいったんは支配株を握りながら，図2に見るように，その後は出資比率を低下させていくことになる。2013年10月にはモスクワ取引所史上最大とされる株式公開（IPO）を行い，ロシア連邦とサハ共和国が保有していた持ち分のうち13％が市場に放出された。IPOの目的は，アルロサの抱えていた有利子負債の返済に充てることであった模様である。その後も，当時のウリュカエフ経済相が推進していた国営大企業の民営化の一環として，2016年7月に連邦政府はさらに10.9％のアルロサ株を手放した。

かくして，現状ではロシア連邦が33％，サハ側が33％（共和国が25％，8郡が8％）であり，連邦とサハのどちらが優位に立っているとも言えない状

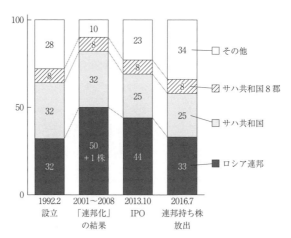

図2　アルロサの株主構成の大まかな変遷（単位：％）
出所：アルロサの発表等から作成。

況となっている。

　このように，プーチン体制初期のアルロサ連邦化の動きこそあったものの，Tabata (2021) や Litvinenko (2014) が分析しているように，ダイヤモンドに由来する税収の配分に関しては，サハ共和国がほぼ一貫して厚遇されてきた。

　Tabata (2021, pp. 7-8) が整理している通り，ロシアの税制で地下資源採掘税は，石油・ガスのそれは全面的に連邦財政に納入されるのに対し，ダイヤモンドのそれは2006年まで，連邦40%，地域60%の比率で分配されていた。それが，2007年以来は100%が地域財政に納入されるようになり，これはアルロサの出資比率が変化したことに伴うサハ共和国財政歳入の低下に対する補填と伝えられていた[6]。

　ロシアによるウクライナ侵攻開始後，ダイヤモンド採掘税には若干の変化があった。2023年3月10日から5月10日までの3か月間を対象とした時限的措置として，ダイヤモンド採掘税は46%が連邦財政に，54%が地域財政に納入されることになったのだ。ただし，その間はアルロサの納税額が月額95億ルーブル引き上げられ，サハ共和国の取り分が減らないように配慮された[7]。ウクライナ侵攻開始後，ロシア政府は拡大する歳出を賄うための増税策をいくつか打ち出しており，ダイヤモンド採掘税に関する措置も，その目的であったと考えられる。なお，2024年7月の税法改正で，ダイヤモンド採掘税の税率は従来の8%から，2025年以降は8.4%へと引き上げられることになった[8]。

3-2　アルロサの巨大な貢献

　ダイヤモンドは，ロシアの輸出総額や連邦財政歳入への貢献度では，石油・ガスなどに遠く及ばない。しかし，サハ共和国の地域経済にとっては，ダイヤモンド産業が帯びている重要性は計り知れない。

　アルロサの広報資料に基づき，2010～2020年のアルロサのサハ共和国経済への貢献額を跡付けたのが図3，サハ共和国財政の歳入に占めるアルロサからの納税・配当の割合推移を見たのが図4となる。なお，これらは2010～2020年のアルロサの貢献をまとめた特別冊子に掲載されたデータで

128　第2部　資源とエネルギー

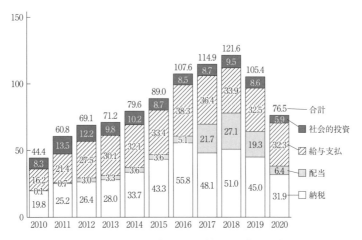

図3　アルロサのサハ共和国経済への貢献額（単位：10億ルーブル）
出所：Alrosa(2021a)から作成。

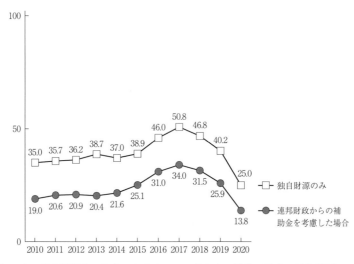

図4　サハ共和国財政の歳入に占めるアルロサからの納税・配当の割合（単位：%）
出所：Alrosa(2021a)から作成。

あり，その後の対ウクライナ戦争を受けた情報開示の低下もあり，残念ながら 2021 年以降に関しては同様のデータは得られない。サハ共和国の独自財源に占めるアルロサからの納税・配当の割合は，概ね 40％前後で推移してきた。配当政策の変更により，2017〜2019 年に配当が大きく膨らんだことなどで，この時期にサハ財政のアルロサ依存度は近年のピークに達した。図3，図4の最終年である 2020 年にはコロナ禍によりダイヤモンド販売が振るわず，指標が大きく落ち込み，その後も経営悪化が続いて 2022 年には無配に陥った。それでも，市況の回復に伴い，サハ共和国財政の歳入に占めるアルロサからの納税・配当の割合は 2023 年には 32％にまで回復した[9]。

　納税・配当の他に，ダイヤモンド産業が地域経済に貢献しているものとして，重要なのは雇用であろう。アルロサ・グループは直近で 3.4 万人余りを雇用し，うち 88％がサハ共和国で働いている[10]。また，2023 年にアルロサがサハ共和国で新規採用した人材は，4,044 人に上った[11]。

　また，企業はサプライヤーからの調達購買という形でも，地域経済を潤す。2023 年にアルロサが行った調達購買のうち，22％がサハ共和国のサプライヤーからだったということであり（Alrosa, 2024, p. 138），これも無視できない地元への貢献である。

　ロシアにおいては全般的に，社会主義体制の遺制で，社会維持コストや各種住民サービスを大企業が負担している度合いが大きい。ロシアで「モノゴーラド」と呼ばれる企業城下町において特にそれが顕著であり，地理的・気候的条件が厳しいほどその依存度は高まる（服部，2010, pp. 9-10）。

　アルロサがサハ共和国全体および一連の郡で果たしている役割は，その典型例である。図3の「社会的投資」という項目が，それに該当する。実際，アルロサは「健康」，「保養」，「文化・スポーツ」，「住宅」といった社員向けのプログラムを運営しているだけでなく，法的には地方自治体に管轄が移った社会インフラの維持費を負担し続けている。また，青少年育成のための「サハ共和国将来世代特別基金」に毎年大規模な拠出を行っている（Alrosa, 2021a, pp. 56-61）。

　その際に，現地メディアに掲載された「過去数年間でアルロサが資金提供

した施設」という図解資料を見ると，そうした施設の所在地は，上述のアルロサが事業を実施しているサハ共和国の8郡とはそれほど重なっておらず，首都ヤクーツクや，ダイヤモンド採掘とは無縁なサハ中部および北東部の郡も含まれている[12]。

　アルロサは，様々な施策を通じて民族言語・文化の維持・発展にも寄与している。ただし，当地においてサハ人の地位が盤石なゆえか，サハ人ではなく北方少数民族の言語・文化保護活動の取り組みをむしろ強調している（Alrosa, 2024, pp. 136-137）。2023年にアルロサがロシア科学アカデミー・シベリア支部人文科学・北方少数民族諸問題研究所と協定を結び，サハ共和国のダイヤモンド産出地域における北方少数民族の聖地を記録する事業に協力することになったという話題もある[13]。因みに，アルロサは2023年に，「北方少数諸民族との協力関係の方針」という文書を採択しており，2007年に国連総会が採択した「先住民族の権利に関する国際連合宣言」などを踏まえ，北方少数民族との適正な関係を築いていくと表明している（Alrosa, 2023）。2023年の時点でアルロサの職員のうち13％が北方少数民族の出身者であったとされ（Alrosa, 2024, p. 66, 136），これは2021年人口センサスで示されたサハ共和国における北方少数民族の比率4.2％を上回っており，特筆すべき事実と言えよう。

　本項で見たアルロサの社会貢献は，基本的に同社の広報資料に基づいて整理したものである。アルロサのような，部分的とはいえ上場しており，国際的なコーポレート・レピュテーションに気を遣っているであろう企業が，自社の社会貢献を強調するのは当然であり，ある程度割り引いて評価すべきかもしれない。

　それでも，アルロサがサハ共和国で取り組んでいる社会貢献は実際に大掛かりなもので，地理・気候条件の厳しい北極域の当地で経済・社会を維持する不可欠な要素となっていることは，疑いを容れない。しかも，アルロサの事業拠点だけでなく，必ずしも同社が拠点を有さない郡にも，恩恵は及んでいる。また，北方少数民族への対応は，彼らの土地を収奪する免罪符として使われている感も否めないが，その取り組み自体は評価に値しよう。

4　ロシア産ダイヤモンドに対する制裁

　2022年2月にロシアがウクライナへの全面軍事侵攻を開始すると，かなり早い時期から，ロシア産ダイヤモンドに対する制裁に，注目が集まることとなった。というのも，同年3月31日にベルギー議会でリモート演説を行ったウクライナのゼレンスキー大統領が，「アントワープにあるロシアのダイヤモンドが，東ヨーロッパでの戦争よりも重要であると信じている人々」といった手厳しい表現を織り交ぜつつ，ロシア産ダイヤの取り扱いを停止すべきとの立場を示したからである[14]。ゼレンスキー大統領としては，アントワープのダイヤモンド利権を抱えるベルギーを相手に，あえて正面から問題を提起し，侵略国ロシアと対峙する本気度を欧州に問うたものだった。

　その際に，世界のダイヤモンド取引で重要な点は，「キンバリー・プロセス」という紛争ダイヤモンドの流通根絶を目指す仕組みが確立されていることである。ダイヤモンド原石に対し，紛争ダイヤモンドではない旨の国際証明書を付け，キンバリー・プロセス加盟国以外との輸出入を制限するものだ。その一方でキンバリー・プロセスには，①証明制度はダイヤモンドの原石のみに適応される，②対象になるのは反政府勢力がダイヤモンドを紛争の資金にしている場合だけ，③児童労働，環境問題への配慮はされない，④破っても罰則はない，という限界がある（PRMAL, 2021）。対ロシア・ダイヤモンド制裁の場合，プーチン政権は明らかに「反政府勢力」ではないので，②の観点だけからしても，そもそも対象とはならない。

　G7全体での合意に先立ち，米国などは独自にロシア産ダイヤモンドに対する制裁を打ち出した。米国財務省は2022年3月11日，工業用を除くすべてのダイヤモンドをロシアから輸入禁止にする措置を導入した。2022年5月には英国がロシア産ダイヤモンドの輸入禁止措置をとった。

　また，2022年3月15日に決まったEUの第4次対ロシア制裁パッケージには，加工済みのダイヤモンドを含む贅沢品をロシアから輸入することを禁止する項目が盛り込まれた。しかし，ロシア産ダイヤ原石の輸入禁止は見送

られた。世界のダイヤモンド・ビジネスの中心地であるアントワープを擁するベルギーが、反対したからである。そうした禁輸を打ち出したところで、ロシアは原石の輸出先をEU以外の国に容易に転換でき、EUの方がずっと大きな損害を受けるというのが、アントワープの主張であった。

　それでも、G7首脳は2023年5月までに、ロシア産ダイヤモンドの取引と利用を制限する方向で合意した。最終的に、G7は2023年12月6日、ロシア産ダイヤモンドに対する輸入制限の導入を発表した。欧州連合理事会も12月18日に第12次対ロシア制裁パッケージを正式決定し、そこにはG7での合意に沿ってロシア産ダイヤモンドの輸入禁止措置が盛り込まれた。

　G7の対ロシア・ダイヤモンド制裁は、表2に見る通り、段階的に実施される。ロシアからの直接輸入は2024年1月から、第三国で加工されたロシア産ダイヤモンドの輸入は同年3月から禁止されることになった。そのうえで、EUがダイヤモンド原石のトレーサビリティ、検証、認証のメカニズムを開発し、G7内で共有することになった。

　だが、2024年に入り制裁が実施に移されると、様々な軋轢が表面化した。対ロシア・ダイヤモンド制裁に対し、アフリカのダイヤモンド産出諸国、イ

表2　2023年12月にG7が合意した対ロシア・ダイヤモンド制裁

第1段階 2024年1月1日から	ロシアからダイヤモンドを直接輸入することが禁止に。
第2段階 2024年3月1日から	ロシア産ダイヤモンドの間接輸入（たとえばインドなどの第三国で加工・研磨されたものの輸入）も禁止に。この期間にアントワープの「ダイヤモンド・オフィス」を通じてダイヤモンドをベルギーに輸入する際には、ダイヤモンドの原産地（および非ロシア産であること）を証明する証拠書類が必要となる。この期間には1カラット以上の非工業用天然ダイヤモンドが禁輸の対象。
第3段階 2024年9月1日から	禁輸となるダイヤモンドの範囲が0.5カラット以上のものに拡大され、また合成ダイヤモンドも禁輸の対象となる。
第4段階 2025年3月1日から	ダイヤモンドの原産国を特定するG7の検証・認証メカニズムのベースとなる本格的なトレーサビリティ・システムが導入され、企業が日々のワークフローにおいてトレーサビリティ・システムを利用することが義務付けられる。

出所：AWDC（2024）から作成。

ンドの加工業者，ニューヨークの宝石業者から反対の声が上がった。それを受け，米国政府はダイヤモンド制裁のうち，最も厳格な部分の見直しに着手した。米国はトレーサビリティの実施に消極的になり，2024年9月にトレーサビリティ・メカニズムを導入するという約束は，米国ではなくEUに適用されるものだと，バイデン政権関係者は述べたという[15]。

結局，EUは対ロシア・ダイヤモンド制裁を実質的に緩和することになった。EU理事会は2024年6月24日，第14次対ロシア制裁パッケージを採択した。これにより，第12次制裁パッケージで合意されたロシア産ダイヤモンドの輸入禁止措置が微調整されることになった。まず，ロシア産ダイヤモンドの輸入禁止措置が発効する以前にEU域内や第三国に入荷していたり第三国で加工されたりしたダイヤモンドについては，輸入禁止措置が適用されないことが明確化された。さらに，当初の予定では2024年9月からダイヤモンドの原産国を追跡できるトレーサビリティ制度が導入されるはずだったのが，2025年3月に延期された（表2はこれを反映して示している）。加えて，第三国で加工されたロシア産ダイヤモンドを使用した宝飾品の輸入禁止措置は，EU理事会がG7での措置を踏まえてその発動を決定するまで延期されることになった[16]。

他方，対ロシア制裁に関ししばしば問題となるように，ダイヤモンド制裁に関しても抜け穴の存在が早くも指摘されている。Mgdesyan（2024）の報告によると，アルメニアがその迂回路となっている。アルメニアは2023年に18億ドルの金と5.9億ドルの宝石を輸出し，2024年に入っても拡大が続いている。アルメニアは基本的にそれらを国内では産出せず，また輸入も急増していることから，大部分がロシアからの輸入品をドバイや香港に向けて再輸出しているものと考えられる。アルメニアではアイアルマストという国営企業がアルロサを含む外国の大手からダイヤモンド原石を輸入し国内企業に卸売りしていたが，同社は既にロシア産ダイヤモンドの購入は停止しており，再輸出を手掛けているのは新興系の3社と見られるという。

5　制裁の効果と妥当性

　容易に想像されるように，ウクライナ自身のメディア（Ukhorskiy, 2023）や，ウクライナへの連帯を前面に打ち出す欧米のシンクタンク（IPIS, 2022）は，ロシアのダイヤモンド産業が巨額の収益をあげ，それがプーチンによるウクライナ侵攻の原資になっており，制裁が急務である旨を強調する。

　とりわけ，Ukhorskiy（2023）や IPIS（2022）が重く見ているのは，アルロサがロシアの軍備にも直接関与し，実際に潜水艦のスポンサーにもなっているとされる点である。前者では，「1997 年，アルロサは軍用潜水艦の修理費を支払い，その潜水艦には『アルロサ』の名が冠された。それ以来，アルロサは一貫して同艦の維持に貢献してきている。2022 年夏，ロシア海軍はロシア黒海艦隊に所属する同艦の改造作業を行い，カリブル・ミサイルを搭載できるようにした。カリブルはウクライナの都市に対して広く使用され，市民を殺害している」と指摘している。

　その一方で，Ukhorskiy（2023）や IPIS（2022）は，本章の第 3 節で試みたような，ロシアにおいてダイヤモンド産業の収益が実際にどのように分配されているのかという検証は怠っている。巨額の富を生むダイヤモンドが，プーチンの戦争を支えることを許すなという，やや情緒的な議論になっている。

　一般的に，経済制裁の常套手段として，対象国への贅沢品の輸出を禁止する措置があげられる。贅沢品の主たる利用者と想定される当該国の支配層に打撃を与えるのが狙いだ。一方，対ロシア制裁においては，ロシアからダイヤモンドという贅沢品を輸入することも禁止された。むろんプーチン体制から戦費を奪うことに主眼があるが，そこには感情的な要因も潜んでいるのではないか。つまり，ウクライナでの人道被害があまりに悲惨であるため，富裕層等がきらびやかなブティックでジュエリーを買い求めるイメージとのギャップが大きく，それゆえにロシア産ダイヤモンドの取り扱いが感情的に忌避されたという側面があるように思える。

　欧州を基盤とするシンクタンクのなかでも，Open Dialogue（2023）などは，

ダイヤモンド制裁に疑問を呈している。ダイヤモンドの収益がプーチンの戦争を支えている度合いはごく低く，そのわずかな資金源を断ち切るために，世界のダイヤモンド・バリューチェーンを混乱に陥れてまで，ロシア産ダイヤの禁輸で見切り発車するのは得策でない。国際社会は，本丸である石油制裁を徹底することにこそ，注力すべきだ。Open Dialogue は，このような冷徹な立場を示している。

　実際，ロシアの主要商品の輸出収入を比較すると（図5），石油や天然ガスに比してダイヤモンドのそれが規模的にかなり見劣りすることが確認できる。ダイヤモンドにこだわるよりも，石油制裁こそを徹底すべきだとの Open

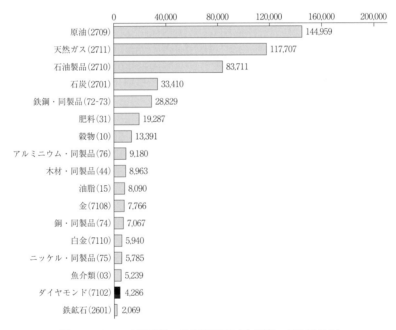

図5　ロシアの主要商品の輸出額（2022年）（単位：100万ドル）

注：商品名に付した番号は HS コード。なお，ウクライナ侵攻後にウェブ上での貿易統計発表を大幅に制限するようになったロシア税関庁ではあるが，紙の冊子の『ロシア連邦通関統計集』の刊行は続いている。だが，同統計集も 2023 年版から原油，石油製品，金，白金，ダイヤモンドの輸出量・額・相手国を開示しなくなったので，公式統計を用い本図のような比較ができるのは 2022 年が最後となる。
出所：FTS（2023）から作成。

Dialogue の主張には，説得力がある．

　確かに国際社会には，国連がアンゴラおよびシエラレオネの紛争ダイヤモンドに禁輸を発動し，内戦を解決に導いた成功例がある（本多，2013，pp. 257-272）。ロシア産ダイヤモンドに対する制裁も，そうした成功体験との類推で打ち出された面があるかもしれない．しかし，ダイヤモンドが反政府武装勢力の主要資金源になっていたアフリカの事例と，2022年の時点で輸出総額に占めるダイヤモンドの比率が0.7％に過ぎなかったロシアの事例とを，同列に論じることはできない．

　しかも，第4節で論じたように，アルロサの収益は大部分が，ロシア連邦というよりも，サハ共和国に還元されている現実がある．それは，ロシアという「帝国」との駆け引きの結果，サハの人々が勝ち取った権利と言える．現時点で，G7の対ロシア・ダイヤ制裁がどこまで効果を発揮するのかは不透明だが，実際にロシアのダイヤ輸出収入が激減するようなことになれば，まず打撃を被るのは，北極域の厳しい自然・地理環境ゆえに脆弱なサハの経済と社会であり，ダイヤモンド産業不振の結果として中央への依存度が高まる恐れがある．

　他方，ダイヤモンドのようにバリューチェーンが国境を越え複雑に広がる商品の場合には，ロシア産原石に対する制裁が他国に及ぼす影響も考え合わせねばなるまい．とりわけ，60万人とも80万人とも言われる雇用を抱えるインド加工産業への影響は，考慮されてしかるべきであろう．近年でこそ一定の高度化を遂げているインドのダイヤモンド加工産業ながら，基本的には低賃金を武器とした国際下請け産業である（絵所，2023，pp. 101-113）．そのインド・ダイヤモンド産業は，2023年9月に大手のシュリー・ラムクリシュナ・エクスポート社がウクライナ国家汚職防止庁から「国際戦争支援者」の指定を受けるなど[17]，G7がダイヤモンド制裁を実装する以前から苦しい立場に立たされていた．そして，EUおよびG7が第三国経由でのロシア産ダイヤモンド輸入を禁止すると，グジャラート州スーラトのダイヤモンド加工業では不況が深まり，社会的弱者である職工が仕事を失っているだけでなく，少なからぬ自殺者も出ている[18]．インドは，対ロシア制裁の実効性

を高めるうえで鍵になる存在なだけに，インド加工業へのしわ寄せは決して看過できる問題ではあるまい．

欧米の議論のなかには，Becker and Gorodnichenko（2024）のように，ロシアとの貿易・投資・金融等の取引を全面禁止すべきだとする強硬な立場も出てきている．そうした潮流に照らせば，ロシア産ダイヤモンドの取引継続をことさらに擁護するには当たらないかもしれない．ましてや，服部（2024c）で論じた通り，サハ共和国を含むロシア極東・シベリアは，紛れもなくウクライナ侵攻の「加害者」であり，サハがその報いを受けたとしても自業自得ではある．

しかし，経済制裁をめぐる議論においては，なるべくターゲットを絞り，一般市民への人道面での否定的影響を最小限に抑えつつ最大の効果をあげることを目指す「スマート制裁」，「ターゲット制裁」[19]という立場が有力になっている．ロシア産ダイヤモンドに対する制裁は，その理念から逸脱気味であり，予想される効果に比して想定される副作用が大きい．プーチン体制から継戦能力を奪う有効打になるとは期待しにくく，ひとまず導入されたとはいえ，今後，実情を踏まえて見直されたり，あるいは形骸化していく可能性もなしとしない．

6 おわりに

以上見てきたように，ロシアは天然ダイヤモンド原石の採掘で世界の3分の1ほどのシェアを占める存在であり，その大部分がサハ共和国に集中し，アルロサが事業を担っている．そして，石油・ガスなどと異なり，ダイヤモンドの場合にはその収益が連邦よりも地元サハ共和国により多く落ちる仕組みになっており，北極圏の厳しい自然条件を抱えるサハ共和国の社会・経済は多分にアルロサの貢献によって維持されている．

ただ，世界のダイヤモンド・バリューチェーンのなかで，ロシアが強みを発揮しているのは上流の採掘部門だけである．ロシア産を含め，ダイヤモンド原石の大部分はインドで（最近は UAE などでも）カット・研磨され，また

売買は主にベルギーのアントワープで行われる。

　2022年2月にロシアがウクライナへの全面軍事侵攻を開始すると，ゼレンスキー・ウクライナ大統領の訴えもあり対ロシア・ダイヤモンド制裁が懸案となったが，アントワープを抱えるベルギーの反対と，入り組んだバリューチェーンゆえ，G7の合意形成は難航した。2023年12月にG7はようやく対ロシア・ダイヤモンド制裁で足並みを揃え，2024年に入り段階的に実施に移した。だが，米国がダイヤモンド原産国を追跡するトレーサビリティの導入に難色を示し始めるなど，先行きは不透明となっている。

　対ロシア・ダイヤモンド制裁がどこまで効果を発揮するのかは不透明だが，実際にロシアのダイヤモンド輸出が激減するようなことになれば，サハの経済と社会は大きな打撃を受ける可能性が高い。サハのダイヤモンド資源は，グローバルとローカルのいわば交点である。その交点を通じて，サハの人々は今，地政学的対立のあおりを受け，かつてない試練に直面している。

注

1) https://www.forbes.com/sites/timtreadgold/2024/09/23/diamond-mining-losing-its-sparkle-as-lab-grown-market-share-rises/
2) 世界のダイヤモンド研磨市場に占めるロシアのシェアは全く取るに足らず，1%以下だという［https://expert.ru/2023/05/19/g7-tselitsya-chtoby-ocherednoy-raz-vystrelit-sebe-v-nogu/］。
3) このことは，ロシア産魚介類に対する制裁とも共通する問題である。服部（2023；2024b）で論じたように，バイデン政権は2022年3月にロシアからの魚介類・同加工製品の輸入を禁止したものの，重要商品のスケトウダラはロシアで漁獲されたものが中国の工場でフィレに加工され欧米市場に供給されるパターンがあり，制裁導入後もそうした形で米国市場に流入し続けた。米国は2023年12月に第三国で加工されたロシアの魚介類についても輸入禁止する決定を追加で下したが，元の漁獲国についての確認をどのように行うのかという課題が残っている。
4) インド・ダイヤモンド研磨産業の誕生と発展に関しては，絵所（2023）が詳細に論じている。インド移民の進出によるアントワープ・ダイヤモンド・ビジネスの変容については，Aiyar（2015）参照。
5) http://kremlin.ru/events/president/news/58977
6) Tabata（2021, p.8）で，2006年の税制改正の結果，2007年以降ダイヤモンド採掘税が100%連邦財政に納入されるようになったとされているのは誤記であり，正しくは

100％地域財政に納入されるようになった．
 7）https://tass.ru/ekonomika/16705037
 8）https://ria.ru/20241106/tramp-1982132916.html
    なお，新たな税制でダイヤモンド採掘税が部分的にでも連邦財政に繰り入れられるとの情報は見当たらず，おそらくは本来の規定通り100％地域財政に納入されるものと考えられる．
 9）https://www.alrosa.ru/press-center/news/2024/alrosa-napravila-v-byudzhet-yakutii-rekordnyy-obem-denezhnykh-sredstv/
10）https://www.alrosa.ru/sustainable-development/staff/#human-resources
11）https://www.alrosa.ru/press-center/news/2024/gruppa-alrosa-v-2023-godu-stala-liderom-sredi-rabotodateley-yakutii/
12）https://yakutia-daily.ru/infografika-obekty-kotorye-profinansirovala-alrosa-za-poslednie-gody/
13）https://1sn.ru/ne-poteryat-korni-zacem-yakutskie-almazniki-i-ucenye-issleduyut-svyashhennye-mesta-narodov-severa
14）https://www.president.gov.ua/news/promova-prezidenta-ukrayini-volodimira-zelenskogo-u-federaln-74005
15）https://www.reuters.com/markets/commodities/us-lukewarm-g7-russian-diamond-ban-after-industry-backlash-2024-05-17/
16）https://neighbourhood-enlargement.ec.europa.eu/news/eu-adopts-14th-package-sanctions-against-russia-its-continued-illegal-war-against-ukraine-2024-06-24_en
17）シュリー・ラムクリシュナ・エクスポート社がウクライナ国家汚職防止庁から「国際戦争支援者」の指定を受けた理由は，戦争にもかかわらずロシアからのダイヤモンド原石の輸入を拡大しているとされた点であった．しかし同社は，我が社は高い倫理性を自負する企業であり，平和と持続性にコミットしており，同様の倫理性を共有する会社としか取引せず，2023年1月からはロシアからの購入を控えているし今後は購入しないとする声明を発表した．これを受けウクライナ側は同社を戦争支援者リストから削除した［https://timesofindia.indiatimes.com/city/surat/diamond-firms-name-removed-from-list-of-ukraine-war-sponsors/articleshow/104597491.cms］．
18）これに関する報告は，枚挙に暇がない．https://www.wsj.com/world/india/diamond-city-thousands-of-miles-from-ukraine-is-rocked-by-war-64fae4a5，https://www.dw.com/en/how-ukraine-war-killed-hope-in-indias-diamond-city/a-70004025 等参照．
19）本多（2013）と石垣（2018）は，ともに国連制裁を題材に，国際法違反に責任のある指導層に標的を絞り，一般市民への人道的影響を最小限にするよう配慮した経済制裁のあり方について論じている．それを本多は「スマート・サンクション」と，石垣は「ターゲット制裁」と呼んでいるが，意味している内容は基本的に同一である．

第6章　再生可能エネルギー
——「脱炭素レース」の現在地

徳 永 昌 弘

1　はじめに

　気候変動対策の中心を占める脱炭素もしくはカーボン・ニュートラル（炭素中立）の実現に向けたビジネスは，しばしば「約束された市場」と言われる。それは，金融市場で有望な投資先として保証されているという意味にとどまらず，市場機会が既に創出されており，投資すべき分野や技術が事前に絞り込まれていることを含意している（南，2023）。2015年末に国連気候変動枠組み条約締約国会議（COP）21で採択されたパリ協定（2020年以降の温室効果ガス排出削減等を定めた新たな国際的枠組み）を契機として，少なくとも先進国の市場は脱炭素という言説に染まり始め，現実の生産活動や消費行動の内実はともかく，化石資源からの脱却は不可避というメッセージを国際社会が発信する一方で，それを受容したことは確かであろう。さらに，新型コロナウイルスの蔓延の阻止を目的として各国で導入されたロックダウンに伴う経済低迷から脱却するために，欧州主導で進められたグリーン・トランジション（脱炭素・炭素中立に向けた公正かつ包括的な移行）の奔流は，中国，インド，ロシアなどの新興国も巻き込みながら，主要国による炭素中立宣言という形で世界中に広がり，2021年末に英国グラスゴーで開催されたCOP26でピークを迎える（原田，2023，pp. 28-29）。このような脱炭素の流れはもはや誰にも止められない既定路線と思われた矢先に，それに待ったをかけた由々しき出来事が今般のロシア・ウクライナ戦争である。
　2060年までの炭素中立宣言を2021年10月にプーチン大統領自らが行っ

たロシアには，脱炭素に貢献できる「埋もれたポテンシャル」が少なからず存在する。世界有数の資源大国であるがゆえに，その多くは「埋もれた」ままであるが，実際に「掘り起こされて」日の目を見た事例の1つがサハ共和国ティクシに建設された風力発電施設とマイクログリッドシステム（分散型電源を組み込んだ小規模電力網）である。ロシアの極東や極北には，全国に張りめぐらされた送配電システムから独立して電力を供給する仕組みが残されており，長年にわたり使用されてきたディーゼル発電機を更新するにあたり，環境負荷が小さく脱炭素にも貢献し得る液化天然ガス（LNG）火力発電や太陽光・風力発電に置き換えることの必要性が議論されてきた。ティクシにおける発電施設の建設には日本の民間企業や公的機関が深く関与しており，石油・ガス開発に目を奪われがちな日ロエネルギー協力の一環として，成功裏に事業が進められたという点でも興味深い（NEDO, 2022）。欧米諸国の同業他社がなし得なかった極寒冷地での風力発電システムの実証事業は高く評価されており（Artyushevskaya, 2021），脱炭素分野における日系企業のロシア投資という観点からも注目に値する事業である。

　本章では，ロシアにおける脱炭素や再生可能エネルギー（以下，「再エネ」）について論じた先行研究のレビューを踏まえたうえで，主に政府文書や統計データに基づいて，同国の再エネの利用状況と再エネ推進に向けた取り組みを検討する。次に，ロシア極東の北極圏に位置するサハ共和国ティクシで，日本の公的な支援を得ながら，比較的順調に進められた再エネ実証事業の意義や展望を考察する。最後に，エネルギーの安定供給と脱炭素化の両立が求められるなかで，ロシアのような化石資源大国が国内の再エネ・脱炭素投資を進めることにどのような意義と課題があるのかについて考える。その際，一連の再エネ開発プロジェクトが示唆するように，ロシア北極域での石油・ガス開発と同様に，同国の脱炭素や再エネのポテンシャルを引き出すためには外資との提携が技術面と資金面の双方で必要と見られるが，対ロ経済制裁の影響がどのように及んでいるかについても検討したい。

2 ロシアにおける脱炭素・再生可能エネルギーの可能性と取り組み

2-1 ロシアの脱炭素・再生可能エネルギーをめぐる研究動向

　Clarivate 社が運営する学術論文データベース Web of Science を用いて，ロシアの脱炭素や再エネに関する研究状況を俯瞰すると，以下のような特徴が見られる。

　第1に，表1が示すように，研究成果の発表数は 2010 年代後半から増え始め，2020 年以降に急増している。他の主要国を対象にした研究でも同様の傾向が見られることから，2010 年代後半に進展した脱炭素・炭素中立に向けた世界的な潮流に乗って，ロシアに賦存する再エネのポテンシャルにも

表1　ロシアの脱炭素および再生可能エネルギーに関する研究業績数

発表年	脱炭素	再エネ
-2000	0	10
2001-2005	1	10
2006-2010	1	28
2011	0	9
2012	1	10
2013	1	12
2014	1	11
2015	1	31
2016	5	40
2017	0	51
2018	2	34
2019	6	67
2020	5	99
2021	19	109
2022	49	151
2023	39	179

　注：論文トピックスのフィールドにおける国名(Russia)×脱炭素(decarbonization)もしくは再生可能エネルギー(renewable energy)のクロス検索結果(2024 年 3 月 11 日時点)。
　出所：学術論文データベース(Web of Science)から作成。

注目が集まったと理解し得る。2020年代に成果発表が急増した背景には，2019年9月に同国がパリ協定を批准し，国際的な再エネ事業に参入する条件が整ったことや，ロシア・ウクライナ戦争の勃発が脱炭素や炭素中立への移行過程に世界規模で衝撃を与えたことなどが考えられる[1]。しかしながら，脱炭素や炭素中立よりも事業機会に直結した再エネに絞って，他の主要国を対象にした研究成果と比較すると，図1が示すように，最も発表数の多い2023年に限ってもロシアは米国やドイツの半分程度にとどまり，再エネ事業の中心にいる中国には大きく水を開けられ[2]，両者の間には10倍もの開きがある。こうした研究動向は，学術界のみならず政財界の意向も反映していると考えられることから，エネルギーの輸入大国である日本，あるいは化石資源大国の一角を占めるサウジアラビアに対してと同程度の関心や期待がロシアには寄せられていると解釈できる。

第2に，ロシア内外を問わず，同国に存する脱炭素・再エネのポテンシャ

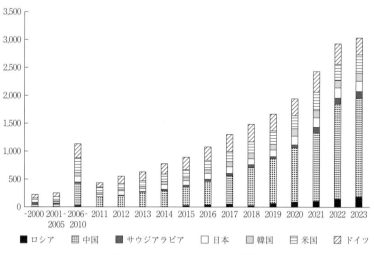

図1　主要国の再生可能エネルギーに関する研究業績数（単位：本）

注：論文トピックスのフィールドにおける国名（Russia, China, Saudi Arabia, Japan, Korea, United States, Germany）×再生可能エネルギー（renewable energy）のクロス検索結果（2024年3月7日時点）。
出所：学術論文データベース（Web of Science）から作成。

ルは押し並べて高く評価され,「眠れる巨人」と称されることもある(片山, 2012;尾松, 2017;2018)。ロシアは化石資源大国であると同時に,世界最大級の脱炭素資産(二酸化炭素の森林吸収と地下貯留,並びに天然ガス)を有しており,その市場化もしくは収益化は理屈のうえでは炭素中立を後押しし得る(原田, 2023, pp. 212-214)。それゆえ,ロシアにおける脱炭素社会への移行は二酸化炭素排出量の大幅な削減を実現しながら,ロシア経済の成長と雇用の増大に寄与し得ると,シミュレーション分析に基づいて明言する研究者グループが存在する一方で(Laitner et al., 2020; Safonov et al., 2020),すべての脱炭素ビジネスが「約束された市場」であるわけではなく[3],一定の投資リスクは常に存在することに加えて,ロシア経済の要である石油・ガス産業の企業価値を毀損するリスクはむしろ大きくなるため,脱炭素ビジネスや再エネ事業の推進を手放しで称賛する向きは小さい。ウクライナとの開戦前は資源ビジネスで深い関係にあった欧州の出方をうかがいながら,ロシア経済・産業や対外経済関係に対する脱炭素プロセスの影響を見極めるべきという論調が一般的であった(Berezkin and Sinyugin, 2019; Golub et al., 2019; Belov, 2020;原田, 2020;シルニツキー・植村, 2021; Romanova, 2021; Crowley-Vigneau et al., 2023)。ウクライナへの軍事侵攻に伴うロシア向け経済制裁の発動は,本来は異なるベクトルであった脱炭素と脱ロシアを同調させるような動きに世界を向かわせることになり(徳永, 2023a),現在は化石資源ビジネスのみならず,再エネ事業の分野でもロシアに逆風が吹いている。しかし,ロシア依存の高さゆえに,現在でも欧米諸国が取引関係を完全に遮断できない天然ガス[4]と原子力[5]は,主流派の言説に従えば脱炭素分野の範疇に収まることから,もっぱら国内向け利用の水力とあわせて,Seregina(2023)が強弁するような「クリーンなエネルギー大国としてのロシア」という言説を前面に押し出せるだけのポテンシャルを今でもロシアは有している。

第3に,脱炭素や再エネの分野でロシアが実際に推し進めた政策や実現したプロジェクトに対する研究上の関心は全般的に低い。その恵まれたポテンシャルを十分に活かすことなく,化石資源ビジネスが生み出す莫大な資源レントゆえに,グリーン・トランジションの流れに背を向け(Suutarinen, 2015;

Tynkkynen, 2020; 2021)、それを促す制度設計・構築の面でも他の主要国の後塵を拝しているという見方が共有されている(片山、2012；Strielkowski et al., 2021；山脇、2020；2022；2023；Crowley-Vigneau et al., 2023)。そして、2022年2月末以降のロシア・ウクライナ戦争の展開は、それまで北極圏諸国が享受していた政治的な安定性を毀損し、気候変動・環境問題の解決に向けた国際協調の取り組みでさえも危うくしている(Heininen, 2022; Krasnopolski, 2022; Hilde et al., 2024)。何よりも、ロシアによるウクライナ侵攻そのものが、両国間の戦闘行為から膨大な温室効果ガスが発生することを踏まえると、脱炭素や炭素中立に逆行する愚行であることは言を俟たない(徳永、2023a)。

侵攻開始から1年を機に発表された英エコノミスト誌の予測によると、ウクライナでの危機的な状況のなかで生まれた転機は、脱炭素への移行過程を5年から10年ほど早めることになるかもしれないという(Economist, 2023)。実際のところ、エネルギー危機の状況下で化石燃料への回帰が進む一方で、再エネの導入は着実に進んでおり、国際エネルギー機関(IEA)の見通しでは、再エネの発電能力は2023～2024年に大幅に拡大し(『日本経済新聞』2023年6月2日)、2025年には石炭を抜いて再エネが最大の電源になるという(『日本経済新聞』2022年12月7日)。ロシア・ウクライナ戦争の勃発が気候変動対策に及ぼした最も深刻で長期的な悪影響は、その確たる前進に不可欠な国際協力の基盤が損なわれた点に求められるが、侵攻後の化石燃料価格の高騰が脱炭素技術のコスト競争力を相対的に高めたことで、主要国は脱炭素投資を近年加速させている(高村、2024)。

2-2 ロシアにおける再生可能エネルギーの発展計画と実績

冒頭で述べたように、低炭素や脱炭素が「約束された市場」であるとすれば、石炭・石油・天然ガスに代表される炭化水素資源[6]を取り扱うビジネスは、いずれ「約束されない」あるいは「約束できない」市場になるのだろうか。その予兆と見られる動きは侵攻前から観察されており、侵攻後に発生した資源価格暴騰の一因は、脱炭素への圧力が年々強まるなかで化石資源の開

発をめぐる事業予見性が悪化し，結果的に過少投資に陥ったことに求められる[7]。さらに，電力市場をはじめとするエネルギー市場の自由化が進むと，長期の事業展開を見通すことが困難になり，大規模な投資が長年にわたり必要とされる脱炭素化との整合性がとれず，電力市場制度の綻びと再エネ投資不足が同時に露呈する恐れがあるため，IEA も含めて電力システムの再設計を求めている（竹内，2023a；2023b）[8]。今回の戦争が引き金になった世界的なエネルギー価格の暴騰は，欧州が率先して進めてきたエネルギー市場の自由化や脱炭素化政策の推進とも関連しており，開戦前から顕在化していたエネルギー価格の上昇を念頭に置きながら，2021年末にプーチン大統領が口にした欧州批判，すなわちエネルギー市場の過度な自由化と再エネの拙速な導入は，あながち的外れな指摘ではなかった（松尾，2023）。プーチン大統領をはじめとするロシア政府要人は，決して気候変動の否定論や懐疑論で凝り固まっているわけではなく，エネルギー事業についても自由化の必要性をしばしば説いて回っていたことを考慮すると（Tokunaga, 2018; Romanova, 2021），脱炭素という目標や方針そのものよりも，ロシアの国益に反するような欧州連合(EU)の施策や振る舞いに反発していたと見るべきであろう。2019年末に打ち出された欧州グリーン・ディールは，炭素中立の達成を目指す一方で，化石資源の利用から切り離されたグリーンな経済成長への構造転換を求めており（蓮見，2023），自動車産業の EV 化に象徴されるように，化石燃料を中心とする既存のエネルギー産業が被る打撃は避けようもなかったからである。それでは，こうした「欧州での動きを横で見ながら，当初，戦々恐々としていた」（原田，2023, p.188）当のロシアでは，脱炭素ビジネスの要である再エネ事業はどのように進められてきたのであろうか。

　ロシアにおいて再エネの発展計画に関する起点になった公文書は，2009年1月8日付ロシア政府指令「再生可能エネルギー源の利用に基づく2020年までの期間における電力供給システムのエネルギー効率性の向上に際しての国家政策の基本方針」(Government of Russian Federation, 2009)である[9]。同文書には，当時は首相職を務めていたプーチン現大統領の署名が記されており，再エネの拡大に基づく電力供給システムのエネルギー効率性の向上は

国家のエネルギー政策の一環であると,その冒頭で述べられている。①目的,②現状,③施策の3部構成から成る文書のなかで,内外の耳目を集めた箇所は再エネ発電率の引き上げ目標の設定である。具体的には,発電容量25MW未満の小規模水力発電を含めて[10],2009年時点の1%未満を2010年までに1.5%,2015年までに2.5%,2020年までに4.5%にまで引き上げるという数値目標が明示された。結論を先取りすると,これらはすべて未達に終わり,各種報道によれば現在でも発電量ベースでは1%に届かず,ロシア統計庁のデータでは0.66%(2023年)にとどまる(Rosstat, 2024c)。この数値には,2014年にロシアが不法占拠したクリミア共和国の実績が含まれており,太陽光にも風力にも恵まれたクリミア半島の太陽光・風力発電量(2023年)は,ロシア全体の約5.4%を占める(Russia Renewable Energy Development Association, 2024b)。

　上記の政府指令にも使われた「エネルギー効率性の向上」は,当時のメドベージェフ政権が推し進めていた省エネルギー対策のキーワードの1つである。本指令が発出された2009年には,連邦法「省エネルギー,エネルギー効率性の向上,ロシア連邦の各種法令の変更について」や「ロシア連邦の気候基本原則(ドクトリン)」(連邦政府承認・大統領署名)が公表され,同年末には「2030年までのエネルギー戦略」(エネルギー省作成)も発表されたことから分かるように,再エネの拡大は環境政策の一環であると同時に,前年秋に世界経済を襲った世界金融危機(リーマン・ショック)の痛手から立ち直り,ロシア経済を再び成長軌道に乗せるための発展戦略を構成していた。省エネルギーに代表される環境負荷の軽減策を経済成長に結び付ける戦略はEUが主導し,当初は懐疑的な見方をしていた他の主要国も追随し始めた。その理由は各国・地域で異なるが,ロシアの場合は,2008年夏以降の原油価格の下落と景気後退が国内経済の構造改革の必要性を強く認識させたためと考えられる(德永,2013,pp. 114-117)。外生的な経済危機を乗り越え,国内経済の浮揚に環境政策を結び付けようとする着想は,コロナ禍に見舞われたEUが経済復興の柱に据えた欧州グリーン・ディールと共通しているが(蓮見,2023;原田,2023,pp. 184-188),ロシア経済・産業の根幹に関わる化

石資源の取り扱いをめぐる機敏な問題が，当時の気候変動に関する政府間交渉の議題には上らなかった点で現在の状況とは決定的に異なる[11]。グリーン・イノベーションの議論に連なる省エネルギーの推進やエネルギー効率性の向上は誰にも受け入れられやすい標語であり，だからこそメドベージェフ政権下の環境言説は国際標準に近づいたと言えよう。同時期に発表された上述の「ロシア連邦の気候基本原則（ドクトリン）」や「2030年までのエネルギー戦略」には，化石資源の開発抑制や利用削減を通じて気候変動の悪影響を緩和するという発想や文言は全く見当たらず[12]，本来的には再エネが化石燃料の代替になり得ることを考慮すると，後知恵になるだろうが，ロシアが掲げた野心的な再エネ発展計画の頓挫は自然な成り行きであった。

　ロシアで再エネが議題に上り始めた2010年時点では，発電容量25 MW未満の小規模水力発電所が主力で，再エネ利用全体の7割を占めており，残りの3割は，建物向けの温熱供給のために導入された生物由来のバイオマス熱利用（バイオマス発電，バイオマス燃料と並ぶバイオエネルギーの1つ）であった。2010年代前半に再エネ発電が始まり，同時期に新たに導入された設備容量253 GWの約2割に相当する53.5 GWが再エネ由来であった。その中心は，従来と同様に小規模水力発電（51.5 GW）であったが，バイオマス発電（1.35 GW），太陽光発電（460 MW），風量発電（111 MW）も揺籃期を迎えていた（IRENA, 2017, pp. 11-15）。再エネ発電の二枚看板である太陽光と風力を利用した発電事業への投資を後押ししたのは，2013年にロシア政府が導入した「再エネ容量オークション」制度である[13]。本制度は2011年の電力法改正で承認され，2013年5月28日付ロシア政府決定「電気エネルギーおよび電力容量の卸売市場における再生可能エネルギー源の利用促進メカニズムについて」(Government of Russian Federation, 2013) によって，具体的な仕組みが定められた。同様のメカニズムは，既に火力発電や原子力発電に対して導入されていたが，天候によって出力が大きく変動する太陽光・風力発電の場合は，出力制御要請への対応を参入条件とした点で既存の仕組みと異なる[14]。また，電力の卸売市場に参加する買い手が支払う負担金を原資として，長期（最長15年間）に設定されたCAPEX（固定資産の購入や維持，

改修などに充てられる資本的支出)に基づく「容量支払い」を事業者は享受できる一方で，設備生産基盤を整備するための現地調達基準を厳しく設定することで，再エネ発電の拡大を促すと同時に，再エネ事業に関する産業育成を強く意識していた。当初は太陽光発電に偏っていたが，現地調達基準の緩和を機に風力発電が次第に伸び始めたことで，2010年代末に再エネ発電の能力・実績は急増している(表2を参照)[15]。周知のように，風力発電の実績では中国が他国を大きくリードしているが，そのポテンシャルではロシアが世界一と見られている(Kudelin and Kutcherov, 2021)。

しかしながら，前述したように再エネ発電率の目標は達成されず，化石燃料を用いた火力発電の割合は徐々に低下しているものの(2010年の67.3%から2023年の63.7%へ)，世界の電力市場のトレンドや他の主要国における再エネ事業の動向と比較すると，大きく見劣りする感は否めない。最新のIEA評価では，表3に掲げられたように，ロシアの再エネ発電の実績は，移行期電源と位置付けられている水力に大きく偏ったままで，太陽光・風力に基づく変動電源の普及状況は，最も遅れたフェーズ1(普及の初期段階で電力系統への直接的影響はなし)に分類されている[16]。現状では，再エネの発電実績が皆無のサウジアラビアや再エネ導入で後れを取っている韓国も

表2 ロシアにおける発電容量(100万kW)・発電量(10億kW/h)の推移(2010〜2023年)

	2010	2014	2015	2016	2017	2018	2019	2020	2021	2022	2023
発電容量(計)	230.0	256.0	257.1	266.5	272.4	265.6	269.8	270.2	269.8	269.7	270.5
火力	158.1	179.4	179.1	187.6	190.6	184.3	186.1	185.6	184.2	183.7	
水力	47.4	50.8	51.0	51.0	53.2	51.3	51.8	52.3	52.4	52.5	266.3
原子力	24.3	25.3	26.3	27.2	27.9	29.1	30.3	29.4	29.6	29.6	
再エネ	0.1	0.4	0.6	0.7	0.7	0.9	1.6	2.9	3.5	3.9	4.2
発電量(計)	1,038	1,064	1,068	1,091	1,094	1,115	1,121	1,090	1,159	1,170	1,178
火力	699	707	701	706	703	716	714	656	715	738	750
水力	168	175	170	187	187	193	196	214	216	199	203
原子力	171	181	196	197	203	205	209	216	222	224	217
再エネ	0.5	0.7	0.9	1.1	1.1	1.4	2.1	3.7	6.0	8.6	7.8

注：再エネは2017年版の統計集では「代替エネルギー」(alternative energy)，2018年版以降は「使用済再生エネルギー源」(used renewable energy sources)と表記されている。
出所：Rosstat (2017b, p. 355; 2018b, pp. 361-362; 2022b, pp. 395-396; 2023b, pp. 397-398; 2024c), Global Energy (2024)から作成。

表3 再生可能エネルギーの進展状況(IEA 評価)

	ロシア	中国	サウジアラビア	日本	韓国	米国	ドイツ	世界
発電量に占める再エネ電源の割合(2022年実績)	19%	30%	0%	22%	7%	22%	44%	29%
発電量に占める変動電源(出力が変動する再エネ電源)の割合(2022年実績)	1%	13%	0%	10%	5%	14%	33%	12%
変動電源フェーズ(2022年実績)	フェーズ1	フェーズ2	フェーズ1	フェーズ3	フェーズ1	フェーズ2	フェーズ4	―
発電量に占める再エネ電源の割合(2028年予測)	19%	47%	8%	29%	11%	34%	83%	42%
発電量に占める変動電源(出力が変動する再エネ電源)の割合(2028年予測)	1%	32%	8%	16%	9%	26%	70%	25%
再エネ進展の予測修正(対前年比)	1%減	64%増	40%増	13%増	42%減	3%増	34%増	33%増

注:IEA の再エネ進展追跡システム(Renewable Energy Progress Tracker)による評価に基づく。
出所:IEA(2024)から作成。

フェーズ1に分類されているが,両国には今後の伸びが期待されているのに対して,ロシアの場合は現状(2022年実績)と将来(2028年予測)の数値が完全に一致している。換言すれば,同国の再エネ事業の発展は現下の情勢では見込み薄と判断されている。ロシア向け経済制裁が強化されるなかで苦境に陥ったLNG事業と同様に(徳永,2023b),再エネ発電も外資系企業の資金や技術を抜きにしては成立しない事業であり(尾松,2018;Crowley-Vigneau et al., 2023),新規プロジェクトへの欧米企業の参画が望めないなかで,上述の「再エネ容量オークション」については実施延期が繰り返され,事実上の凍結状態に陥っている(Volobuev, 2022; Geroeva, 2022)。その影響は再エネ発電の導入実績に如実に表れている。ロシア再生可能エネルギー発展協会の公表データによると(Russia Renewable Energy Development

Association, 2024a)，太陽光発電の導入実績(設備容量)は 2019 年の 596.9 MW をピークにして年々減少しており，2023 年には 44.1 MW にとどまった。風力発電の場合は，2020～2021 年に設備容量が大幅に拡張された後(2020 年 843.40 MW，2021 年 1,008.9 MW)，2022～2023 年には急減しており(2022 年 230.4 MW，2023 年 252.0 MW)，2021 年に記録したピーク時の 4 分の 1 程度に過ぎない。さらに，再エネ発電の設備容量は増え続けているにもかかわらず，表 2 が示すように，その発電量は 2022 年の 86 億 kW/h から 2023 年の 78 億 kW/h へと減少しており，各種報道を見る限り，世界の主要国のなかでロシアは再エネ利用の発電実績を低下させた唯一の国である。それでも，現在のプーチン政権は強気の姿勢を崩すことなく，再エネ拡大の看板は下ろさずに，侵攻後間もない 2022 年 3 月 24 日にはオークションの実施に不可欠な財政支援の枠組み(資本的支出や開発費の上限など)を設定し，2024～2035 年の期間に適用することを決定した(Government of Russian Federation, 2022)。ロシアにおける再エネの発展計画に関わる主管省庁のエネルギー省は，2030 年までに現行の約 3 倍に当たる再エネ発電率 2.0 ％(発電量 281 億 kW/h)を目標としており(Geroeva, 2022)，低炭素の電力エネルギー源の利用を電気使用者に促すために，2023 年半ばに電力法改正に踏み切った[17]。

3 サハ共和国における再生可能エネルギー事業の展開

ロシアにおける太陽光・風力発電の発展に曲がりなりにも貢献した「再エネ容量オークション」制度には，その対象に入らない空白域が少なからず存在する[18]。電力の卸売市場が成立しない極東・極北地域の一部は「非価格ゾーン」もしくは「隔離ゾーン」と呼ばれ，そうしたエリアでは発電事業者が少ないために市場競争が成り立たないか，他地域と送電線で結ばれていないことで売買電の取引自体ができず，連邦政府の定める規制料金が適用されている。その場合，発電原価との差額を埋め合わせる補助金が発電事業者に支給されることになるため，当該地域の自治体には重い公費負担を財政面で

強いる事態が生じる(第2章を参照)。後述するように,サハ共和国の一部は2019年初めからロシア単一電力系統(全国レベルの送配電・系統運用部門)[19]に接続され,市場メカニズムを介した電力取引に必要なインフラ整備を進めてきたが,エネルギー省が主導する国レベルのオークション制度の対象には含まれなかった。そこで,共和国政府は独自の再エネ支援策に乗り出し,ロシアの他地域(連邦構成主体)に先駆けて地域版の再エネ促進法[20]を2014年に制定し(YASIA, 2023),温室効果ガスの排出減に直結するだけでなく,ロシアで最も高い電力料金が課される地域の1つとされた主因である高コストのディーゼル燃料の使用削減にも寄与する再エネ発電の普及に注力してきた。連邦レベルの支援制度とは異なり,サハ共和国主体の支援プログラムでは現地調達基準が設定されず,外資系企業が自社の技術設備を提供するハードルは低かったため,2011〜2015年の間に13か所の小規模太陽光発電所(10〜60 kW)が域内に設置された。さらに,極地では世界初となるメガワット級の太陽光発電所も2015年にヴェルホヤンスク郡バガタイに開所したことで,共和国全体のディーゼル燃料消費量の減少が見込まれた(Kudryavtseva, 2015)。それ以上の燃料節約が期待された風力発電については[21],2010年代半ばから日本の国立研究開発法人新エネルギー・産業技術総合開発機構(NEDO)が,サハ共和国政府およびロシアの国営水力発電会社であるルスギドロ(RusHydro)と協力しながら,ブルン郡ティクシに新設された風力発電機(中型 300 kW×3基)を利用したマイクログリッドシステムの実証事業プロジェクトに携わり,2022年2月末に本事業は終了した(NEDO, 2022)。

3-1 サハ共和国の電力事情と再生可能エネルギー

サハ共和国を含むロシア極東は風力や太陽光に恵まれ,アムール川流域の水力も含めると自然エネルギーのポテンシャルは全般的に高い一方で,ロシア単一電力系統に入らない広大な領域を抱えるため,遠隔地の電力事情の改善に再エネを利用することの有意義性は内外で強調されてきた(Voropai et al., 2012; Lombardi et al., 2016;尾松,2017;2018;Artyushevskaya, 2021;

Bushukina, 2021)。図2が示すように，相互接続された全国レベルの単一電力系統は，ロシア国内をあまねく網羅しているわけではなく，一部地域での展開にとどまる。そのため，北部地域の大半は独自の電力生産・供給網を整備・運営しており，産業地帯や居住地の一部を対象にした地方電力拠点(図2の網掛け部分)にも入らない領域は全国土のおよそ6割にまで及び，その大半は極北・極東地域に位置する(豊田・細見，2012；Voropai et al., 2012)。このような電力「孤立」地区の多くでは，自治体や集落が自前の発電所を擁しているが，他地域と送電線で結ばれていないために電力の供給途絶リスクが高く，ディーゼル発電が大半を占めることで，その燃料となる重油の調達費用が企業財務と政府財政の双方に重く伸し掛かっている(IRENA, 2017, p. 23)。序章で触れたように，インドに匹敵する面積(308万km^2)を誇るサハ共和国には，他地域と送電線で結ばれ，電力融通が可能な電力供給システムが西部，中部，南部の各電力地区に設置され，その一部は2019年1月にロシア単一電力系統に接続された。その一方で，共和国のほぼ3分の2に当た

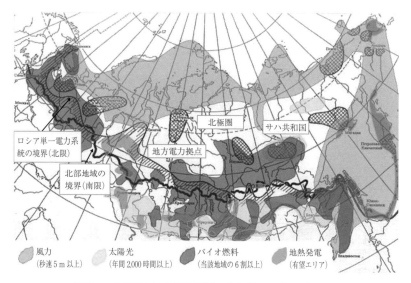

図2　ロシアにおける再生可能エネルギーのポテンシャル
出所：Lombardi et al.(2016)から作成(一部はVoropai et al.(2012)に基づく)。

る220万km² は「非集中電力供給ゾーン」(通称は北部電力地区)と呼ばれ，単独で稼働する小規模な発電所(図3の小丸箇所)が域内に点在しながら，共和国全体の発電容量の約4分の1(2017年実績で約200 MW)を占める。前掲のバガタイとティクシも「非集中電力供給ゾーン」に属し，同ゾーン内の発電所の管理を主に担当するサハエネルゴ(Sakhaenergo AO)[22]のもとで，大半の集落は5 MW未満のディーゼル発電所を運営している(Republic of Sakha (Yakutia), 2019, pp. 16-79)。

2019年4月末にサハ共和国首長が承認した「2019〜2023年におけるサハ(ヤクーチア)共和国の電力エネルギーの発展スキームおよびプログラム」(Republic of Sakha (Yakutia), 2019)を読み解くと，いずれも「非集中電力供給ゾーン」の電力事情に関係する点であるが，第4章および第5章で取り上げた石炭・石油・天然ガスやダイヤモンド・金などの資源開発の進展に伴う電力需要の増大への対応と，主に共和国北部に点在する辺境の居住地向けの安定的な電力供給の保証を並行して進めるという課題に直面していることが

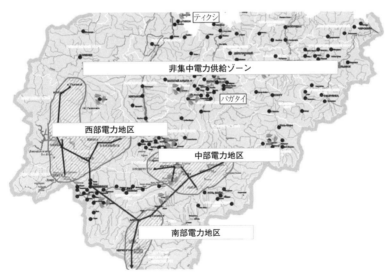

図3　サハ共和国の電力生産・供給網
出所：Nikiforov(2016)から作成。

分かる。前者については，ヤクートウーゴリ(石炭生産)，アルロサ(ダイヤモンド生産)，スルグートネフチェガス(原油生産)，トランスネフチ(原油輸送)など，共和国の地域経済を支える資源産業が自社に必要な発送電設備の管理・運営会社を保有しており，当該企業の設備投資の一環として電力施設の新設・更新が行われている。他方で，後者に関しては，ソ連時代に設置された送電・変電設備が耐用年数を順次迎えており，一部の地域では償却期間を優に過ぎた施設が使われ続けていることから，設備更新が喫緊の社会問題となっている(Shakirov et al., 2020)。その際，高コストで環境負荷の高いディーゼル発電所をガス火力や再エネ由来の発電所に置き換える施策は理に適っており，そのような動きがサハ共和国で実際に見られる。

　過去10年間におけるサハ共和国の再エネ発電の実績を概観すると，規模は小さいながらも順調に拡大していることが分かる(表4を参照)。2023年時点で29か所の再エネ発電施設が稼働中で，同年中に共和国全体の発電量の1％に達したと報じられている(RIA Novosti, 2023)。バガタイに建設された大型の発電所を除くと，太陽光を利用した再エネ発電施設は小規模で，既存のディーゼル発電所に併設する形で運営されている(Artyushevskaya, 2021)。興味深いのは2022年に設備容量が大幅に拡大した点で，モマ郡とヴェルホヤンスク郡に導入された5か所のハイブリッド電力施設が数字を押し上げたと見られる(Yakutia daily, 2024)。ロシア国内の報道によれば，ルスギドロのグループ企業でもあるサハエネルゴが，既存のディーゼル発電所に太陽光パネルを設置するプロジェクトに従事しており，今後も同様のハイブリッド化を全域的に進めることで再エネ発電率の向上につなげたい模様である(RIA Novosti, 2023; GTRK "Sakha", 2024)。2010年代前半に共和国で実施された太陽光発電プロジェクトには，中国企業が設備のサプライヤーとして参加していることから(尾松，2017)，今般の対ロ経済制裁の影響を被ることなく太陽光発電の導入は順調に進んでいると考えられる。これとは対照的に，風力発電は西側資本への依存度が高い再エネ事業であるため(尾松, 2018)，日ロエネルギー協力のもとで実現したティクシの風力発電所が現時点では唯一の事例であり，表4が示すように制裁発動後の導入実績は皆無で

表4 サハ共和国における再生可能エネルギー発電の推移（2014～2023年）

	2014	2015	2016	2017	2018	2019	2020	2021	2022	2023
発電容量(MW)										
太陽光	0.15	1.29	1.43	1.63	1.63	1.63	1.67	2.02	4.98	4.98
風力	…	…	…	0.04	0.04	0.94	0.94	0.94	0.94	0.94
導入実績(MW)										
太陽光	0.11	1.14	0.14	0.20	…	…	0.04	0.35	2.96	…
風力	…	…	…	0.04	…	0.90	…	…	…	…
発電量(100万kW/h)										
太陽光	0.04	0.14	1.18	1.31	1.49	1.49	1.51	1.53	2.50	4.54
風力	…	…	…	0.08	0.11	0.11	2.62	2.62	2.62	2.62
(参考)										
発電容量(MW)										
火力	n/a	1,960.4	2,139.4	2,139.4	2,165.2	1,848.0	1,839.2	1,875.3	n/a	n/a
水力	n/a	957.5	957.5	957.5	957.5	957.5	957.5	957.5	n/a	n/a
発電量(100万kW/h)										
火力	5,712	6,016	6,285	6,223.6	6,274.4	6,667.6	7,148.2	7,347.8	10,252.1	11,821.5
水力	2,866.2	2,989.8	3,041.1	3,001.1	3,451.5	3,438.6	2,956.2	2,858.9		

注：再生可能エネルギー発電はすべて「非集中電力供給ゾーン」で行われている。サハ共和国に発電容量25 MW未満の小規模水力発電所は存在しないため，ロシア国内の定義に従って再エネに分類される電源は太陽光と風力のみである（注10を参照）。2023年時点でサハ共和国における原子力発電の実績はない（建設計画中）。
出所：太陽光・風力発電の実績は，Russia Renewable Energy Development Association（2024b）に基づく。火力・水力発電の実績については，サハ共和国政府資料（Republic of Sakha (Yakutia), 2019, pp. 45, 50; 2020, pp. 45, 69; 2022, pp. 63, 85），マスメディア報道（YASIA, 2024）を参考にした。

ある。ティクシのような極寒冷地で実際に稼働中の発電用風車は日本製のみで，2020年頃の状況では中国メーカーが製造した風車は寒冷地ではことごとく壊れてしまい，メンテナンスにも難が見られたという[23]。極東地域の電力会社である東方エネルギーシステム（RAO ES East）が2010年代半ばに発表した2020年までの再エネ中期展望では，サハ共和国に132か所の太陽光発電（43.1 MW）と9か所の風力発電（8.3 MW）の設置を見通していた（Kudryavtseva, 2015）。現在までの実績はどちらも大きく下回るものの，太陽光発電の設置数は今後伸びていくと予想されているのに対し，現下の情勢ではティクシに続く風力発電の導入は望み薄の状況にある。

3-2 ティクシにおける自然エネルギー利用の実証事業

2016年5月の日ロ首脳会談(ソチ)の席上で安倍政権下の日本側が提起し，ロシア側が歓迎の意を表した「8項目の経済協力プラン」は，採算性が見込めない案件も多く含まれていたため，そのまま宙に浮くプロジェクトが少なくなかった(北海道新聞社，2021, pp. 244-246)。そのなかで，同プラン「4　石油，ガス等のエネルギー開発協力，生産能力の拡充」の一角を占める「風力発電の導入・拡大に関する協力」は，比較的順調に推移した日ロエネルギー協力の一例と言えるだろう。本事業には，日本側からNEDOと日系企業3社(東光高岳，三井物産，駒井ハルテック)，ロシア側からサハ共和国政府と前掲の電力会社2社(ルスギドロ，サハエネルゴ)が参加し，2018年2月に風力発電システムを含むエネルギー・インフラの実証事業協力に関する文書が締結された(JETRO, 2018)。前掲の図2から明らかなように，ロシアの極東・極北地域では風力を利用した自然エネルギーのポテンシャルが格段に大きい。先述したように，風力に先行した太陽光の方がサハ共和国では着実に伸びているものの，発電容量の導入や発電量の実績ではロシアの南部地域に遠く及ばない[24]。他方で，制裁発動後に見られた設備容量の導入実績の急減が示唆するように(前節を参照)，ロシアにおける風力発電事業は西側企業の製品や技術への依存度が高い。再エネ事業に参入したロシア国営の原子力企業ロスアトム(Rosatom)と協力しながら，発電設備の製造やウインド・パークの設立を手掛けていたFortum(フィンランド)，Enel(イタリア)，Lagerwey(オランダ)などの欧州企業がロシアでの新規事業を断念した今となっては，極北の町ティクシに建設された風力発電システムと，それを独立の電力系統に組み込んだ「ポーラーマイクログリッドシステム」(Polar Microgrid System)の運用に関する実証事業は，極寒冷地で成功裏に進められたという点でも貴重な事例を提供している(図4を参照)[25]。本事業の実証テーマは，①再エネ制御協調システムおよび混焼焚きディーゼル発電機の有効性の検証，②極寒冷地仕様の風力発電システムの有効性の検証，③当該ビジネスモデルの妥当性とその普及可能性の検討の3点から構成され，NEDO

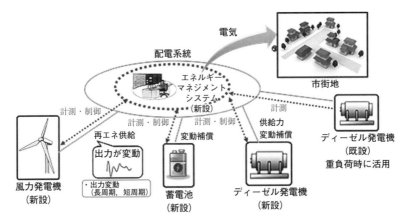

図4　サハ共和国ティクシの「ポーラーマイクログリッドシステム」
出所：NEDO（2018）から作成。

と委託契約を結んだ日系企業3社（前掲）が事業計画の作成から発電設備の製造・据付までを行い，実証サイトの発電所の運転管理とメンテナンス作業はサハエネルゴが担当した。日本側が負担した事業費は19.6億円で，主にルスギドロが担当した資機材の国内輸送，基礎工事・建屋建設・配管網等の整備，実証運転期間中の機器運用・各種点検に対して，ロシア側は21.7億円を負担した（NEDO, 2022）。各テーマの実証成果は概ね良好で，2022年2月末の事業終了後に一連の施設がサハエネルゴに引き渡されてからも，前掲の表4が示すように発電量は維持されている。その一方で，対ロ経済制裁の影響で事業の継続や更新は困難な情勢にあり，「ポーラーマイクログリッドシステム」に関しては，日々の運転業務に関するフォローアップ作業（問い合わせへの対応や助言など）を遠隔ベースで続けてはいるものの，機器の故障が生じるか，消耗品の交換が必要になった場合には，どのような対処が求められるかは，現状では「未知の世界」の話になるという[26]。

　ティクシに設置された「ポーラーマイクログリッドシステム」のように，ロシアの極東・極北地域で地元の自然エネルギーを利用した再エネ事業は，温室効果ガスの削減という環境面と単価の高いディーゼル燃料の節約という

経済面の双方で，理屈のうえでは優れた成果を出し得るからこそ，その有用性や将来性に異論を示す向きはほとんど見られない。ティクシでのプロジェクトに先立って，風力発電を利用したマイクログリッドシステムの導入に関する現地調査(サハリン州)や風車の建設工事(カムチャツカ地方)がNEDOの支援による実証事業のもとで進められており(豊田・細見，2012；山本・岩井，2017)[27]，自然環境の厳しい電力「孤立」地区に再エネを導入することの利点を示す証左が積み上げられてきた。だからこそ，ロシアにおける再エネ事業を取り巻く環境の厳しさは増しているにもかかわらず，連邦政府も共和国政府も再エネ拡大に向けた道筋は修正しても，その目的地は変更していない。しかしながら，上記の3極東地域(サハリン州，カムチャツカ地方，サハ共和国)の再エネ事業で，その核となる風力発電施設の製造と据付を手掛けた駒井ハルテックが，ロシア北極域での事業拡大の可能性を強く展望する報告書を残しながらも，ウクライナの復興事業にビジネスの軸足を移したことが示唆するように[28]，ロシアでの再エネ拡大の試みはいずれ高い壁に直面する可能性が高い。そうした事態を見越してか，サハ共和国では初となる原子力発電所(小出力)の建設計画が巷間を賑わせており，地方をあげて積極的に支援すべき再エネ事業であると位置付けられている[29]。

4　おわりに

2023年12月にアラブ首長国連邦(UAE)のドバイで開催されたCOP28は，「化石燃料からの移行」[30]と「再エネ容量の3倍拡大」で合意した(UNFCCC, 2023)。数値目標が明示された後者とは対照的に，「廃止」や「削減」ではなく「移行」という文言が盛り込まれた前者の表現には，産油ガス国の利害を反映した玉虫色の印象は拭えないが，これらの対照的な言葉遣いは，化石資源と再エネが置かれた言説上の状況を的確に言い表している。相対的に環境負荷の低い天然ガスと言えども，化石資源であるがゆえに脱炭素の観点からは非難され，それがロシア産であれば脱ロシアを求める社会的規範からは疑念の目を向けられるゆえに，環境やエネルギーをめぐる言説上

の争いでは再エネは化石資源に先んじており，世界の政治・経済情勢によって両者の距離が縮まることはあっても，その立場が逆転する可能性は限りなく小さいであろう。COP28 に先立ち，パリ協定の実現には「再エネ 3 倍」（2023 年 9 月）が不可欠と IEA は訴える一方で，会議開催の直前には「2030 年までに石油・天然ガス投資半減」（同年 11 月）も必要という報告書を公表した（IEA, 2023c; 2023d）。脱炭素にしても脱ロシアにしても，主要国の合意には IEA の見解が色濃く反映されていることを考慮すると（原田，2023, pp. 132-138），「約束されない」あるいは「約束できない」市場から，公的部門が深く関与する「約束された」市場に投資マネーが流れていく動きは簡単には止まらないと考えられる。米国の資源メジャーを中心に続けられている化石資源開発への「逆張り投資」も，脱炭素の潮流が強まっているからこその話題であり[31]，再エネ事業に向かう世界的な「順張り投資」がなければ，そもそも概念化し得ない動きである。

　資源大国であると同時に，潜在的には再エネ大国でもあるロシアは，メドベージェフおよびプーチン政権下で二兎を追うはずであったが，ウクライナ侵攻という蛮行は資源ビジネスのみならず，再エネ事業の見通しも危うくしている。日ロ間のエネルギー協力プロジェクトの目玉であったアークティック LNG 2 プロジェクトが，米国による経済制裁で狙い撃ちにされて暗礁に乗り上げたように（徳永，2023b），もはや一兎を追うことさえも難しくなっているが，再エネに関しては，とりわけ逆説的な事態が生じている。それは，ロシアによる軍事侵攻が主要国のグリーン・トランジションを加速させる主要な契機となった一方で[32]，その流れから同国が置き去りにされかねない状況を生み出していることである。これまでの脱炭素レースではロシアはいわば「周回遅れ」にあり，2009 年 1 月 8 日付ロシア政府指令（前掲）で号砲は鳴らされても，その足取りは重く，他の主要国に大きく水をあけられてきたが，今般の戦争をきっかけとして「脱落」や「リタイア」へと至る可能性も否定できない。炭素中立に向かう一連の施策の成否を評価する節目の年になるであろう 2030 年までの期間は，2024 年 3 月の選挙で 5 選を果たしたプーチン大統領の任期とも重なることから，「未来に向けて歩めない人」[33]のも

とに置かれたロシアが環境やエネルギーの未来をどのように描くことになるかも，自ずから見えてくるであろう。

注

1) 例をあげると，EU は，その看板施策の 1 つである自動車産業の EV シフトに不可欠の鉱物資源の供給先と見込んでいたロシアとウクライナを戦争で同時に失った（土田，2022）。
2) 2023 年に世界の再エネ投資を牽引したのは中国で，その傾向は今後も続くと予想されている（『週刊東洋経済』2023 年 12 月 23〜30 日合併号）。
3) 二酸化炭素の森林吸収と地下貯留については，技術，コスト，管理・監督の各方面において懐疑的な見方が少なくない。しばしば低炭素技術と位置付けられる炭素回収利用貯留（CCUS）には，気候変動対策の実現性や経済性の観点からは問題の多い事業であるとして，批判の矛先が向けられている（深草，2024）。IEA は原子力発電所に「脱炭素電源」として期待を寄せている一方で（『日本経済新聞』2024 年 5 月 29 日），安全対策の強化に伴う建設費の膨張に加えて，近年は資材・人件費の高騰に悩まされており，日米欧では新規建設の延期や断念が相次ぎ，その中心は中国とロシアに移りつつある（『日本経済新聞』2024 年 6 月 2 日）。
4) 原油や石油製品と異なり，米国とオーストラリアを除けば，ロシア産天然ガスの取引自体は制裁対象でないため，人為的な理由で取引量が激減したパイプライン経由の天然ガスに代わり，欧州はロシア産 LNG の購入を継続している（原田，2023，pp. 83-122）。ロシア批判の急先鋒に立つ欧州がロシア産 LNG を過去最高の水準で輸入し続け（McWilliams et al., 2023），エネルギー価格が沈静化した 2023 年に入ってからもロシアは米国に次いで欧州への LNG 供給国であることから，「パイプラインが船に置き換わっただけ」「欧州企業は今も何十億ユーロもの軍資金をプーチンのロシアに送っている」と批判されている（『日本経済新聞』2023 年 9 月 14 日）。
5) 天然ガス以上にウラン燃料（濃縮ウラン）のロシア依存度が高い原子力産業界では，ウラン濃縮能力の同国シェアの高さゆえに，英国を除くとロシア向け経済制裁はほぼ手つかずの状況にあり，脱ロシアを念頭に置いた核燃料供給で協力することに日米英仏加の 5 カ国は合意したものの，実際には打つ手のない状態が続いている（『朝日新聞』2023 年 9 月 23 日；『朝日新聞デジタル』2023 年 9 月 23〜25 日（ロシア原子力ビジネス　断ち切れぬ欧州のジレンマ）；『日本経済新聞』2024 年 1 月 10 日；『朝日新聞』2024 年 5 月 7 日）。2024 年 5 月に米国で成立したロシア産ウラン輸入禁止法は，ロシアの事業体が生産した低濃縮ウランの輸入を事実上 2027 年末まで認める内容になっている（JETRO, 2024）。
6) 発熱量当りの二酸化炭素排出量は燃料によって異なり，排出係数（炭素換算 t／石油換算 t）で比較すると，天然ガスは石炭（無煙炭）の 6 割弱，石油（原油）の 4 分の 3 程度である。そのため，天然ガスを「低炭素な燃料」と捉える向きもあるが（経済産

業省資源エネルギー庁など），低炭素もしくは脱炭素という概念は，本来的には目指される政策目標もしくは変革の方向性と理解すべきであり，炭素含有率の「高・中・低」を区分する客観的な基準が存在しない現状では，恣意的なラベリングという誹りは免れないであろう。因みに，IEA は天然ガスを化石燃料に分類しており，「低排出燃料」(low-emission fuels) にあげられているのは，水素やバイオ燃料である (IEA, 2023b)。

7) たとえば，サウジアラビアの国営石油会社サウジアラムコのナセル社長兼 CEO は，「石油・ガスへの投資激減がエネルギー危機を招いた」と述べている（『日本経済新聞』2022年11月10日）。石油業界アナリストの桝本量平氏（INPEX ソリューションズ）によれば，ロシアも加盟する「OPEC プラス」が 2022 年 9 月に減産を表明する前から，投資停滞を主な理由として石油生産の伸びは鈍化しており，現在の増産余力は一部の産油国に限られるという（『日本経済新聞』2022年9月13日）。しかしながら，化石資源の開発投資を回避する「ダイベストメント」は，短期的には需給逼迫に起因する市場価格の高騰，長期的には化石資源由来の 2 次エネルギーである水素やアンモニアの商機を増やすため，産油ガス国にとっては必ずしもマイナスばかりの話ではない（原田，2023, pp. 219-224）。実際のところ，中東産油国は石油需要のピークアウトの到来を見越して，アラブ首長国連邦（UAE）を筆頭に再エネの導入とクリーン・エネルギーの開発に取り組んでおり，日系企業も複数のプロジェクトに参画している（十市，2023, pp. 115-131）。

8) こうした議論の理論的な背景については，戸田 (2017) を参照されたい。

9) 本指令の発表に先立って改正された連邦法「電力について」のなかで，初めて「再生可能エネルギー源」に関する項目が記載され，その普及を目的とした電力買取制度が明記された（片山，2012）。

10) 一般に水力発電は再エネの 1 つに数えられるが（表 3 を参照），巨大ダムなどの大規模な水力発電施設は自然環境破壊の象徴と見なされてきた経緯があるため，近年は小出力の水力発電の役割が再評価されている。ただし，小規模・小出力の基準や定義は各国・地域で大きく異なり，その呼び名もスモール，ミニ，マイクロなど多彩である。ロシアでは，再エネ利用の発電施設に対する政府補助金の支出を議論した際に，発電容量 25 MW 未満の水力発電を再エネ電源に含めることを決定したとされる（2008年6月3日付ロシア政府決定第 426 号「再生可能エネルギー源の利用に基づいて稼働する発電施設の分類について」）。これと並行して，発電容量 50 MW 未満の水力発電を再エネ電源と分類する基準も存在しており，再生可能エネルギー源の定義の曖昧性が指摘されている（Ignat'eva, 2023, pp. 35-50）。

11) 2009 年末にコペンハーゲンで開催された COP15 に至るまでの議論の経過や積み残された課題は，諸富・浅岡 (2010, pp. 57-115) で紹介されている。

12) 両文書の概要と解説については，片山 (2010) および本村 (2010) を参照のこと。

13) 特に断りのない限り，本段落における以下の叙述は尾松 (2018) に基づく。

14) 太陽光や風力による発電を一時的に止める出力制御は日本では 2023 年に急増し，

再エネ発電で生まれるクリーンなエネルギーを「捨てる」に等しいと批判されている（『朝日新聞デジタル』2024年2月10日）。電気は発電量と使用量を常に合致させないと，周波数が乱れて大停電（ブラックアウト）につながる恐れがあり，最近の日本では，北海道胆振東部地震（2018年9月6日）の発生後に北海道全域で半日にわたり生じた。出力制御を抑制しながら再エネ発電の拡大を目指すためには，送電網の増強が不可欠であり，日本では北海道や九州などの再エネ発電の主力地域と電力の大消費地である本州を接続する送電網の容量増大計画が進められている（『日本経済新聞』2024年3月12日）。

15) 他に，小規模な再エネ発電事業者（5 MW 未満）を対象にした支援策も講じられ，送電会社が送電ロス分を補填する際に，再エネ由来の電力を優先的に買い取る仕組みが設けられたものの，制度設計面の問題に加えて，運営上の支障が生じたため，地方発の再エネ促進のスキームとしては機能しなかった（尾松，2017）。

16) 各国の電力供給システムにおける変動電源の統合度や稼働実績に応じて，フェーズ 1〜6 に分類され，2022 年実績ではデンマークのフェーズ 5 が最高位である（IEA, n. d.）。

17) ロシア連邦「連邦法『電力エネルギー』に関する修正について」で，2023 年 7 月 20 日下院承認，同年 7 月 28 日上院是認，同年 8 月 4 日大統領署名の運びで成立した（Russian Federation, 2023）。

18) 特に断りのない限り，本段落における以下の叙述は尾松（2017）に基づく。

19) ロシアの電気事業の概要と再編の経緯については，電気事業連合会（2018）を参照のこと。

20) 2014 年 11 月 27 日付サハ共和国法 N 1380-Z N 313-V「サハ共和国の再生可能エネルギー源について」（2017 年改訂）（Republic of Sakha (Yakutia), 2014）。

21) 年間 300 t の燃料節約が計画されたバガタイの太陽光発電（発電容量 1 MW）に対し，ティクシの風力発電（同 0.9 MW）には年間 534 t の燃料節約が見込まれていた（Artyushevskaya, 2021）。サハ共和国全体では，2010 年代には年間約 7 万 t のディーゼル燃料が発電用に調達されていた（藤原・山本，2020）。

22) サハ共和国最大の発送電会社ヤクーツクエネルゴ（Yakutskenergo PAO）傘下の子会社で，主に「非集中電力供給ゾーン」の発送電と温熱供給を担当している。2022 年初時点で 169 か所の発電所（うち，ディーゼル発電所は 137 か所）を管轄下に置き，共和国内の 17 郡に居住する約 13 万人を顧客としている（Republic of Sakha (Yakutia), 2022, p. 28）。

23) 駒井ハルテック（後出）へのヒアリング調査（2024 年 9 月 26 日，オンライン）。

24) 太陽光の発電容量および発電実績で上位を占める地域は，オレンブルグ州（沿ヴォルガ連邦管区），アストラハン州（南連邦管区），カルムイク共和国（同）など，ロシア南部に位置する連邦構成主体である（Russia Renewable Energy Development Association, 2024b）。なお，太陽光発電の産業基盤は，ロシア国営の投資会社ロスナノを中心に整備され，メガソーラー発電所の建設などで一定の成果をあげていた（片

山，2012)。
25) ティクシにおける風車の設置工事の概要と寒冷地に特有の諸問題については，藤原・山本(2020)および武藤他(2020)を参照されたい。
26) 注23に同じ。
27) 日本側の関係者によれば，ロシア単一電力系統に属さない独立系統の地域のニーズに合致した風車メーカーを探してほしいという要望が，ロシア側から寄せられたという(駒井ハルテックへのヒアリング調査，2024年9月26日，オンライン)。
28) 2024年2月19日に開催された日本・ウクライナ復興推進会議(東京)で，両国の官民組織は多数の協力文書に調印した。そのなかには，駒井ハルテックがウクライナの3社(Naftogaz Group, TM CKS, DOGUS Construction Ukraine)との間で，同国におけるインフラ復興案件での協業に関する覚書を取り交わしたことが公表されている(外務省，2024)。日本国内の報道によれば，風力発電設備の導入や橋梁向け素材の開発などを検討中とのことであるが(『日本経済新聞』2024年2月15日；同2024年2月20日)，どちらについても，サハ共和国を含むロシア北極域での事業実施に向けた現地調査が行われていた(駒井ハルテック・野村総合研究所，2020；駒井ハルテックほか，2022)。2024年6月にも日本とウクライナの両政府は復興支援会議をベルリンで開催し，新たな協力文書を締結したものの，関係者の証言によれば，ウクライナの発電施設への攻撃が続く限り，風力発電プロジェクトの事業化は困難な見通しである(『朝日新聞』2024年6月12日)。
29) サハ共和国に居住する有識者3名からの情報提供(2024年1月17日に実施したヒアリング調査より)。再エネ電源の普及でも払拭できない電力需給の逼迫に対する懸念が，原発推進の背景にあると見られる(EnergyLand.info, 2024)。
30) 日本のマスメディアでは「脱却」という表現がしばしば用いられているが，COP28の合意内容を伝える国連のプレスリリースには，「エネルギーシステムにおける化石燃料からの移行を推進する」とは記されているものの，「脱却」に相当するような文言は見当たらない(UNFCCC, 2023)。COP28の交渉結果を日本語で伝える外務省，経産省，環境省の発表にも，管見の限り，「脱却」ではなく「移行」が用いられている(各省の公式サイトで確認した)。
31) たとえば，米国の資源メジャーの一角を占めるエクソン・モービルは，脱炭素への追い風が強まるなかでも着実に化石燃料の開発を進める「逆張り投資」を続け，再エネ事業にも乗り出さなかった(『日本経済新聞』2022年11月26日；同2023年6月16日)。
32) ビジネス・コラムニストのピリタ・クラーク氏によれば，各国政府が本腰を入れて気候変動対策に乗り出したのは2022年に入ってからである(『日本経済新聞』2022年11月7日)。同様の指摘は，IEAが侵攻1年後に発表した声明のなかにも見られ，クリーン・エネルギーへの移行に向けた「全面的な政府介入」(sweeping government interventions)は，侵攻後の経済混乱を受けて始まったと述べたうえで，主な具体策として欧州の「リパワーEU」，米国の「インフレ抑制法」，日本の「GX促進法」を

あげている (IEA, 2023a)。

33) ウクライナに生まれ，ベラルーシで育ったノーベル賞作家のスベトラーナ・アレクシエービッチ氏は，ロシアによるウクライナ侵攻後のインタビューのなかで，プーチン大統領を評して次のように述べている。曰く，「この人〔プーチン－筆者追記〕は，未来に向けて歩めない人です。そして，彼は私たち皆を過去に，それは彼が理解できる唯一のことですが，そこに引き留めようとしています」(Machida and Yamashita, 2022)。

第 3 部

家計と健康

第7章 家計と食──気候変動の影響

成田大樹，ショフルフ・ハサノフ，山田大地，ワルワラ・パリロワ，
トゥヤラ・ガヴリリエワ，ホルヘ・ガルシア・モリノス，スティーヴ・サカパジ

1 はじめに

　現在全世界的に進行している気候変動は，サハ共和国を含む高緯度地域においてとりわけ顕著な環境変化を引き起こしている。気候変動の人間影響については社会や人間活動に関する様々に異なる側面に焦点を置いた分析が可能であるが，本章では先住民コミュニティの住民の食と家計への気候変動の影響を中心に論じる。サハ人口の半数以上は先住民であると分類されており (Ksenofontov and Petrov, 2024)，サハの気候変動影響を考えるうえで先住民の生活に着目することは重要である。サハの先住民は首都ヤクーツク等の都市に居住する者も多く，先住民の皆が都市から遠く離れた村落で伝統的な生活を行っているというわけではない。しかし，それは言い換えると，サハ共和国内の都市部と遠隔地の間で比較的容易に人口移動が起きるということでもある。気候変動により遠隔地の自然環境が大きく変わることが都市部に居住する先住民の人口動態にも影響する可能性があるということである。
　気候変動が先住民の生活に及ぼす影響については，国際的にも近年議論がなされてきている (FAO and Alliance of Bioversity International and CIAT, 2021)。先住民の伝統的な生活様式は自給自足を基本とすることが多く，気候の変化に敏感である。他方で彼らは，移動生活などを通じて環境変化に巧みに適応してきたという面もあり，適応のための伝統的な知識も蓄積している。また，彼らは，生態系の様々な機能を持続可能な形で活用していることが多く，その有様を明らかにすることは先住民社会にとどまらず世界全体に

とって将来への示唆を与えるものである。

本章の議論の前提となる問題認識は以下の通りである。一般に，市場からの食料の購入と非市場的手段（自身が行う採集・狩猟・栽培・牧畜）による食料獲得は代替関係にある。先住民らが居住するサハの村落の生活においては居住地周辺の自然環境の状況に依存する自給自足的な食料獲得がある程度重要な役割を果たしているが，サハ各地のローカルな自然環境は気候変動により将来的に顕著に変化していくと考えられる。もしそのことによって先住民の非市場的手段による食料獲得が困難になってくると，彼らはそれを市場的手段により得られる食料によって代替する必要があり，結果として世帯家計が圧迫される可能性がある。この意味において，気候変動下における先住民の食と家計の状況は相互に連関するものとして考える必要がある。

以下本章では，第1に，文献レビューを通じて，サハ地域において起きている気候の変化およびその将来予測，また気候変動がどのように食料種の分布に影響するか，について概観する。またサハ以外の世界の他地域に関する文献も参照しつつ，気候変動が家計にどのような影響を及ぼし得るかについて論じる。

第2に，2021年から2022年にかけて独自収集を行ったサハ共和国内の主に先住民が居住する18村落の世帯調査データを用いつつ，サハ共和国内の先住民村落世帯の家計の特徴を述べ，当地の人々の生活における非市場的手段による食料確保の相対的重要性を明らかにする。

最後に，文献および調査結果を踏まえ，将来の気候変動がサハ先住民の生計，特に食料購入にどのような影響を及ぼし得るかについて考察する。

2　文献レビュー

2-1　サハ地域において起きている気候の変化およびその将来予測

人為起源の温室効果ガスの大気中への蓄積による気候の温暖化は現在全世界的に進行しているが，サハ共和国を含む北極域ではとりわけ気温上昇が早

く進んでいる。この問題については北極評議会（Arctic Council）作業部会の1つである北極圏監視評価プログラム（Arctic Monitoring and Assessment Program；AMAP）が定期的に学術文献のレビューを行っている。その最新版によれば（AMAP, 2022），北緯65度以上の領域（北極圏にほぼ相当する領域）の域内平均を全球平均と比較した場合，前者の地表気温の上昇速度は後者の速度の約3倍となっている。1971年から2019年の期間だけでも当該領域での地表年間平均気温の上昇幅は3.1℃にも上る。将来予測でも北極圏における温暖化の進行が相対的に早いことが示されている。複数の気候モデル（IPCC CMIP6を構成する気候モデル）のモデル間平均値として，将来の温室効果ガス排出シナリオのうち最も深刻な気候変動を引き起こすケース（SSP5-8.5）では，1985～2014年平均と比較した今世紀末の気温上昇は全球平均では4.7℃である一方，北極圏平均では10.0℃，北極圏の冬季平均では13.4℃にもなると予測されている。

　サハ共和国の領域に特化した将来の気温上昇に関する予測も存在する。Kirillina et al.(2023)の気候予測では（CMIP6気候モデルのモデル間平均を用いたもの），2021～2050年平均と1991～2020年平均との比較として，冬季のうち最も温暖化が強く現れる12月において，サハ共和国領域全体の平均で3℃を少し上回る程度の気温上昇が予測されている。さらにその先の期間となる2071～2100年平均の期間では，温暖化の影響が最も顕著となるサハの北部地域において，11月から2月の冬季の1991～2020年ベースラインからの温度上昇分が12℃程度までに至る可能性もあると予測されている（SSP5-8.5シナリオ）。

　ここ数十年において，気温上昇と同時に降水パターンの変化も観測されている。AMAP(2022)によると，1971～2019年の間で北極圏全体の降水量（雨と雪の合計）は9％増加し，降雨に限っていえば25％の増加が認められた。他方，降雪に関しては有意な変化は見られていないが，積雪量については25％の減少があった。そして河川の北極海への流入量は8％増加している。また永久凍土に関しては，領域平均で1970年代から2～3℃の温度上昇が見られたと報告されている。

次節以降に述べるように，これらの気候の変化は生態系に大きく作用し，ひいては人間の社会経済活動にも重要な影響を及ぼすと考えられる。他方で，気候変動のローカルな生態系や人間の影響に関する将来予測は大きな不確実性を伴うものであることにも留意が必要である。

まず，不確実性は生態系の気候変化への応答過程に存在する。気候変動の生態系への影響として懸念されることは，気候変動とその他の攪乱によってシステムの状況が人間にとって望ましくないものに不可逆的に遷移しその状態に安定してしまう，いわゆるレジームシフトという過程が起こってしまうことである。レジームシフトの生起は，気候変化の物理的な規模の大きさによってのみ決定されるものではなく，たとえば人間による土地利用の状況なども関係する(Meredith et al., 2019; Constable et al., 2022)。

また，気候変動の人間への影響に関しても，気候条件の変化はそれ単独で人間活動の様態を決定するというものではなく，社会条件や自然環境の他の変化と相まって影響を与える。たとえば産業開発，環境汚染，観光，海運における変化は先住民の食事情にも間接的に影響していく。そしてこうした影響は環境の変化がある程度の期間に蓄積する形で発現するものが多いと考えられ，その時々の気温などの気象変数の変動に直接的に比例するようなものとは限らない(Constable et al., 2022)。

このような複合的で広範な地球システムの変化について知見を得るためには，自然科学，社会科学の各学問分野のなかにとどまる研究では十分ではなく，分野の垣根を超えた研究が必要となる。

2-2 気候変動がどのように食料種の分布および人々の家計に影響していくか

気候変動は，自然災害被害の甚大化，熱帯病の増加，海面上昇に備えたインフラ構築コスト，エネルギー消費量の変化など様々な形で人間の経済活動に影響を及ぼすと考えられ，それらの影響についての定量経済評価の研究例も存在する(最新の知見を総合している文献として，IPCC, 2022 および Rennert et al., 2022)。このうち，気候変動が将来の全世界的な食料需給にど

のような影響を及ぼすかについても分析が多数存在する。これらの分析は，将来推計手法の違い（生物学的な作物成長関数に気候変動による気温変化等の条件を入力して推定するか，あるいは経済統計から得られる現在までの食料生産・消費量のトレンドを統計的に回帰分析して推定するかの違いなど），また将来の人口，所得水準，肉の消費など食の嗜好の変化についての想定の違い，などにより分析結果の違いはあるが，全体的な傾向として，少なくとも今世紀の後半になると全世界的に顕著な負の影響が生じてくると示されている。この結論は主に耕種農業で栽培される農作物の生育への気候影響を反映している。具体的には，世界の主要な穀倉地帯における年間気温分布が主要農作物の生育に適した温度帯を超過してしまうという気温上昇の効果と，降水の変化により水の確保が困難になる地域が出てくるという降水量の効果の2つの要因が主に働いている。ただ，より詳細なレベルでの傾向として，短中期的には緯度帯により影響の度合いや傾向が異なること，具体的には，低緯度域においては気候の温暖化が明らかな収量の減少をもたらす一方で，高緯度域では主要作物の収量増加という正の影響も生じ得ることも多くの研究例によって認められている。これら平均収量の傾向以外でも，気候の不安定化によって収量の各年変動が増大することが予測されている。

　サハ共和国の農業を対象とした気候変動影響評価も存在する（Siptits et al., 2021）。そこでは，寒冷地であるサハにおいて，気候変動が農業収量に必ずしも悪影響を及ぼすものとは限らないことが示されている。たとえば，サハ共和国としては今世紀末までの期間において気候変動は穀物および豆類の収量に正の影響を与えると予測されている。

　これらの研究は主に耕種農業への影響に着目して分析を行っていることが多いが，サハ先住民との関連がより深い農業形態である牧畜への影響を世界的に分析している例も存在する。たとえばGodde et al.(2020)は世界全体の放牧地（rangeland）の植生量（バイオマス量）の変化についての将来予測を行っている。2000年から2050年までの変化として，最悪のケースでは4.7％の平均植生量の変化があり，植生量の年変動や月変動も増大するとの結果となっている。ただ，顕著な負の変化が現れるとされているのは主に

中・低緯度域であり(サヘル，オーストラリア，中国，中央アジア地域など)，サハ共和国の領域については明確な影響があるとは示されていない。

　世界の食料状況に関しては，需要側の要因についても様々な変化が予想されている。今世紀末にかけて世界人口はまだ増加していくと予測されており，所得水準の向上とそれに伴う食嗜好の変化(肉類消費量の増加)により1人当りの正味の穀物消費量も今後さらに増加していくと考えられている。他方で，現在の世界において広く使用されている農業生産技術や，また食料流通のあり方は必ずしも最も効率的というわけではなく，その改善がどこまで進むかによっても将来の食料事情の見通しは大きく変わってくる。

　このように，将来の気候変動下での世界の食料生産については不確実性も多いが，世界全体の傾向としては負の影響が徐々に顕在化してくると考えられ，これが世界の食料価格にも反映してくることが予想される。以下述べるようにサハの先住民世帯の食生活は必ずしも伝統的というわけではなく市場で購入された食料をベースにしていることを鑑みると，国際的な食料価格の変化はサハの世帯の生計にも影響してくることが考えられる。

　サハにおける自給自足的な食料獲得に影響を及ぼす農業以外の気候変動関連要因についての研究の文献も存在する。

　食料源となる生物種への影響ということでは，トナカイの分布への影響に関しての研究文献が比較的多く存在する。気候変動に伴う気温の年変動の増大はトナカイ等の移動がより困難になることを意味する。たとえば，積雪上にまとまった雨が降る現象(Rain-on-snow；ROS)は動物の移動の阻害要因として重要である(Ksenofontov and Petrov, 2024)。これは温暖な秋季の気候と乾燥した時期と湿潤した時期の交代により生じる。ROSイベントにより，地面が不安定になり，トナカイやウマなどの歩行の危険性が増し，動物の死亡や傷害のリスク要因となる。

　また，気候の温暖化により，現在のツンドラ域の植生がより豊かになることが予測されている(Meredith et al., 2019, p. 253; Myers-Smith et al., 2020; Constable et al., 2022, p. 2348)。これは，現在草原である地域に灌木等が生育するようになるということも意味し，トナカイ等の動物にとっては必ずし

もよいことではない。また，食料ともなる魚，鳥，野生哺乳類の生息域，あるいはベリー類の植生分布が北遷することが予測されている。

　食料生産・食料獲得の直接的な決定要因ではないが関連性がある気候変動影響の種類として，永久凍土の融解や森林火災の増加についても様々な分析が行われている。永久凍土の融解は温暖化や降水パターンの変化によって生じるものである。人間への影響としては，家屋，建物，道路への損害，また農業やインフラ建設に適した土地面積の縮小が考えられる。永久凍土の変化が遠隔地に居住する先住民の暮らしにもたらす影響を定量的に評価した研究例はまだないが，インフラや建造物の損傷の影響を定量的に将来予測している分析はある程度存在する。たとえば既存学術文献のレビュー論文であるHjort et al.(2022)は，今世紀の初めの段階で既にヤクーツクに存在する建造物のうちの約10%に永久凍土融解による変形の影響が現れていたとしており，ロシア全体では永久凍土融解による道路損傷のメンテナンス費用として2020年から2050年までに70億ドル(4,220億ルーブル)を要するという試算を示している。

　永久凍土の融解は降水パターンの変化と相まって地滑りリスクを増大させる(Ksenofontov and Petrov, 2024)。地滑りの発生は道路に損傷を与えることにより輸送・交通の阻害要因となり得る。後述のように先住民も日常的食料の多くを購入しているが，そのような食料品等の他地域からの運搬の停滞を引き起こす要因となる。

　また，永久凍土の融解，降水量の増加と春季気温の変動幅の増大の3つの要因が複合することにより洪水リスクが増加することが予測されている(Ksenofontov and Petrov, 2024)。これは直接的には川や海岸沿いの村落への被害の増加をもたらす。それ以外にもインフラやその他建造物の毀損，また農業被害にも関係してくる。そして，サーモカルストの発生の影響も重要である。

　それ以外にも，気候変動は森林火災の増加を引き起こす一要因となっているという研究結果もある(Ksenofontov and Petrov, 2024)。特に夏季において気温が上昇し，それが降水量および湿度の減少と相まって火災が起きやす

い状況が作り出されるというものである。火災およびその拡大の誘因となる強風や乾雷（dry thunderstorm）も気候変動と関係しているという議論もある。森林火災はもちろん住居やその他の建物への損害や大気汚染を通じた健康被害という人間への影響があるが，現地の人々の食料確保という側面にも関連性がある。たとえば火災が家畜と農地の直接的な損失を引き起こしたり，また農業，畜産，漁業で用いる肥料・飼料の入手がより困難になったりするということである。

その他，サハの食生活に関係する気候変動影響として議論されていることとして，食料を保存する伝統的な氷の倉庫（ヤクート語で bulus）での食料保存が困難になることによる食中毒リスクの増加が指摘されている（Constable et al., 2022, p. 2340）。また，大雨などの極端気象現象が増えれば飲料水の質が低下するという影響も考えられる。

3　サハ共和国内先住民村落の家計調査データから分かること

第1節で概観したような気候変動により生じる様々な現象が，サハの先住民の生活に実際にどのような形で影響を及ぼすのだろうか。その理解のためには現在の先住民世帯の生活の実態を把握することが不可欠となる。本節では，将来の気候変動のサハ共和国先住民への影響についての示唆を得るために，共和国内各地区の合計18村落を対象とする独自の世帯調査のデータを使いつつ，サハの先住民村落における家計や食生活の特徴を議論する。調査は，科学技術振興機構（JST）戦略的国際共同研究プログラム（SICORP）プロジェクト「先住民族社会とそれを取り巻く生態系の気候変動下でのレジリエンスに関する研究（RISE）」（2021〜2023年度）の一環として実施されたものである。なお，調査データに関する本章で示す以上のより詳細な分析については現在別途実施中である（Garcia Molinos et al., 2025）。

3-1　調査の概要および世帯の基本的特徴に関する調査集計結果

2021年から2022年にかけてサハ共和国の18村落の家計調査を行った[1]。

これらの村落の人口の合計は 2021 年人口センサスのベースで 1 万 6,200 人である。調査のサンプル数は合計で 400 世帯であり，これらの世帯に居住する住民の数は合計 1,419 人（1 万 6,200 人の 8.8％に相当）であった。調査は調査員が世帯訪問を行うことにより対面で実施している。

これら 18 村落はサハ共和国の先住民村落を代表するものとして地域や民族構成が異なるものを抽出したものである。個々の村落それぞれにおける世帯データはサンプル数が限られているため，以下，内訳としてここではサハ人が主要グループである村落（中部地帯あるいは西部地帯に位置する 11 村落，270 世帯を対象）とそれ以外の民族（エヴェンキ人など）が主要グループである村落（北部地帯，東部地帯あるいは南部地帯に位置する 7 村落，130 世帯を対象）の 2 つに集計したものを示す。「それ以外の民族」というのは，具体的にはロシア人（ロシア人古参住民），チュクチ人，エヴェン人，ユカギール人である。

まず，表 1 に世帯の基本的な特性を示す。サンプル世帯の平均世帯人数は 3.5 人となっている。世帯構成としては，20 歳未満の者が世帯の 37％，20 歳から 59 歳の者が 51％，60 歳以上の者が 12％を占めている。

調査対象のほとんどの世帯に現金収入をもたらす職業に従事しているメンバーがいる。具体的には，58％が自身の世帯に農業に従事している者とその他の職業に従事している者の両方がいると回答している。また，33％の回答者は自身の世帯のうちに賃金労働に従事している者はいるが，農業に従事している者はいないと回答している。世帯として農業に専従している（世帯内での生産活動のみに従事している）としている回答者は 3％である。

職業に関する他の回答データとして，生産年齢にある世帯メンバーの 27％が賃金労働に従事していない一方で，生産年齢にある者の 57％は政府関係機関に勤めているという回答をしており，就労先としての公的セクターが占める割合が非常に大きい。

伝統的な生活様式への依存度に関係する要因として，移住経験の有無についても質問を行っている。移住経験がない住民が過半数を占めるが，一度外に出てまた戻った者もある程度いる（回答者の 20％が人生の 3 分の 1 以上の

表 1　調査世帯メンバーの特性および調査回答者の気候リスク認識

	調査村落全体 （18 村落）	サハ人が主に 居住する村落 （11 村落）	サハ人以外が主 に居住する村落 （7 村落）
サンプル世帯数	400	270	130
上記世帯に居住する人数の合計	1,419	1,013	406
居住人口(2021 年センサス)	16,200	11,071	5,129
世帯の年齢構成(%)			
0～19 歳	37	38	35
20～59 歳	51	52	48
60 歳以上	12	10	18
生産年齢世帯メンバーのうち政府機関で働いている者(%)	57	55	61
生産年齢世帯メンバーのうち就業していない者(%)	27	30	22
世帯メンバーが賃金労働のみに従事(%)	33	32	35
世帯メンバーが農業(世帯内での生産活動)のみに従事(%)	3	3	4
世帯メンバーが賃金労働と農業(世帯内での生産活動)の両方に従事(%)	58	62	51
上記のどれにも当てはまらない(%)	6	3	11
暴風が過去 10 年間で増加していると感じている(%)	22	24	16
干ばつあるいは降雨が過去 10 年間で増加していると感じている(%)	52	63	29

時間を村外で過ごしていると回答)。

　18 村落のうち比較的人口の多いハルィヤラフ(オレニョク郡, 2021 年人口 855 人, サンプル数 102 世帯, サハ人以外の民族が主に居住)およびラソロダ(メギノ・カンガラス郡, 2021 年人口 431 人, サンプル数 80 世帯, 主にサハ人が居住)については, 追加調査として調査世帯メンバーの教育水準についても質問をしている[2]。表 2 に結果を示す。両村落ともに, 16 歳以上の調査世帯メンバーの半数を超える者が中等教育以上を修了しているか就学中である。初等普通教育を修了していない者はほとんどいない。また, 両村落ともに女性の方が男性よりも教育水準が高い傾向がある。

　調査世帯の所得水準についての回答集計結果は表 3 に示す通りである。全

表2 2村落(ハルィヤラフおよびラソロダ)における調査世帯メンバーの教育水準

最終学歴	16歳以上の世帯メンバー合計に占める割合(%)					
	ハルィヤラフ			ラソロダ		
	男性 (N=92)	女性 (N=113)	合計 (N=205)	男性 (N=68)	女性 (N=85)	合計 (N=153)
初等普通教育(1～4年生)	2	3	2	0	0	0
基礎普通教育(5～9年生)	7	4	5	1	8	5
中等普通教育(10～11年生)	47	34	40	16	13	15
中等専門学校	36	41	39	41	27	33
大学学士あるいはそれ以上	8	19	14	41	52	47
初等普通教育を修了していない	1	0	0	0	0	0

表3 調査世帯の所得水準(単位:ルーブル)

	調査村落全体 (18村落)	サハ人が主に居住する村落 (11村落)	サハ人以外が主に居住する村落 (7村落)
世帯総所得	82,779	82,786	82,765
生活のための最低限世帯所得水準(サハの物価水準等を考慮し算出,調査年での基準)	67,647	69,170	64,483
社会保障関連給付金の世帯受給額	21,063	18,757	25,850
上記の総世帯所得に対する%	35	33	39
世帯総所得の1人当り額	28,685	27,090	31,997
等価所得額(OECD修正尺度ベース)	42,361	40,601	46,016
等価所得額(平方根尺度ベース)	46,894	45,648	49,481
世帯支出可能額(1人当り月額,2021年)			
サハ農村部平均		31,690	
サハ平均		47,783	
ロシア農村部平均		23,232	
ロシア平均		31,791	

注:「世帯支出可能額」(Располагаемые ресурсы домашних хозяйств)は,世帯の賃金所得,預貯金取り崩しおよび借入,および現物支給相当額等を合計した世帯の支出可能額の総額を表したもの.

体的な傾向として,所得水準の低さ,また政府からの補助が家計所得に占める割合が比較的高いことが特徴的である.まず,世帯所得の平均額については月8万3,000ルーブル程度であり,その1人当り額は2万9,000ルーブル程度となっている.このうち,社会保障関係の給付金(障害年金,年金,児

童手当，遺族年金，光熱水料に関する補助，子持ち家庭への一時金，奨学金，住宅補助）が約35％を占めている。月8万3,000ルーブルというのは，ロシア政府が用いる算出方法で計算されたサハ共和国における生活のための最低限世帯所得水準[3]（約6万8,000ルーブル）をやや上回る程度の水準である。表3に示されている通り，調査世帯の1人当り支出可能額については，ロシアあるいはサハの農村部の平均と比べて必ずしも低くはないものの，サハ共和国全体平均やロシア全国平均に比べると低くなっている。

サハの遠隔地における世帯の経済状態が，ヤクーツクなどの都市部と比べてよくないことは先行文献でも指摘されている（Larsen et al., 2014）。たとえば，サハ共和国の都市部以外の地域では世帯所得は相対的に低くなっているとともに，乳幼児死亡率，自殺率，また外部地域への移住率が相対的に高いことが示されている。それらの原因として，高齢化，高い失業率，インフラの不十分さがあげられている。

本調査に先立ち，Gavrilyeva and Parilova（2022）が連邦政府とサハ共和国政府の統計データを分析することによりサハ共和国全体の世帯の食支出等の傾向を議論している。そのデータによれば，サハ共和国の世帯では家計支出の約3分の1（2019年で32.7％）を食関係への支出に充てている。これは1998年の値（47.4％）からは低下しているが，その間に購買力の増加（食料品価格の低下）が見られている。

今回の世帯調査においては，気候変動の関連現象についての主観的認知についても関連する質問を行っている（表1）。調査回答者のうち，22％が暴風が過去10年間で増加していると感じている。他方，52％が干ばつあるいは降雨（降水の異常）が過去10年間で増加していると感じている。この数字は比較的気候が温暖なサハ人居住の村落においてとりわけ高い（63％）。

3-2　世帯における非市場的手段による食料確保の重要性

調査対象世帯において日常的に消費される食品の構成においては，市場で購入される食料品が大きな割合を占めている。実際に，サハ共和国内の遠隔地においても基礎的な食料品が購入可能となるように公的に保証されている。

具体的には，サハ共和国政府はフード・セキュリティの観点から，遠隔地も含めた共和国内各地域における，社会的に重要性の高い12種類の食料品（小麦粉，食用油など）へのアクセスを保証する布告を発出している（Rodnina, 2022）。

18村落の世帯調査においては，各種の食料品のうち調査参加世帯が調査日前1週間に消費した品目についての回答が得られている（表4）。市場で製品あるいは材料を購入する必要のある食品が頻繁に消費されている。まず，主食に当たるものとして，パン（83％が毎日，14％が週1〜3回消費すると回答），米（13％が毎日，77％が週1〜3回消費すると回答），マカロニ（22％が毎日，67％が週1〜3回消費すると回答）が日常的に頻繁に消費されている。また，嗜好品についても，砂糖（78％が毎日，13％が週1〜3回消費すると回答），キャンディー（37％が毎日，44％が週1〜3回消費すると回答），コー

表4 調査世帯における購入食品および嗜好品の消費頻度

		調査村落全体 （18村落）	サハ人が主に居住する村落 （11村落）	サハ人以外が主に居住する村落 （7村落）
パン	毎日消費する世帯（％）	83	79	90
	週に1〜3日消費する世帯（％）	14	17	9
米	毎日消費する世帯（％）	13	13	14
	週に1〜3日消費する世帯（％）	77	79	72
マカロニ	毎日消費する世帯（％）	22	23	18
	週に1〜3日消費する世帯（％）	67	68	66
砂糖	毎日消費する世帯（％）	78	78	76
	週に1〜3日消費する世帯（％）	13	14	13
キャンディー	毎日消費する世帯（％）	37	36	38
	週に1〜3日消費する世帯（％）	44	47	37
コーヒー	毎日消費する世帯（％）	72	71	74
	週に1〜3日消費する世帯（％）	18	18	18
牛乳	毎日消費する世帯（％）	53	57	45
	週に1〜3日消費する世帯（％）	31	30	33
卵	毎日消費する世帯（％）	35	36	35
	週に1〜3日消費する世帯（％）	48	52	41
アルコール	週に1回以上消費する世帯（％）	11	12	10
	年間のアルコール消費の回数 （世帯平均）	49	46	56

ヒー(72%が毎日，18%が週1～3回消費すると回答)の消費が日常的になされている。これらの消費パターンについては民族構成や地域による違いはあまりない。アルコールについては10%程度の世帯が週1回以上消費をしていると回答している。

その他，市場で購入されているとは限らないが現代的な食生活においてよく消費される食品として，牛乳(53%が毎日，31%が週1～3回消費すると回答)と卵(35%が毎日，48%が週1～3回消費すると回答)の消費も頻繁になされている。

しかしたとえば肉類(トナカイ，ウシ)についてなど，自ら飼育・採集等を行って得られる食料もある程度重要である。表5に関連質問の回答集計結果を示す。肉類の消費パターンについては主にサハ人が居住する村落とそれ以外の村落で大きな違いがある。主にサハ人が居住する村落においては，1週間に少なくとも1回以上牛肉を食べるとしている回答者が88%おり，仔馬肉とそれ以外の馬肉についてはそれぞれ67%と28%が同様の頻度で食べているとしている。トナカイ肉を食しているという回答はほとんどない(1%)。他方，サハ人以外のグループが多数を占める村落については，同様の頻度でトナカイ肉を食したとする回答者が88%いた一方，牛肉(18%)，仔馬肉

表5 調査世帯における非市場的手段による食料の獲得と消費の状況(単位：%)

	調査村落全体 (18村落)	サハ人が主に 居住する村落 (11村落)	サハ人以外が主 に居住する村落 (7村落)
牛肉を週に1度以上食べる世帯	65	88	18
トナカイ肉を週に1度以上食べる世帯	29	1	88
仔馬肉を週に1度以上食べる世帯	48	67	9
それ以外の馬肉を週に1度以上食べる世帯	20	28	5
世帯でジャガイモを自家栽培	57	74	21
世帯でキュウリを自家栽培	28	31	20
世帯でトマトを自家栽培	21	25	13
アヒル・ガチョウを世帯で狩猟・捕獲	40	41	37
トナカイ・ノロジカ・ヘラジカを世帯で狩猟・捕獲	11	5	25
世帯で魚を漁獲	38	26	64
世帯でベリーを採集	41	37	48

(9％)，それ以外の馬肉(5％)についてはほとんど食されていない。なお，調査においては，これらの肉類を世帯内で生産したか購入したかについてのみ質問をしており，消費される肉類が村落内で生産されたかどうかについては明らかではない(村落メンバー間での売買，贈与，共有などがどの程度あるかは明らかではない)。しかしながら現地における動物の飼育の状況，また都市部からの食料輸送の一般的な困難さからすると，これらの肉類は主に現地において生産・獲得されていることが強く示唆される。表5では，ガチョウ，トナカイ，魚，ベリー等を自身の世帯で捕獲・狩猟・漁獲・採集しているかについての質問の結果も示している。

　食料の自給自足に関するそれ以外の特徴的な傾向として，野菜の自家栽培がある(表5)。気候が比較的穏やかな主にサハ人が居住する村落ではジャガイモの自家栽培が広く行われている(74％)。調査対象世帯全体ということでも57％がそのように回答している。他方，遠方からの輸送が難しい生鮮野菜を確保するため，ある程度の割合の世帯が生鮮野菜を自家栽培している。具体的には，キュウリの栽培を行っている世帯が調査対象世帯全体の28％，トマトの栽培を行っている世帯が21％ある。これらの野菜についても多少の地域間での栽培普及率の違いはあるが，ジャガイモの栽培ほどの顕著な地域性はない。

　サハにおける伝統的食料の採集・消費量については，既存文献のなかでもある程度データを示しているものが存在する。Larsen et al.(2014)は，2000〜2008年の間に，伝統的食料の採集・消費量の増加があったことを示している。ソ連崩壊後の混乱によりいったん消費量が減り，その後それからの回復があったと推測される。

　このデータを単純に解釈すると，サハ共和国の先住民にとって伝統的食料はそこまで重要でないようにも思われる。しかし世帯が自ら食料を生産するというのは，家計への負の所得ショックを緩和するという意義もある。たとえばサハにおいては，ソ連崩壊後の混乱期において，高齢者世帯が他の世帯のウシの世話をし，その代わりに後者から牧草の提供を受けるということが広く行われていたことが報告されている(Larsen et al., 2014)。また，世帯が

自ら生産した食料が，主要なカロリー源というよりは微量栄養素の提供という意味で重要な役割を果たしているという可能性もある。

4　将来の気候変動の深刻化がサハ共和国の先住民に及ぼす影響

　第2節において，家計への影響あるいは栄養の確保という観点から，気候変動の先住民への食への影響を議論した。調査データの全体的な傾向から浮かび上がるのは，サハ共和国の村落に居住する先住民世帯の多くが現金所得を得ており，その意味で彼らが基本的に既に市場経済のなかに組み込まれた形で生活を送っているということである。しかしながら所得水準がロシアやサハの平均に比べて低いという問題もある。食料に関しても，伝統的な食料確保手段をすべて放棄したというわけではないが，市場的手段で必要な食料の多くを得ている。

　それを踏まえると，今後居住地周辺の自然環境が気候変動により大幅に変化したとしても，それによって直ちに栄養不足が生じ人々の生存が危うくなるということはないと考えられる。むしろ気候変動により動植物の生育条件が変化することの一次的影響は，世帯自らの伝統的な方法による食料獲得が困難になり，代替的に市場で購入する食料を増やす必要が出てくるということである。それによって他の用途に充てられる家計支出を減少させなければならなくなる（家計が圧迫される）という状況につながる。気候変動下における先住民村落居住者の食の確保を図るうえで最優先となるのは，まずは彼らの所得水準の向上や貧困の削減ということになるだろう。

　しかしながら，先住民自らによる食料獲得が困難になるというのは，そのような経済的な影響以外の影響も人間に及ぼし得る。たとえば先住民が伝統的な食料獲得を行わなくなることによるアイデンティティの喪失，またコミュニティにおける人間関係の希薄化，そしてそれらに伴うメンタルヘルスへの影響が指摘されている（Constable et al., 2022, p. 2340）。さらには既に進行している都市部への人口集中の傾向にも影響してくることが考えられる。

　先住民村落世帯の家計と食の特徴を知ることは，今後の気候変動適応のあ

り方についても示唆を与える。気候変動に関する政府間パネル（IPCC）の定義によれば（Ara Begum et al., 2022），気候変動影響のリスクの大きさは，極端気象現象などへの曝露（exposure）の大きさとコミュニティや個人などの脆弱性（vulnerability）の複合によって決まるとしている。脆弱性は，変化への感受性（sensitivity）と適応能力（adaptive capacity）の複合で決定されるとしている。このうちの「適応能力」については，様々な行動変容や技術導入により人為的に高めることが可能である。

　実際に，学術文献においても今後サハでさらに加速する環境変化への適応方策についての議論がなされている。たとえばトナカイの飼育については，自然の植生から得られる飼料のみでなく人間が補助的に飼料を与えることにより飼料の不足を補完する方法があるという議論も存在する。また，土地の所有権あるいは使用権について仕組みを柔軟にし，トナカイの所有者がより自由にトナカイを移動させることができるようにすると飼料の不足や傷害・死亡リスクの緩和が図られると考えられる。また，栽培農業については，収穫の時期や収穫を行う地域を変えるという適応方策も考えられる（Meredith et al., 2019, p. 263）。地域レベルでの気候の変化は過去にも起こっており，先住民コミュニティはその時々に生活様式を変化に適応させてきた。そのような先住民の知識は将来の気候変動への適応においても有用であると考えられる（Huntington et al., 2017）。

　気候変動は家計の食への支出を増やす要因となり得るが，これは逆に言うと，世帯の経済状態が他の要因によって改善することで食料の購入が容易になれば食の問題が緩和するという，気候変動適応の方向性を示唆するものでもある。実際，気候変動はサハにとって少なくとも短中期的な将来においては産業活動を促進する要因でもあり，地域の人々の所得向上のための機会ともなり得る。たとえば気候変動に伴う海氷の縮小は，北極域の海運や観光の分野で新たな経済的機会を創出する。あるいは陸上の雪氷が縮小することで資源採掘がより容易になるかもしれない。また，漁業資源の北遷により，サハの高緯度沿岸域での商業漁業の規模を拡大できるという可能性もある。しかしながら，これらの経済的便益が先住民世帯に還元されなければもちろん

気候変動適応の方策とはなり得ない。

　気候変動の人間影響は，寒冷地であるサハ共和国においては地球上の他の多くの地域とはやや異なる傾向がある。具体的には，極端気象現象の増加などの明確な負の影響が今後ますます顕在化してくると予想されている一方，気候の温暖化による農作物の収量増加などの正の影響というのも存在すると予測されている。気候変動への適応方策の導入を図りつつ，温暖化によって創り出される新たな機会を積極的に活用していくことが期待される。もちろん長期的には「地球の沸騰化（global boiling）」とも言えるような地球気候システムの根本的かつ不可逆な変化を回避することは必要であり，そのためには二酸化炭素排出削減をはじめとした気候変動の緩和のための取り組みを全世界的に進めていくことが求められることは言うまでもない。

注

1) 具体的には，2021年6月から2022年4月にかけて各村落で調査を行っている。18村落のうち1村落については当初収集したデータに欠陥があり，2023年7月から8月にかけて再度調査を行った。
2) 村落名（ロシア語）はそれぞれ Харыялах，Рассолода。
3) ロシア統計庁が算出している「最低生活費（прожиточный минимум）」に年齢で重み付けした世帯人数をかけ合わせた値。

第8章 健　康——気候変動と資源開発の影響

武田友加

1　はじめに

　気候変動と人々の健康の関係については多くの研究者が関心を寄せており，とりわけ，高温・低温など気温と健康(特に死亡率)の関係について多数の分析が行われている(Basu and Samet, 2002; Carleton and Hsiang, 2016; Carleton et al., 2022; Curriero et al., 2002; Dell et al., 2014; Deschênes and Greenstone, 2011; Gasparrini et al., 2015; Hales et al., 2014; Lian et al., 2020; Patz et al., 2005; Romanello et al., 2023 など)。多くの研究が明らかにしているように，気温が人々の健康に影響することは確かではあるが，それ以外の要因も健康に影響する(Hsiang, 2015; Hsiang and Kopp, 2018)。気候変動の健康に対する影響の大きさを捉えるためにも，社会経済的要因など気候変動以外の要因も考慮したうえで，気温の健康への影響を分析することが必要であろう。しかし，社会経済的要因も考慮したうえで，気温と健康の関係について分析した研究はそれほど多くない(Dell et al., 2014)。また，ロシア，さらに，ロシア北極域の気温と死亡率に関する研究は極めて少ないのが現状である(Donaldson et al., 1998; Otrachshenko et al., 2017; 2018; 2019; Revich and Shaposhnikov, 2022)。

　本章では，上述の研究上のギャップを埋める試みの1つとして，社会経済的要因もモデルに組み込み，ロシア非北極域との比較を通して，ロシア北極域とサハ共和国における気候変動(気温)が健康(死亡率)に与える影響を分析する。2024年現在，サハ共和国の国土の52.2%が北極地帯に属しているが，

後述のように，ロシア非北極域と比べても，サハ共和国を含めたロシア北極域の温暖化は顕著である．北極域のような寒冷地における気候変動が健康に与える影響を考察することは，寒冷地の温暖化への警鐘をいっそう強く鳴らすことになるであろう．

　北極域をめぐる観点は，気候変動だけにとどまらない．ロシアでは，2014年に「2020年までのロシア北極地帯の社会・経済発展」国家プログラムを設定するなど，北極政策に対する継続的な取り組みが展開されており，その主な優先事項として北極域の天然資源開発があげられる（ポロネンコ・グレイジク，2019）．北極域の資源開発が，生態系や地球温暖化に影響を与え，その結果，人々の生業に影響を与えていることは広く知られているが（Newell and Henry, 2017），健康にも影響を与えている可能性がある．なお，健康は，OECDのウェルビーイングの定義において，生活の質（QOL）を規定する重要な構成要素の1つとされている（Stigliz et al., 2018）．そこで，本章では，北極域で展開されてきた資源開発が人々の健康に及ぼす影響についても考察することにしたい．

　本章では，気候変動や資源開発がロシア北極域，とりわけ，サハ共和国の人々の健康（死亡率）にどのような影響を与えているのかを，ロシア非北極域との比較に基づき明らかにする．まず，第2節において，気温と死亡率，および，それらの関係を，ロシアの北極域と非北極域，サハ共和国とそれ以外の北極域について概観する[1]．そして，第3節では，パネル・データ分析で用いるデータの構築について述べ，続く第4節では，北極域と非北極域，さらに，サハ共和国とそれ以外の北極域における，気温と資源開発（産業構造）が健康に与える影響を比較分析するためのモデルを提供する．第5節では，第4節で示したモデルを用いて，ロシアの北極域と非北極域との比較分析，サハ共和国とサハ共和国以外の北極域との比較分析を行い，その結果を詳細に述べる．気候変動（気温）と資源開発（産業構造）に対するサハ共和国の人々の健康の脆弱性を明らかにすることは，ロシアにおける北極政策の光と影への理解の一助になるであろう．

2 気候変動と健康

2-1 気候変動

　ロシア北極域の気温上昇の速度は，ロシア非北極域よりも速い。図1は，1901年から2022年にかけての，ロシア北極域と非北極域の年間平均気温および5年間平均気温の推移を示している。2020年を終点として，5年間平均気温が3℃上昇するのに，非北極域は75年余りの年数がかかったのに対し，北極域は50年ほどしかかからなかった。また，2℃上昇に要した年数は，非北極域は35年ほど，北極域は20年ほど，1℃上昇に要した年数は，非北極域は10年ほど，北極域は8年ほどであった。いずれの地域も1℃上昇に要した年数は短くなっており，気温上昇の速度は加速している。
　サハ共和国は北極域に含まれるが，サハ共和国以外の北極域と比べても，

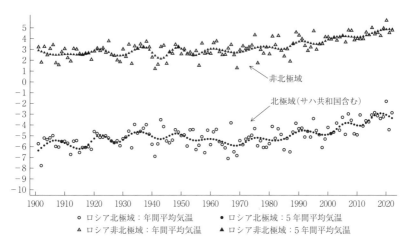

図1　ロシア北極域と非北極域の気候変動(1901〜2022年)(単位：℃)

　注：ロシア北極域には，サハ共和国(ヤクーチア)のほか，ムルマンスク州，ネネツ自治管区，ヤマル・ネネツ自治管区，チュコト自治管区，カレリア共和国，アルハンゲリスク州，コミ共和国，クラスノヤルスク地方が含まれる。
　出所：世界銀行のClimate Changeから作成。

190　第 3 部　家計と健康

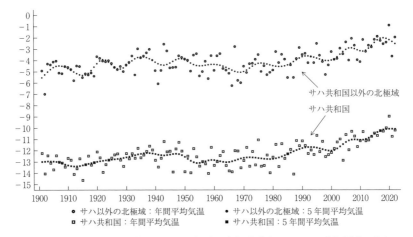

図 2　サハ共和国とその他のロシア北極域の気候変動（1901〜2022 年）（単位：℃）
注：図 1 に同じ。
出所：図 1 に同じ。

気温上昇の速度が速い。図 2 は，1901 年から 2022 年にかけての，サハ共和国とそれ以外の北極域の年間平均気温および 5 年間平均気温の推移を示している。2020 年を終点として，サハ共和国とそれ以外の北極域の 5 年間平均気温の変化を見てみると，1℃ および 2℃ 上昇に要した年数はほぼ同じであるが，3℃ 上昇するのに，サハ共和国は 40 年ほど，それ以外の北極域は 50 年ほどを要した。サハ共和国は，非北極域だけでなく，サハ共和国以外の北極域よりも速い速度で気温上昇が起こっている。

2-2　健　　康——死亡率と罹患率

図 3 は，サハ共和国，その他のロシア北極域，および，ロシア非北極域の粗死亡率の推移（2000〜2020 年）を示している。ここで，粗死亡率は，人口 1,000 人当りの年間死亡者数の割合を示している。2003 年以降，粗死亡率が下落傾向にあること，ただし，新型コロナウィルス感染症の影響で 2020 年に粗死亡率が高まったことなど，基本的に，いずれの地域も粗死亡率に関して同様の低下トレンドが見られた。

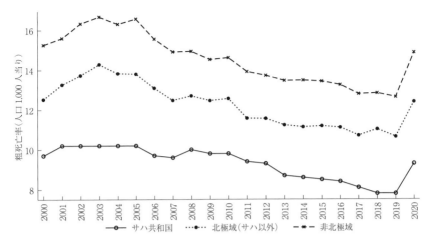

図3 死亡率の推移：サハ共和国，その他の北極域，非北極域

注：図1に同じ。
出所：To Be Precise から作成。

表1 人口構成（単位：%）

	2010年			2022年		
	サハ共和国	北極域 (サハ以外)	非北極域	サハ共和国	北極域 (サハ以外)	非北極域
生産年齢人口	63.9	64.4	61.3	59.7	58.9	56.7
年少人口	23.3	18.9	17.2	23.9	20.1	19.2
老年人口	12.8	16.7	21.6	16.4	20.9	24.6

注：生産年齢人口は，2010年は男性が16～59歳，女性が16～54歳，2022年は男性が16～61歳，女性が16～56歳。
出所：Rosstat(2023a)から作成。ただし，非北極域に，クリミア共和国とセヴァストポリ市は含めていない。

　粗死亡率は，年齢構成の影響を除去していない指標のため，高齢者が多い地域では高い水準を示すことが多く，ロシアでもこの傾向が看取できる（図3）。サハ共和国，その他のロシア北極域，および，非北極域の老年人口は，それぞれ，2010年は12.8％，16.7％，21.6％，2022年は16.4％，20.9％，24.6％であった（表1）。なお，1967年以来，ロシアの老齢年金の支給開始年齢は，男性は60歳，女性は55歳であったが，2018年の年金改革により，

支給開始年齢が，男性は65歳，女性は60歳へと段階的に引き上げられることになった(武田，2023)。そのため，2010年の老年人口は男性が60歳以上，女性が55歳以上であるのに対し，2022年の老年人口は，男性は62歳以上，女性は57歳以上となっている。サハ共和国，その他の北極域，非北極域のいずれも，2010年と比べて2022年の老年人口が3.0～4.2％ほど上昇しているが，年金受給開始年齢の引き上げも影響していると考えられる。ただし，この点を考慮に入れても，サハ共和国の老年人口の割合は，その他の北極域や非北極域と比べて低いことに変わりはなく，そのため，粗死亡率が相対的に低くなっていると考えられる。

　サハ共和国の粗死亡率は低いが，罹患率(疾病全般)は非北極域と比べて高いと言える($p<0.05$)[2]。また，サハ共和国の罹患率は，2013年頃に，その他の北極域の罹患率(疾病全般)と同程度の水準を示し，上昇の速度も速かった(図4)。感染症，循環器系疾患，呼吸器系疾患，その他の外因による疾患などのうち，ロシアで罹患率が高い疾病は，呼吸器系疾患，その他の外因による疾患であり，呼吸器系罹患率に関しては，その他の北極域と同様に，サ

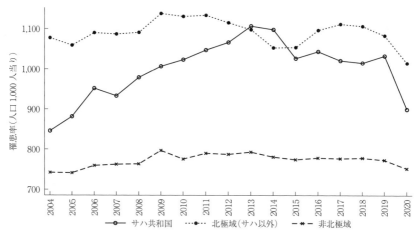

図4　罹患率(疾病全般)の推移：サハ共和国，その他の北極域，非北極域
注：図1に同じ。
出所：図3に同じ。

ハ共和国でも罹患率が高いだけでなく，上昇速度も速かった(図5)。また，その他の外因等の罹患率に関しては，非北極域やその他の北極域が低下トレンドを示すなか，サハ共和国については2004〜2017年にかけて上昇トレンドが見られた(図6)。

　その他の外因等の罹患には，猛暑による熱中症なども含まれるため，温暖化の罹患率への影響が疑われる。また，呼吸器系罹患については，シベリアやロシア極東での森林火災を原因とする煙の吸引の影響が想定できる。実際，ロシア国内外の多くのメディアで報道されてきたように，近年，サハ共和国では森林火災が多発し，火災鎮火まで数か月を要するほどその火災範囲は広大である[3]。1995〜2004年には森林火災が506件(平均)発生し，火災範囲は2,530 km²(平均)に及んだ(Narita et al., 2020)。また，2005〜2014年には，546件(平均)の森林火災，火災範囲は4,211 km²(平均)，2015〜2018年はわずか3年間に389件(平均)の森林火災，火災範囲は1万405 km²(平均)となった。タバコの投げ捨てなど人為的発生が原因の1つでもあるが，多くの専門家が，気候変動による気温上昇を原因としてあげている。

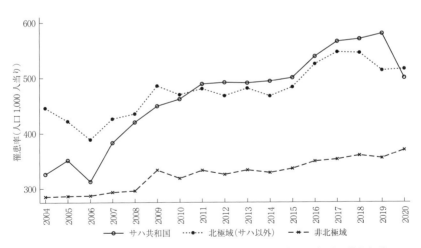

図5　罹患率(呼吸器系疾患)の推移：サハ共和国，その他の北極域，非北極域
注：図1に同じ。
出所：図3に同じ。

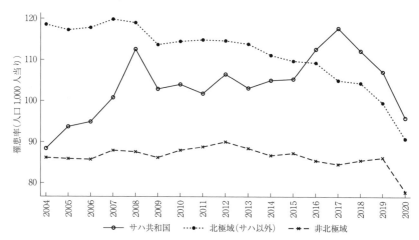

図6　罹患率(その他の外因等)の推移：サハ共和国，その他の北極域，非北極域
注：図1に同じ。
出所：図3に同じ。

2-3　気温と死亡率

気温は，死亡率だけでなく罹患率にも影響しているが(Patz et al., 2005 など)，罹患率には，生活習慣や遺伝など個人的要因も大きく影響すると考えられる。ただし，第3節で論じるように，本章の分析で使用するデータは，各連邦構成主体のマクロデータであり，個人や家計のミクロデータは使用していない。また，第3節で示すように，本章では気候変動に関連するデータとして気温を使用するが，McGeehin and Mirabelli(2001)によれば，暑さが罹患率に及ぼす影響は，暑さと死亡率の相関と比べて定かではない。そこで，本章では，罹患率と気温の関係については分析の対象外とすることにし，死亡率と気温の関係に焦点を当てることにした[4]。

　一般に，気温と死亡率の関係は，U字型，J字型，V字型など非線形の曲線を描き，地域や人口の特性によって異なることが指摘されている(Yin et al., 2019; Dimitriadou et al., 2022 など)。そこで，まず，ロシアについて気温と死亡率の相関関係を調べたところ，2000～2019年のロシア全体の死亡率

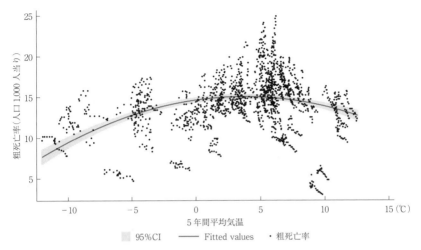

図7 死亡率と5年間平均気温の関係(2000〜2019年):ロシア全体
出所:世界銀行のClimate Change, To Be Preciseから作成。

と5年間平均気温の相関係数は0.212であり、統計的にプラスに有意であった($p<0.01$)。また、北極域と非北極域における、同時期の死亡率と5年間平均気温の相関係数は、前者は0.534、後者は0.050であり、いずれも統計的にプラスに有意であった(前者が$p<0.01$、後者が$p<0.1$)。つまり、ロシア全体の気温と死亡率の相関関係はプラスであり、その値は非北極域よりも北極域の方が大きかった。

ただし、気温の死亡率への影響は複雑であり、線形ではない可能性がある。図7は、2000〜2019年のロシア全体における死亡率と5年間平均気温の関係、図8は同時期の非北極域と北極域の死亡率と5年間平均気温の関係を示している。図示されているように、ロシア全体でも、北極域や非北極域の地域グループ別でも、気候変動の死亡率への影響は非線形であることが疑われる。そこで、予備的分析として、プールド回帰分析を実行したところ、5年間平均気温の二乗項の係数が、ロシア全体と非北極域についてはマイナス、北極域はプラスとなり、いずれも1%水準で統計的に有意であった(表2)。これらを統合的に解釈すると、対象とした期間については、ロシアの気温と

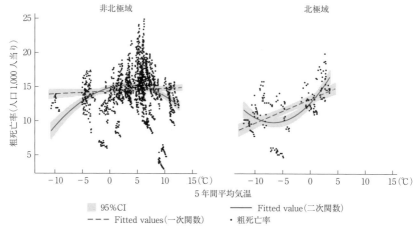

図8　5年間平均気温と粗死亡率の関係(2000〜2019年):ロシアの北極域と非北極域
注:図1に同じ。
出所:図7に同じ。

表2　気候変動の死亡率への影響(2000〜2019年):プールド回帰分析

被説明変数:死亡率	ロシア全体		非北極域		北極域	
	(1)	(2)	(3)	(4)	(5)	(6)
5年間平均気温	0.144***	0.216***	0.039**	0.219***	0.354***	0.857***
	(0.017)	(0.016)	(0.019)	(0.024)	(0.034)	(0.099)
5年間平均気温(2乗)		−0.030***		−0.035***		0.064***
		(0.002)		(0.003)		(0.011)
切片	13.747***	14.622***	14.366***	14.879***	13.280***	12.697***
	(0.088)	(0.108)	(0.100)	(0.117)	(0.217)	(0.237)
N	1,640	1,640	1,460	1,460	180	180
Adjusted R-squared	0.0441	0.1274	0.0018	0.0772	0.2812	0.3927

注:*** $p<0.01$, ** $p<0.05$。括弧内はロバスト標準誤差。
出所:第3節のデータから作成。

死亡率の関係はJ字型の曲線に近い可能性がある[5]。そこで,以下のパネル・データ分析では,気温の影響の非線形性も考慮するために,5年間平均気温の二乗項を含めたモデルも推計する。

第 8 章 健　康　197

3　データ

　気候変動の死亡率への影響を考察するにあたり，2000 年から 2019 年までの期間を対象とし，ロシア連邦構成主体を個体とするパネル・データを構築した[6]。気候変動の関連データとしては気温データ（5 年間平均気温）を使用し，各連邦構成主体の気温データは世界銀行の Climate Change Knowledge Portal から入手した[7]。同ポータルからは，年間平均気温のデータも入手可能であるが，気候変動の影響を捉えるには，単年の平均気温よりも，複数年の平均気温を使用する方が，死亡率に対するその影響の大きさを捉えやすいと考え，5 年間平均気温を使用することにした。

　人々の健康は，気温だけでなく，気温以外の社会経済的要因にも影響される。健康に影響を与える社会経済的要因としては，所得水準，居住地域の産業構造，生活習慣，保健・医療サービスの質などが考えられる（Deaton, 2003; 2008 など）。本章では，連邦構成主体のマクロ経済変数として捉えることのできる，所得水準，産業構造，保健・医療サービスの質といった社会経済変数を分析モデルに組み込み，気温（気候変動）が死亡率（健康）に及ぼす影響を分析する。なお，これらの社会経済変数については，ロシア統計庁のデータ等をデータベース化してオープンデータとして公開している To Be Precise のデータセット「ロシア地域の社会経済指標」を活用した[8]。

　本分析で使用した変数の記述統計量は表 3 を参照されたい。

4　分析モデル

4-1　気温の死亡率への影響——基本モデルと交差項モデル

　ロシア北極域と非北極域，さらに，サハ共和国とその他のロシア北極域における，気温と資源開発が死亡率に与える影響を比較分析するにあたり，まず，気温の影響に関するモデルとして，以下の 2 つの基本モデルを考える

表 3　記述統計量

変数名	定義	観測数	平均	標準偏差	最小値	最大値	データの出所
H	粗死亡率(人口1,000人当りの死亡者数)	1,640	14.25	3.46	3.00	24.90	To Be Precise
気候変動変数：							
TEMP	5年間平均気温(摂氏)	1,640	3.49	5.07	−12.03	12.52	世銀
TEMP²	5年間平均気温の2乗(摂氏)	1,640	37.88	35.82	0.00	156.75	筆者作成
地域ダミー：							
ARC	ロシア北極域ダミー	1,640	0.11	0.31	0	1	To Be Precise
社会経済変数：							
dependency	老年人口指数(生産年齢人口1,000人に対する老年人口)	1,640	359.06	100.74	64.00	586	To Be Precise
income_pc_1000	1人当り平均名目貨幣所得(1,000ルーブル)	1,640	16.64	13.27	0.59	84.27	To Be Precise
alcohol_10	アルコール消費支出の割合	1,627	0.18	0.06	0.01	0.53	To Be Precise
doctor	人口1万人当りの医師数(全分野)	1,640	47.07	10.06	20.5	87.2	To Be Precise
hospital_bed	人口1万人当りの病床数	1,640	104.04	24.27	41.9	252.7	To Be Precise
social_transfer	1人当りの現物社会移転(1,000ルーブル)	1,640	30.15	30.27	1.50	262.88	To Be Precise
資源開発変数：							
INDUST_10	鉱工業生産指数/10	1,640	10.51	1.05	4.32	27	To Be Precise
pollution_air_1000	大気汚染(1,000 t)/1,000	1,640	0.27	0.52	0.0001	4.18	To Be Precise
pollution_water	水質汚染(100万m³)/1,000	1,640	0.20	0.28	0	2.66	To Be Precise
year	年次	1,640	2009.50	5.77	2000	2019	To Be Precise

(表4)。なお，本節で示すモデルの推計結果の詳細については次節で提示する。

基本モデル1

$$H_{it} = \beta_0 + \beta_{TEMP1} TEMP_{it} + \beta_{ARC} ARC_i + X_{it,k} \beta_k + \alpha_i + year_t + u_{it}$$

表4 気候変動の死亡率への影響：基本モデルと交差項モデル

被説明変数：死亡率	基本モデル1	基本モデル2	交差項モデル1	交差項モデル2
平均気温(5年間平均)	0.413***	0.388***	0.367**	0.465***
	(0.127)	(0.131)	(0.148)	(0.153)
平均気温(5年間平均)の2乗		−0.019		−0.028
		(0.013)		(0.018)
北極域ダミー				
平均気温(5年間平均)×北極域ダミー			0.138	0.054
			(0.315)	(0.372)
平均気温(5年間平均)の2乗×北極域ダミー				0.027
				(0.022)
1人当り平均名目貨幣所得	−0.039*	−0.036*	−0.040*	−0.033
(1,000ルーブル)	(0.021)	(0.021)	(0.020)	(0.021)
アルコール消費支出の比率(/10)	−1.884**	−1.667*	−1.860*	−1.641*
	(0.944)	(0.960)	(0.962)	(0.957)
医者の数(人口1万人当り)	−0.023	−0.023	−0.024	−0.023
	(0.019)	(0.019)	(0.019)	(0.019)
病床数(人口1万人当り)(年末)	0.021***	0.022***	0.021***	0.021***
	(0.006)	(0.006)	(0.006)	(0.007)
1人当り社会移転(現物，1,000ルーブル)	0.021**	0.016*	0.020**	0.016*
	(0.008)	(0.009)	(0.008)	(0.009)
老年人口指数	−0.005***	−0.005***	−0.005***	−0.005***
	(0.002)	(0.002)	(0.002)	(0.002)
年トレンド	−0.133***	−0.118***	−0.129***	−0.118***
	(0.029)	(0.032)	(0.031)	(0.032)
切片	281.115***	251.760***	273.430***	252.721***
	(57.600)	(63.048)	(60.991)	(63.344)
固定効果	Yes	Yes	Yes	Yes
N	1,627	1,627	1,627	1,627
Adjusted R-squared	0.712	0.714	0.712	0.714
Log likelihood	−1,886.00	−1,880.78	−1,885.49	−1,878.62
Prob>F	0.000	0.000	0.000	0.000

注：*** $p<0.01$，** $p<0.05$，* $p<0.1$。固定効果推定のモデルを採用。カッコ内はロバスト標準誤差。

基本モデル 2

$$H_{it} = \beta_0 + \beta_{TEMP1} TEMP_{it} + \beta_{TEMP2} TEMP_{it}^2 + + \beta_{ARC} ARC_i + \boldsymbol{X}_{it,k}\boldsymbol{\beta}_k + \alpha_i + year_t + u_{it}$$

上式において，添字 t は年度，添字 i は連邦構成主体を指しており，H_{it} は死亡率，$TEMP_{it}$ は5年間平均気温，$TEMP_{it}^2$ は5年間平均気温の二乗項，ARC_i はロシア北極域ダミー，α_i は連邦構成主体 i の固定効果，$year_t$ は年トレンド，β_0 は切片，u_{it} は誤差項を表している。また，社会経済変数群である $\boldsymbol{X}_{it}$ は k 個の説明変数から構成されており，上式では，1人当り平均名目貨幣所得(1,000ルーブル)，アルコール消費支出の割合，医師数(全分野)，病床数，1人当り現物社会移転(1,000ルーブル)，老年人口が含まれている(変数の定義の詳細については，表3を参照)。なお，上記モデルにおいて，β_{TEMP1}，β_{TEMP2}，β_{ARC}，および，$\boldsymbol{\beta}_k$ は推定すべきパラメータであり，気温が死亡率を高めている場合は，β_{TEMP1} がプラスの値，また，気温の影響が加速している場合は，β_{TEMP2} がプラスの値となることが予想される。

本研究の関心の1つは，北極域と非北極域のいずれにおいて，気温の影響がより顕著であるかを明らかにすることである。そこで，北極域と非北極域の影響の差を考察するために，以下の交差項モデルも推定する(表4)。

交差項モデル 1

$$H_{it} = \beta_0 + \beta_{TEMP1} TEMP_{it} + \beta_{TEMP2} TEMP_{it}^2 + + \beta_{ARC} ARC_i + \beta_{INT1} ARC_i \times TEMP_{it} + \boldsymbol{X}_{it,k}\boldsymbol{\beta}_k + \alpha_i + year_t + u_{it}$$

交差項モデル 2

$$H_{it} = \beta_0 + \beta_{TEMP1} TEMP_{it} + \beta_{TEMP2} TEMP_{it}^2 + + \beta_{ARC} ARC_i + \beta_{INT1} ARC_i \times TEMP_{it} + \beta_{INT2} ARC_i \times TEMP_{it}^2 + \boldsymbol{X}_{it,k}\boldsymbol{\beta}_k + \alpha_i + year_t + u_{it}$$

上記の交差項モデルにおいて，推定すべきパラメータは，β_{TEMP1}，β_{TEMP2}，β_{INT1}，β_{INT2}，および，$\boldsymbol{\beta}_k$ となる。北極域において，気温の影響がより顕著である場合は，β_{INT1} がプラスの値，また，気温の影響が加速している場合は，β_{INT2} がプラスの値を示すと予測される。

4-2 資源開発の死亡率への影響——二段階最小二乗法モデル

次に，気温に加え，資源開発が死亡率に与える影響を比較分析するためのモデルを提示したい。気温に影響すると考えられる資源開発に関する変数として，原油や天然ガスの採掘など炭化水素資源の抽出によって生じる大気汚染や水質汚染，資源開発に関する生産活動を反映する鉱工業生産指数があげられるだろう。ここで，これらの資源開発変数が死亡率に影響を及ぼす経路として，以下の2つが想定できる。第1の経路は，資源開発変数である大気汚染，水質汚染，鉱工業生産指数が気温に影響することを通して，資源開発が死亡率に間接的に影響するというルート（経路1）である。そして，もう1つの経路は，資源開発変数のうちの少なくとも1つが，死亡率に直接影響するというルート（経路2）である。

経路1を考慮したモデルは，以下のような二段階最小二乗法モデル（2SLSモデル1）として表すことができる（表5）。なお，2SLSモデルでは，北極域と非北極域の比較の際，北極域と非北極域にデータを分割したうえで，それぞれの地域についてモデルの推定を行った。

2SLS モデル1：第2段階に資源開発変数を含まないモデル（経路1）

第2段階：

$$H_{it} = \beta_0 + \beta_{TEMP1}TEMP_{it} + \beta_{TEMP2}TEMP_{it}^2 + \boldsymbol{X}_{it,k}\boldsymbol{\beta}_k + \alpha_i + u_{it}$$

第1段階：

$$TEMP_{it} = \gamma_1 + \gamma_{air1}pollution\_air_{it} + \gamma_{water1}pollution\_water_{it} \\ + \gamma_{INDUST1}INDUST\_10_{it} + year_t + \epsilon_{it}$$

$$TEMP_{it}^2 = \gamma_2 + \gamma_{air2}pollution\_air_{it} + \gamma_{water2}pollution\_water_{it} \\ + \gamma_{INDUST2}INDUST\_10_{it} + year_t + \tau_{it}$$

第1段階の内生変数は気候変動と関連する変数である $TEMP_{it}$ と $TEMP_{it}^2$，操作変数には資源開発変数である大気汚染（$polluton\_air_{it}$），水質汚染

表5 気候変動と資源開発の死亡率への影響:二段階最小二乗法モデル(第2段階)

被説明変数:死亡率	2SLS モデル 1			2SLS モデル 2		
	第2段階:資源開発変数を含まない			第2段階:資源開発変数(INDUST_10)を含む		
	全国	非北極域	北極域	全国	非北極域	北極域
平均気温(5年間平均)	1.970***	2.408***	1.296***	1.980***	3.379***	1.275***
	(0.507)	(0.496)	(0.268)	(0.295)	(0.747)	(0.279)
平均気温(5年間平均)の2乗	-0.209***	-0.160***	0.045	-0.121***	-0.340***	0.045
	(0.040)	(0.060)	(0.028)	(0.044)	(0.069)	(0.028)
資源開発:鉱工業生産指数(/10)				0.007	-0.034	0.057*
				(0.032)	(0.046)	(0.033)
北極域ダミー				12.701**		
				(4.979)		
1人当り平均名目貨幣所得(1,000ルーブル)	-0.007	-0.015	-0.039	-0.044	0.055	-0.036
	(0.036)	(0.034)	(0.032)	(0.030)	(0.048)	(0.032)
アルコール支出比率(/10)	0.460	2.463*	0.104	1.440	1.237	-0.075
	(1.031)	(1.329)	(1.641)	(1.155)	(1.449)	(1.508)
医者の数(人口1万人当り)	-0.013	0.016	0.004	-0.001	0.014	0.008
	(0.030)	(0.036)	(0.034)	(0.030)	(0.037)	(0.034)
病床数(人口1万人当り)(年末)	0.022***	0.057***	-0.018*	0.042***	0.029***	-0.019*
	(0.008)	(0.011)	(0.010)	(0.009)	(0.008)	(0.010)
1人当り社会移転(現物, 1,000ルーブル)	-0.040**	0.006	0.005	-0.0004	-0.058***	0.004
	(0.017)	(0.019)	(0.014)	(0.018)	(0.021)	(0.014)
老年人口指数	-0.006***	-0.011***	-0.023***	-0.009***	-0.008***	-0.023***
	(0.002)	(0.003)	(0.003)	(0.003)	(0.003)	(0.003)
切片	16.946***	7.218**	23.661***	10.037***	12.942***	23.028***
	(2.330)	(2.928)	(1.799)	(2.673)	(3.299)	(1.343)
固定効果	Yes	No	Yes	No	No	Yes
N	1,627	1,447	180	1,627	1,447	180
Prob>chi2	0.000	0.000	0.000	0.000	0.000	0.000

注:*** $p<0.01$, ** $p<0.05$, * $p<0.1$. カッコ内はロバスト標準誤差. 第1段階において、被説明変数は平均気温と平均気温の2乗、操作変数は大気汚染、水質汚染. ただし、2SLS モデル1では、鉱工業生産指数も操作変数.

($pollution\_water_{it}$),鉱工業生産指数($INDUST\_10_{it}$),年ダミー($year_t$)が組み込まれている。また,第2段階の説明変数には,気候変動関連変数の他,社会経済変数 $X_{it,k}$ が含まれている。経路1を考慮した2SLSモデル1において,推定すべきパラメータは,β_{TEMP1}, β_{TEMP2}, および,β_k となる。

資源開発に関する変数のうち,鉱工業生産指数は,大気汚染や水質汚染と異なり,気温と統計的に有意な相関が見られなかった[9]。そこで,経路2を考慮したモデルでは,第1段階の操作変数を大気汚染と水質汚染のみとし,第2段階の説明変数に鉱工業生産指数($INSUST\_10$)を組み入れた(表5の2SLSモデル2)。

2SLSモデル2:第2段階に資源開発変数を含むモデル(経路2)

第2段階:

$$H_{it} = \beta_0 + \beta_{TEMP1}TEMP_{it} + \beta_{TEMP2}TEMP_{it}^2 + \beta_{INDUST}INDUST\_10_{it} + X_{it,k}\beta_k + \alpha_i + u_{it}$$

第1段階:

$$TEMP_{it} = \gamma_1 + \gamma_{air1}pollution\_air_{it} + \gamma_{water1}pollution\_water_{it} + year_t + \epsilon_{it}$$
$$TEMP_{it}^2 = \gamma_2 + \gamma_{air2}pollution\_air_{it} + \gamma_{water2}pollution\_water_{it} + year_t + \tau_{it}$$

経路2を考慮したモデル(2SLSモデル2)において,推定すべきパラメータは,β_{TEMP1}, β_{TEMP2}, β_{INDUST}, および,β_k となる。資源開発を含む鉱工業生産が活発になると死亡率が上昇する場合,β_{INDUST} はプラスの値を示すことになる。

4-3 資源開発の死亡率への影響——サハ共和国とその他の北極域

北極政策によって展開される資源開発が死亡率に与える影響について,サハ共和国とその他のロシア北極域の間で差が存在するかを検証するために,以下のモデル(2SLSモデル3)を推定する(表6)。

表6 サハ共和国における気候変動と資源開発の死亡率への影響：二段階最小二乗法モデル（第2段階）

被説明変数：死亡率	固定効果	ランダム効果	固定効果	ランダム効果
平均気温（5年間平均）	1.261***	1.543***	1.281***	1.553***
	(0.293)	(0.433)	(0.296)	(0.460)
平均気温（5年間平均）の2乗	0.044	0.210***	0.043	0.212***
	(0.028)	(0.062)	(0.029)	(0.066)
サハ共和国ダミー（vs.その他の北極域）		−16.106***		−17.339***
		(4.527)		(4.539)
鉱工業生産指数（/10）	0.058*	−0.007		
	(0.033)	(0.101)		
鉱工業生産指数（/10）×サハ共和国ダミー	−0.037	0.494*		
	(0.062)	(0.268)		
鉱業生産指数（/10）			0.002	−0.003
			(0.001)	(0.004)
鉱業生産指数（/10）×サハ共和国ダミー			0.001	0.059**
			(0.009)	(0.024)
1人当り平均名目貨幣所得（1,000ルーブル）	−0.036	−0.152***	−0.037	−0.152**
	(0.032)	(0.059)	(0.033)	(0.060)
アルコール支出比率（/10）	−0.072	−12.479***	0.313	−12.849***
	(1.512)	(2.626)	(1.574)	(3.179)
医者の数（人口1万人当り）	0.009	−0.284***	0.004	−0.287***
	(0.035)	(0.093)	(0.037)	(0.094)
病床数（人口1万人当り）（年末）	−0.020*	0.018	−0.019*	0.019
	(0.010)	(0.021)	(0.010)	(0.021)
1人当り社会移転（現物，1,000ルーブル）	0.004	0.054***	0.004	0.054***
	(0.014)	(0.014)	(0.015)	(0.014)
老年人口指数	−0.023***	0.004	−0.023***	0.004
	(0.002)	(0.007)	(0.003)	(0.008)
切片	22.992***	25.986***	23.493***	26.361***
	(1.348)	(5.563)	(1.617)	(5.635)
固定効果	Yes	No	Yes	No
N	180	180	180	180
Prob>chi2	0.000	0.000	0.000	0.000

注：*** $p<0.01$, ** $p<0.05$, * $p<0.1$。ロバストHausman検定により固定効果モデルを採択。カッコ内はロバスト標準誤差。第1段階において，被説明変数は平均気温と平均気温の2乗，操作変数は大気汚染，水質汚染。

2SLS モデル 3：サハ共和国とその他の北極域の資源開発の死亡率への影響

第 2 段階：

$$H_{it} = \beta_0 + \beta_{TEMP1} TEMP_{it} + \beta_{TEMP2} TEMP_{it}^2 + \beta_{INDUST} INDUST\_10_{it}$$
$$+ \beta_{sakha} Sakha_i + \beta_{INT3} INDUST\_10_{it} \times Sakha_i + X_{it,k} \beta_k + \alpha_i + u_{it}$$

第 1 段階：

$$TEMP_{it} = \gamma_1 + \gamma_{air1} pollution\_air_{it} + \gamma_{water1} pollution\_water_{it} + year_t + \epsilon_{it}$$
$$TEMP_{it}^2 = \gamma_2 + \gamma_{air2} pollution\_air_{it} + \gamma_{water2} pollution\_water_{it} + year_t + \tau_{it}$$

上式において，$Sakha_i$ はサハ共和国ダミーであり，推定すべきパラメータは，β_{TEMP1}，β_{TEMP2}，β_{INDUST}，β_{INT3}，および，β_k である。その他の北極域と比べ，サハ共和国における資源開発が住民の健康により深刻な影響を及ぼしている場合，β_{INT3} はプラスの値となる。

5 推計結果

第 4 節で提示したすべてのモデルについて，固定効果推定とランダム効果推定を行い，ロバスト Hausman 検定に基づき推定モデルを選定した。以下，各モデルの推計結果を述べることにしたい。

表 4 は，気温の死亡率への影響に関するモデルであり，基本モデル 1 および 2，交差項モデル 1 および 2 の推定結果を示している。気温により死亡率が高まっている場合は，5 年間平均気温の係数 β_{TEMP1} がプラスの値，また，気温の影響が加速している場合は，5 年間平均気温の二乗項の係数 β_{TEMP2} がプラスの値となることが予想された。実際，気温の係数 β_{TEMP1} については，いずれのモデルにおいてもプラス（0.367〜0.465）かつ統計的に有意であり，気温が高いと死亡率が高まることが確認された（交差項モデル 1 のみ $p<0.05$，それ以外のモデルは $p<0.01$）。

なお，交差項モデルにおいて，気温と北極域ダミーの交差項の係数 β_{INT1}，および，気温の 2 乗と北極ダミーの交差項の係数 β_{INT2} は，いずれも，統計

的に非有意であった。しかし，いずれの係数もプラスの値を示しており，後述する二段階最小二乗法モデル（2SLS モデル）の推計結果も踏まえて考慮すると，非北極域と比べ，北極域では，より高い気温がより高い死亡率と結び付く傾向がいっそう強まることが疑われる。

表5は，資源開発の死亡率への影響の経路を考慮しながら，気温と資源開発の死亡率への影響を考察した 2SLS モデルの推計結果を示している。資源開発の影響の経路を考慮した 2SLS モデルにおいても，気温の係数 β_{TEMP1} の値がいずれの地域区分でもプラス（1.275〜3.379）となり，より高い気温がより高い死亡率につながることが確認された（$p<0.01$）。また，気温の 2 乗の係数 β_{TEMP2} については，ロシア全体と非北極域の値はマイナス（-0.340〜-0.121）となり，かつ，基本モデルや交差項モデルと異なり，統計的に有意となった（$p<0.01$）。なお，表4の交差項モデルでの結果と同様に，2SLS モデルでも，北極域では気温の 2 乗のパラメータ β_{TEMP2} がプラスの値（0.045）を示した。統計的に非有意ではあるが，表4での推計結果も合わせて，非北極域と比べ，北極域では，気温が死亡率を高める傾向が加速していると想定できるであろう。一方，資源開発の死亡率への影響については，資源開発変数の鉱工業生産指数の係数 β_{INDUST} が，非北極域では統計的に非有意であったのに対し，北極域では統計的にプラス（0.057）に有意となった（$p<0.1$）。北極域において，資源開発が住民の死亡率を高めていると考えられる。

表6は，サハ共和国とその他の北極域について，二段階最小二乗法モデルを用いて，気候変動と資源開発が死亡率に及ぼす影響を推計した結果を示している。ここでは，鉱工業生産指数だけでなく，代わりに，鉱業生産指数を組み入れたモデルも推計した[10]。なお，ロバスト Hausman 検定により，固定効果推定が採択されたが，表6では，参考としてランダム効果推定の結果も提供している。鉱工業生産指数とサハ共和国ダミーの交差項の係数は，固定効果推定においては統計的に非有意でマイナス（-0.037）であるのに対し，ランダム効果推定ではプラス（0.494）で統計的に有意であった（$p<0.1$）。また，鉱業生産指数とサハ共和国ダミーの交差項は，固定効果推定では統計的に非有意であるがプラスの値（0.001）となり，また，ランダム効果推定において

も値はプラス(0.059)，かつ，統計的に有意であった($p<0.05$)。これらの結果を統合的に解釈すると，サハ共和国において，少なくとも，他の北極域と同様に，資源開発に関わる経済活動が住民の健康に影響を与えており，また，その影響が他の北極域と比べ深刻である可能性が疑われる。

6　おわりに

　ロシアの世論調査センターであるレヴァダ・センターによると，21世紀に人類が直面しているとロシア人が考える地球規模の最大の脅威は，第1位が環境汚染(48％)，第2位が国際テロ(42％)，第3位が武装衝突・戦争(37％)，第4位が気候変動・地球温暖化(34％)であった(選択肢から複数回答可)[11]。また，Pew Research Center の国際比較によれば，地球規模の気候変動が自国への脅威となると認識している人(2017年)は，アメリカが59％，フランスが83％，ポーランドが55％であるのに対し，ロシアは43％にとどまった(Otrachshenko et al., 2019)。地球規模の問題として認識はしているが，ロシア人の自国への気候変動の影響への認識は，国際的に見ても高いとは言えず，「自分事」としての認識が低い。

　本研究で明らかにしたように，寒冷地が領土の多くを占めるロシアでも，温暖化が進むなか，より高い気温がより高い死亡率と結び付き，かつ，その傾向は加速しており，気温上昇という気候変動が死亡率を高めていると想定される。また，統計的に有意な結果ではなかったが，気温と北極域ダミーの交差項はプラスであり，非北極域と異なり，北極域においては気温が健康により影響を及ぼしており，また，またその影響の速度も増している。さらに，北極域が国土の約5割を占めるサハ共和国では，その他の北極地帯と比べ，資源開発に関わる経済活動が住民の健康により深刻な影響を及ぼしている可能性も疑われる。サハ共和国を含め北極域の人々の健康は，気候変動と資源開発に対してより脆弱な状況に置かれていることを，北極政策に関わるすべてのステークホルダーは強く認識し，住民との対話や情報提供に基づき開発を進める必要があるであろう。

注

1) 2024年現在，ロシア北方政策におけるロシア北極地帯の定義には，サハ共和国（ヤクーチア）のほか，ムルマンスク州，ネネツ自治管区，ヤマル・ネネツ自治管区，チュコト自治管区，カレリア共和国，アルハンゲリスク州，コミ共和国，ハンティ・マンシ自治管区，クラスノヤルスク地方が含まれる（序章参照）。ただし，本章のパネル・データ分析で取り扱う分析対象期間は，ハンティ・マンシ自治管区が北極地帯の定義に含まれていなかった2000年から2019年であるため，本章の北極域には，ハンティ・マンシ自治管区を含めていない。

2) 罹患率とは，ある集団で一定期間に新たに診断された疾病者の数を，その集団のその期間の人口で割った値（国立がん研究センター，日本疫学会のウェブサイトなど）。なお，感染症，呼吸器系疾患，その他の外因による疾患のいずれに関しても，非北極域よりも北極域（サハ共和国を含む）において罹患率が高かった（$p<0.05$）。

3) МИР 24（«Якутия в огне: дым от природных пожаров может дойти до Москвы» 2021.08.14），東京新聞（「ロシア山林火災，今年だけで日本の半分の面積消失　21世紀で最悪　温暖化影響が深刻」2021年11月2日），CNN（「拡大する北方林火災，地球温暖化の「時限爆弾」になる可能性　衛星データ解析で判明」2023.03.03）など多数。

4) 実際，気候変動と罹患率の相関関係は北極域も非北極域も小さく，年間平均気温については，それぞれ，0.062と0.038，5年間平均気温については，0.083と0.031であった（いずれも5％水準で非有意）。

5) 人間の気温への順応性の指標である最低死亡温度（minimum mortality temperature）は，国や地域によって異なる（Yin et al., 2019; Dimitriadou et al., 2022）。一般的に，最低死亡温度は，寒冷地域では比較的低く，温暖地域では比較的高い温度になる傾向がある。

6) ロシアの公表データでは，クリミア共和国とセヴァストポリ市が連邦構成主体に含まれているが，本章の分析ではこれらの地域を分析対象単位から外した。

7) Climate Change Knowledge Portalのサイト［https://climateknowledgeportal.worldbank.org/］。

8) ロシア語はЕсли быть точным。サイトはhttps://tochno.st/。プロジェクト「Если быть точным」は，ロシアの様々な地域の社会問題に関するオープンデータと研究を提供するプラットフォームである。なお，同プロジェクトのパートナーは，体制崩壊後のロシアの社会科学研究を支えてきたNew Economic School（РЭШ）やHigher School of Economics（ВШЭ）などであり，ポターニン財団などから資金援助を得て活動している。

9) 有意水準10％でも，5年間平均気温と有意な相関が見られなかった。

10) ロシア語では，鉱工業生産指数はиндексы промышленного производства，鉱業生産指数はиндексы производства по виду экономической деятельности «Добыча полезных ископаемых»。

11) 2020年2月18日付プレスリリース［https://www.levada.ru/en/2020/02/18/

environmental-problems/]。

第9章 住　　　宅——政策，市場，現状

道上真有，トゥヤラ・ガヴリリエワ，アルチョム・ノヴィコフ

1　はじめに

　サハ共和国の住宅事情はいくつかの点で，ロシア連邦の平均的な地域とは異なる特色を持つ。その1つは，サハ共和国が位置する地理的，気候的条件がもたらす集合住宅建築の特色である。サハ共和国内の集合住宅では，他の北極域の集合住宅と同じく高床式の構造を持つ集合住宅が多い(図1)。これは凍結した地表と構造物を分離することで建物からの熱を冷まし，永久凍土の融解を防ぎ，構造物の安定を維持するロシア北極域都市部の集合住宅に共通する特色である。現在は温暖化による地表温度の上昇で，集合住宅の倒壊や別の都市への建替を伴う住替を余儀なくされるケースも北極域では散見される(Zamyatina et al., 2021)。

　そのためサハ共和国の集合住宅の建設には，杭を使った特殊な建築技術が必要となる。このことからサハ共和国をはじめとする北極域の住宅建設費は他の地域と比べて相対的に高いのが特徴である。このことは後述するサハ共和国の住宅価格が，建設省が定める住宅建築単価を基準に流通する住宅市場形成やその価格形成のあり方にも深く影響を及ぼしている。

　逆にサハ共和国のヤクーツクやヴィリュイスク，ニュルバ周辺に労働移動や都市化が集中し，地表温度が上昇していることで生活環境が悪化するケースの研究もある(桐村ほか，2021)。サハ共和国内の都心部に新築住宅建設が増え，さらに周辺市街地が拡大することで永久凍土の融解・荒廃が起こり，住生活をはじめ生活環境の悪化が懸念されている。このように都市住宅への

図1　サハ共和国ヤクーツク市の集合住宅
出所：ヤクーツク市内，筆者撮影。

関心は，永久凍土の融解との関係でも高いものがある。永久凍土の融解によって住宅の住替が発生することは，住民およびサハ共和国財政にも負担を強いることになる。

一方，都市の住宅事情は，温暖化や人口変動に加えて連邦政府主導の住宅政策の影響も受ける。都市住宅やその市場とはかけ離れた農村部の戸建や移動式住宅から雇用を求めて都市部へ人々がひとたび移動すれば，人々の住生活は連邦政府の住宅政策に基づくいわば官製住宅市場の変動の波にもさらされることになる。本章ではこの点に着目し，主にサハ共和国内の都市部の集合住宅事情と住宅政策およびその市場流通(分譲市場)を中心に論じる。

2　サハの住宅市場

2-1　住宅市場価格

サハ共和国の住宅事情のもう1つの特色は，集合住宅の住替や増加する新築集合住宅が流通する住宅市場構造が他の地域とは異なる点にある[1]。ロシアの住宅市場では，相互に関連する新築市場と中古市場の2つの分野がある。

1つは建設会社が新築住宅を販売する新築住宅市場で，もう1つは個人投資目的または住宅事情改善のために住宅，アパート，土地区画を売買する個人が主体となる中古住宅市場である。サハ共和国ではこのうち，新築住宅市場でロシア建設省（サハ共和国支部）が定める住宅建築単価を基準に流通させるいわば官製住宅市場が流通している点で特徴がある。これは上述したようにサハ共和国の集合住宅建設コストが高いため，価格変動の中心が建設コストの変動に依存する点にある。

　あくまでも流通主体は，ロシアで全国展開する大手や地元の民間不動産業であり，店舗やインターネット等を通じて住宅が流通している。しかしその民間不動産業者が，建設省の定める建築単価を基準に価格を形成している点で独特である。実際の流通にはこの建築単価を基準に需給動向が加味された価格が流通することになるが，他の連邦地域構成主体，特に非北極域の連邦構成主体に見られる民間の需給動向が住宅価格に主要な影響をもたらす市場は，ヤクーツク市などの一部の都心部を除いてほぼ存在しないのが大きな特徴である。

　したがって，市場需給が加味されたいわゆる住宅市場価格としてサハ統計機関が発表する住宅価格統計はサハ共和国全体の平均価格しかない。サハ共和国内の郡別の住宅価格分布を求めて分析しようとしても，郡別の住宅価格統計は，建設省が郡別に定めた住宅建築単価そのものしか公式統計としては存在しない。郡別の住宅市場価格データが統計機関や不動産サイトにさえ掲載されていない理由の1つは，共和国の人口の大半が中心地であるヤクーツク市に移動する傾向にあり，各郡に住宅不動産の需要が少ないためである。後述するように郡内では新規住宅建設や住宅の流通量そのものが少なく，郡内のさらに小さい行政単位の市町村区では，相対取引のいわゆる場当り的に合意された価格で売買されることになる。そのため市場としての規模が非常に小さく，サハ共和国の住宅に関する先行研究でも郡別の住宅事情を比較考察している研究は非常に少ないのが実情である。

　たとえば，サハ共和国の首都ヤクーツク市，ヤクーツク市に近接するジャタイ市[2]と，ヤクーツク市から南東200 kmに位置する人口1万6,855人

(2021年)のアムガ郡の価格は，表1の通りとなる。アムガ郡では郡内に14の居住区域があるが，すべて同じ建築単価が適用される。アムガ郡の2021年の住宅(建築)単価は，「木造」で6万5,655ルーブル，「速成」で7万3,369ルーブル，「石造」で8万3,429ルーブルと定められ，郡内にある14の居住区すべてに，この同じ価格が適用される(表1)。サハ共和国内の郡別の住宅価格データは，この建築単価基準しか公表されていない。

さらに住宅建築単価が基準になっていることから，その価格区分も他の非北極域と異なる。たとえば通常のロシアの住宅価格統計では，新築の集合住宅の場合，「標準」，「中級」，「高級」の3つの住宅区分，中古住宅ではそこに「低級」を加えた4つの住宅区分で1 m^{2}当りの価格が示される。一方サハ共和国の統計では，「木造」，「速成住宅(通常の標準型に相当)」，「石造(レンガ)」の，主に外壁の材質と工法に基づいた3つの住宅区分で定められた建築単価が流通する住宅の価格基準となる。

外壁の材質や工法による区分は，ロシアでは中古住宅ストック分布やその価格帯に使われることが多い(道上，2018；2023b)。またロシアの外壁のなかで「レンガ造」は，標準型の住宅よりは比較的高値で取引される(道上，2018)。このことから，表2の「石造」の建築単価が，ロシアの住宅価格統計の「中級」から「高級」クラス，「速成」の建築単価が「標準」クラス，「木造」の建築単価が戸建住宅の単価に相当すると考えられる。

表2は，サハ共和国の2つの都市と郡別の新築住宅建築基準単価である。この価格を基準に住宅価格単価とする以外に，域内の郡別の住宅価格データは公式統計としては存在しない。サハ共和国内の各経済地帯の平均単価で見ると，北部(北極)地帯の平均建築単価が高いことが明らかである。

一方，ロシア連邦統計では，サハ共和国全体の住宅平均単価が全住宅，標準住宅，中級住宅の3区分で発表されている(表3参照)。高級住宅区分での価格データは，サハ共和国に関しては公表されていない。ロシア統計庁並びにサハ統計機関が発表するサハ共和国の住宅単価統計には，建設省が設定した建築単価と，需要と供給から生じる市場価格の両方が存在する。連邦統計によるサハ共和国の平均住宅単価と建設省が決定した建築単価とを照らし合

表1 サハ共和国アムガ郡内の新築住宅(建築)単価(単位：ルーブル/m²)

	2018			2019			2020			2021		
	木造	速成	石造	木造	速成	石造	木造	速成	石造	木造	速成	石造
ヤクーツク市	53,213	59,766	69,371	58,285	64,775	74,846	60,004	66,686	77,085	64,324	71,489	86,329
ジャタイ市	53,223	59,834	69,413	58,285	64,775	82,944	60,004	66,686	77,085	64,324	71,489	86,329
アムガ郡	54,549	61,453	73,151	59,489	66,480	78,775	61,245	68,440	81,099	65,655	73,369	83,429
居住区												
アバガ												
アルタン												
アムギノ＝ナハリン												
アムガ												
ベチュン												
ボルゲル												
マイ	54,549	61,453	73,151	59,489	66,480	78,775	61,245	68,440	81,099	65,655	73,369	83,429
ミャンディギン												
サタガイ												
ソモルスン												
スルガチン												
チャキル												
チャプチルガ												
エミ												

出所：サハ統計機関提供資料、サハ共和国建設省令[https://minstroy.sakha.gov.ru/]から作成。

表 2 サハ共和国部別新築住宅平均単価（単位：ルーブル/m²）

	2018			2019			2020			2021		
	木造	速成	石造	木造	速成	石造	木造	速成	石造	木造	速成	石造
サハ共和国 (平均)	61,077	69,695	85,935	66,219	75,146	92,627	68,552	77,801	95,782	73,709	83,684	96,908
中部地帯 (平均)	54,124	60,945	71,357	59,196	65,994	77,697	60,974	67,972	79,773	65,392	72,902	83,328
ヤクーツク市	53,213	59,766	69,371	58,285	64,775	74,846	60,004	66,686	77,085	64,324	71,489	86,329
ジャタイ市	53,223	59,834	69,413	58,285	64,775	82,944	60,004	66,686	77,085	64,324	71,489	86,329
アムガ	54,549	61,453	73,151	59,489	66,480	78,775	61,245	68,440	81,099	65,655	73,369	83,429
ゴールヌイ	55,023	62,052	73,151	60,221	67,227	78,840	61,998	69,210	81,165	66,463	74,195	83,539
コビャイ	54,420	61,290	72,168	59,576	66,409	77,821	61,959	69,065	81,165	66,421	74,039	85,180
メギノ・カンガラス	53,687	60,364	70,624	58,792	65,417	76,328	60,526	67,347	78,579	64,885	72,198	80,709
ナム	53,945	60,691	70,810	59,069	65,767	76,328	60,527	67,348	83,436	65,191	72,583	81,271
タッタ	54,937	61,943	73,720	59,904	67,005	79,386	61,671	68,981	81,727	66,112	73,949	84,158
ウスチ・アルダン	54,420	61,290	71,632	59,351	66,305	77,146	61,102	68,261	79,422	65,502	73,177	81,927
ハンガラス	53,309	60,147	67,673	58,607	65,183	73,409	60,336	67,106	75,574	64,681	71,939	80,950
チュラプチャ	54,635	61,562	73,214	59,581	66,596	78,843	61,338	68,560	81,168	65,755	73,498	82,784
西部地帯 (平均)	55,647	63,294	76,583	60,855	68,106	82,295	62,650	70,115	84,722	67,162	75,165	88,875
ヴェフルネヴィリュイ	55,066	62,106	74,992	60,268	67,284	80,740	62,045	69,269	83,121	66,513	74,258	87,605
ヴィリュイ	54,851	61,834	74,479	60,037	66,993	80,265	61,808	68,970	82,632	66,259	73,937	86,659
レナ	54,006	60,366	75,205	58,793	65,418	81,045	60,527	67,348	83,436	64,886	72,199	88,616
ミールヌイ	59,226	71,677	86,273	66,118	74,695	91,938	68,068	76,898	94,649	72,970	82,436	94,492
ニュルバ	55,885	62,922	75,428	60,734	68,056	81,218	62,526	70,063	83,614	67,029	75,109	89,514
オリョクマ	54,739	61,176	72,949	59,255	66,184	78,216	61,003	68,137	80,523	65,396	73,044	83,315
スンタル	55,756	62,977	76,757	60,780	68,114	82,644	62,573	70,123	85,081	67,079	75,173	91,923
南部地帯 (平均)	48,660	55,689	67,022	54,217	62,213	72,216	55,816	64,047	74,346	63,660	73,500	83,006
アルダン	49,613	57,176	66,723	54,629	65,140	71,879	56,240	67,061	73,999	60,290	71,891	76,498
ネリュングリ	47,706	54,202	67,321	53,805	59,285	72,553	55,392	61,033	74,693	67,029	75,109	89,514

北部(北極)地帯(平均)	72,480	82,894	107,848	77,136	89,025	115,443	80,376	92,764	120,291	86,165	99,445	121,522
アブイー	70,801	80,521	102,162	75,646	86,930	110,399	78,823	90,581	115,036	84,500	97,105	130,073
アッライホフ	71,328	80,774	105,651	76,063	87,458	114,079	79,258	91,131	118,870	84,966	97,695	127,809
アナバル	81,421	88,935	143,332	82,775	95,954	154,075	86,252	99,984	160,546	92,463	107,185	147,001
ブルン	64,640	73,203	84,224	69,628	79,313	91,321	72,552	82,644	95,156	77,778	88,596	107,403
ヴェルフネコリマ	67,571	81,397	101,243	73,748	84,528	106,992	76,845	88,078	111,486	82,380	94,421	133,505
ヴェルホヤンスク	78,882	94,783	114,852	85,586	102,226	123,518	89,181	106,519	128,706	95,604	114,191	121,174
ジガンスク	69,555	72,174	79,509	70,924	80,954	85,597	73,903	84,354	89,192	79,225	90,429	98,618
モマ	70,862	83,980	111,468	76,731	88,304	117,756	79,954	92,013	122,702	85,712	98,639	130,656
ニジネコリマ	69,824	79,194	97,333	74,226	85,133	103,975	77,343	88,709	108,342	82,914	95,098	116,873
オレニョク	71,942	85,368	113,051	77,451	89,215	118,371	80,704	92,962	123,343	86,516	99,657	108,137
スレドネコリマ	68,467	77,899	98,243	73,424	84,118	105,698	76,508	87,651	110,137	82,018	93,963	129,423
ウスチ・ヤナ	81,052	92,650	130,281	85,923	99,938	139,562	89,532	104,135	145,424	95,980	111,635	113,275
エヴェノ・ブィタンタイ	75,891	86,741	120,676	80,646	93,258	129,410	84,033	97,175	134,845	90,085	104,174	115,834
東部地帯(平均)	58,108	68,856	78,859	65,179	73,606	86,219	67,358	76,106	88,375	72,209	81,587	68,052
オイミャコン	63,221	80,285	86,978	72,024	82,346	93,610	75,049	85,805	97,542	80,455	91,985	105,028
トンボ	54,178	62,217	74,107	61,809	69,191	83,760	62,730	70,322	82,883	67,248	75,386	9,002
ウスチ・マヤ	56,926	64,065	75,491	61,703	69,281	81,286	64,295	72,191	84,700	68,925	77,390	90,126

注:ヤクーツク市、ジャタイ市以外はすべて部を指す。サハ共和国、各地帯の平均値は筆者計算。
出所:サハ共和国建設省令[https://minstroy.sakha.gov.ru]から作成。

表3 サハ共和国集合住宅平均単価(単位:ルーブル/m²)

	新築(市場価格表示)			中古(市場価格表示)			
	全住宅	標準	中級	全住宅	低級	標準	中級
2018	71,746.18	70,343.55	76,029.00	73,173.94	75,438.22	69,026.04	80,039.00
2019	80,461.33	75,694.32	84,602.32	88,545.22	…	78,252.29	95,966.09
2020	95,812.65	91,424.80	101,360.70	88,280.58	…	77,273.30	91,191.90
2021	111,273.72	106,617.22	117,895.10	84,124.05	…	77,462.02	90,632.48
2022	122,865.23	126,365.59	115,736.18	119,013.87	…	120,376.16	95,150.08
2023	137,721.54	137,414.03	138,985.66	124,187.93	85,513.19	128,701.05	110,305.73

	新築(建築価格表示,表2より)			
	全住宅	木造	速成	石造
2018	72,235.55	61,076.94	69,694.83	85,934.86
2019	77,997.35	66,219.06	75,145.97	92,627.03
2020	80,711.69	68,551.50	77,801.28	95,782.31
2021	84,767.05	73,709.25	83,684.17	96,907.72

出所:市場価格表示はサハ統計機関発表の各年第4四半期データ。建築価格表示は表2の年間データ。建築価格表示の全住宅の値は表2の木造,速成,石造住宅からの筆者計算平均値。

わせたものが表3である。

　表3を見ると,市場価格表示の2018年の中級クラス,2019年の標準,中級クラスの価格で,新築住宅単価より中古住宅単価の方が上回っていることが分かる。これはモスクワ市やそのほかの都市などでも共通に見られた現象である(道上ほか,2010;道上,2018)。ロシアでは新築住宅は内装工事のないいわゆる「スケルトン」での売買が主流だった時期がある。購入後にさらに内装工事負担がかさむ新築住宅を敬遠し,内装完備で比較的立地のよい中古住宅に需要が集まったため,中古住宅価格が新築住宅価格を上回ることが各地で多く見られた。最近では内装付きで販売される新築住宅も増えており,サハ共和国でも2020年以降は新築住宅単価が中古住宅単価を上回るようになっていることが分かる。また後述するが,2020年以降,連邦政府の住宅政策として新築住宅にのみ利用できる低金利住宅ローンの優遇制度が導入されていることから,ロシアでは新築住宅に需要が集まり,単価の上昇が著しい。

　サハ共和国内では住宅市場流通がヤクーツク市とその周辺部に集中してい

る。その理由は，ヤクーツク市では市場経済への移行後，集落システムの求心力モデルが形成されたことが関係している（Gavrilyeva and Kolomak, 2017）。ソ連時代に共和国内で分散した小さな集落の人々は，より大きな集落，たとえば地域の中心部に移動する傾向があることが Gavrilyeva and Kolomak(2017)の実証分析で明らかとなっている。そして多くの農村住民が最終目的地としてヤクーツク市を選ぶ。この共和国内で起きた人口移動の傾向は，首都ヤクーツク市の住宅市場の発展を左右する要因となっている。

　図2と表4から，都市開発と都市への人口流入は首都ヤクーツク市に集中していることが分かる。19世紀末，共和国全人口に占めるヤクーツク市人口の割合はわずか2％であったが，1989年から急速に上昇し始め，現在では39.6％に達している（図2参照）。他方でサハ共和国内都市人口に占めるヤクーツク市人口比率は，1897年には71.2％にも達したが，ソ連時代には25.5％（1989年）にまで低下した。ソ連時代は，都市人口が共和国内で分散し，そのなかでヤクーツク市の割合が減少したことに注目すべきである。これは

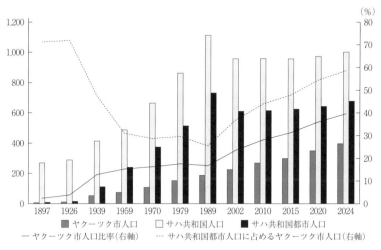

図2　ヤクーツク市への人口集中（単位：1,000人）

注：ヤクーツク市人口はジャタイ市人口を含む。2024年の数値は2024年1月1日発表の人口数，それ以外は人口センサスの人口数を指す。
出所：Gavrilyeva et al.(2019)，サハ統計機関提供資料から作成。

表4　サハ共和国住宅建設面積(単位：m²)と郡別建設シェア(単位：%)

	2018	2019	2020		2018	2019	2020
総面積	530,127	561,875	515,643	南部地帯	4.6	2.3	5.9
サハ共和国	100.0	100.0	100.0	アルダン	1.5	2.2	4.7
中部地帯	81.9	79.9	75.5	ネリュングリ	3.0	0.1	1.1
ヤクーツク市	64.9	62.3	53.6	**北部(北極)地帯**	2.0	2.8	2.6
ジャタイ市	1.7	0.7	1.2	アブィー	0.0	0.1	0.0
アムガ	1.6	1.7	2.1	アッライホフ	0.0	0.0	0.0
ゴールヌィ	1.6	1.0	0.8	アナバル	0.3	0.3	0.3
コビャイ	0.3	0.9	0.5	ブルン	0.5	0.1	0.1
メギノ・カンガラス	3.2	3.1	4.1	ヴェルフネコリマ	0.0	0.0	0.0
ナム	2.0	2.2	3.6	ヴェルホヤンスク	0.2	0.3	0.0
タッタ	1.6	1.5	2.0	ジガンスク	0.2	0.3	0.2
ウスチ・アルダン	1.3	1.4	1.2	モマ	0.1	0.2	0.1
ハンガラス	2.0	2.0	3.0	ニジネコリマ	0.0	0.0	0.1
チュラプチャ	1.6	3.1	3.4	オレニョク	0.4	0.3	0.5
西部地帯	10.2	14.3	14.6	スレドネコリマ	0.2	0.7	0.8
ヴェルフネヴィリュイ	1.0	2.3	2.1	ウスチ・ヤナ	0.0	0.3	0.2
ヴィリュイ	2.2	1.6	1.8	エヴェノ・ブィタンタイ	0.1	0.2	0.3
レナ	1.8	2.7	1.3	**東部地帯**	1.4	0.7	1.4
ミールヌィ	1.7	2.0	1.2	オイミャコン	0.1	0.2	0.2
ニュルバ	1.5	2.0	2.4	トンポ	0.7	0.5	1.0
オリョクマ	0.7	1.8	2.7	ウスチ・マヤ	0.7	0.1	0.3
スンタル	1.3	1.9	3.0				

出所：サハ統計機関提供資料から作成。

ソ連政府が，共和国内各地に都市型居住地や工業に特化した小さな町の建設を積極的に支援したためである(Gavrilyeva et al., 2019)。しかし1992年からの市場経済化の結果この傾向は反転し，共和国全人口に占めるヤクーツク市の人口比率だけでなく，都市人口に占めるヤクーツク市人口の比率も58.6％(2024年)に上昇した。このことからサハ共和国の都市化，人口移動と温暖化と住宅問題の関係はヤクーツク市に集中していることがうかがえる。

表4はサハ共和国内の新規住宅建設面積の郡別構成割合を示している。ヤクーツク市だけで新規住宅建設の53.6～64.9％を占めており，表1で紹介したアムガ郡は郡全体でも1.6～2.1％しかない。このことから，モスクワ市などの他の連邦都市の住宅市場と比肩するサハ共和国内の住宅市場は，首都ヤクーツク市に代表されることになる。

首都というヤクーツク市の中心的な地理的要因が，市場経済のなかで人口を急増させ，共和国内の地域間の人口偏在を助長している。この傾向は今後も続くと予測されている。筆者の予測では，ヤクーツク市と近隣集落への都市の拡大を通して同都市周辺地域には総人口50万人を超える大規模な都市集積が発生する見込みである(Gavrilyeva et al., 2019, p. 47)。

なぜサハ共和国内人口がヤクーツク市とその周辺に集まるのか。その理由について，ここではSukneva(2021)のアンケート調査結果が参考になる。Suknevaが2017年にサハ共和国内の1,670人に対して実施したアンケート調査によれば，サハ共和国の農村から都市部へ，そして地方の都市型集落からヤクーツク市へ人口流入が集中する主要な理由として，生活の質の高さ，子供の教育機会，新しい文化の普及，医療の質の高さ，雇用や職種の多さがあげられている(表5参照)。「生活の質」は多様な要素が含まれる項目であるが，本章のテーマである住宅もこのなかに含まれていると考えてよいかもしれない。筆者の経験からも子供の大学進学など，高等教育の機会をきっかけにヤクーツク市に移住するケースは多いと感じる。卵が先か鶏が先かの問題になるが，人口流入するヤクーツク市に新築住宅建設が集中し，新築住宅建設が多く，その結果，中古住宅も含めて住宅供給が多くなるヤクーツク市に生活の質の改善を求めて人口がまた流入するという流れも生じるであろう。

表5 サハ共和国内の居住地変更理由(単位：％)

生活の質の高さ	49.6
子供への高い教育機会	35.0
文化水準の高さ	33.8
医療の質の高さ	31.7
雇用・職種の多さ	16.5
娯楽の多さ	11.7
家族形成，人生設計のため	8.8
自分や子供の健康のため	6.7
知らない場所に住んでみたい	5.4
定住地を探すため	4.4
その他	3.7
不明	3.4

出所：Sukneva(2021)から作成。

したがって，サハ共和国内では住宅市場が大きく2つに分かれる。1つは，建設省が定めた建築単価を基準に，民間不動産会社が市場流通の主体となり，市場の需給を反映した住宅市場が形成されているヤクーツク市と市郊外に拡大する周辺部も含めた首都圏市場である。もう1つは，建築単価を基準に相対取引で合意した価格で細々と流通する郡内住宅市場である。

2-2　連邦主導住宅政策とサハ共和国の住宅事情

ロシア連邦政府は，国民に手の届く価格で住宅を購入させることを目的に，これまで様々な住宅建設や住宅購入を促進する政策を実施してきた(Zavisca, 2012; Khmelnitskaya, 2015；道上ほか，2010；道上，2018；2023a)。その具体的な数値目標は，3人家族標準で54 m^{2}の住宅を3年の年収倍率で供給，購入できることとされ，連邦平均で概ねその目標値は達成されてきた。Minchenko and Nozdrina (2017, pp. 194-196)が計算した連邦構成主体別の年収倍率では，サハ共和国全体では2008年，2014年とも3年以上4年未満の年収倍率であった。表6の建築価格を基準に計算したサハ共和国全体の平均値でも，連邦政府の掲げる目標値には到達していることがうかがえる。

サハ共和国内の郡別の住宅価格データが得られず，住宅建築価格の郡別データも2018年から2020年までしか入手できないため，本章では住宅建築価格を基準にして2018年から2020年までの住宅価格の年収倍率を計算した。郡別の平均貨幣所得を年収換算し，1世帯2人の勤労所得があるものとし，平均建築単価に基づいて標準面積54 m^{2}の住宅価格換算に対する年収倍率で見た住宅取得可能性(アフォーダビリティ)を計算した結果が表6である。通常，年収倍率で見る住宅取得可能性は，市場価格表示の住宅価格の年収倍と定義される。年収倍率が高いほど住宅取得可能性が低くなることを意味し，ロシアでは政策目標として適度な年収倍率は3年と定められている。しかし，サハ共和国の郡別の住宅市場価格が入手できないため，ここではその近似値として建築価格表示の住宅単価をもとに年収倍率を計算した。実際の取引では，建築価格表示を基準に需給動向が加味された価格で売買が成立している。表3の2019～2021年の各第4四半期の市場価格表示の新築住宅単価は，

第9章 住　宅

表6　住宅建築価格を基準にした住宅年収倍率

	2018			2019			2020		
	木造	速成	石造	木造	速成	石造	木造	速成	石造
サハ共和国(平均)	2.2	2.5	3.1	2.2	2.5	3.1	2.2	2.5	3.0
中部地帯(平均)	2.4	2.7	3.2	2.5	2.7	3.2	2.3	2.6	3.1
ヤクーツク市	1.8	2.0	2.4	1.9	2.1	2.4	1.9	2.1	2.4
ジャタイ市	2.1	2.3	2.7	2.1	2.4	3.0	2.0	2.2	2.6
アムガ	2.6	2.9	3.5	2.7	3.0	3.6	2.6	2.9	3.4
ゴールヌィ	2.6	2.9	3.4	2.6	2.9	3.4	2.5	2.8	3.3
コビャイ	2.4	2.7	3.2	2.4	2.7	3.1	2.3	2.5	3.0
メギノ・カンガラス	2.5	2.9	3.3	2.6	2.9	3.4	2.5	2.7	3.2
ナム	2.6	2.9	3.4	2.6	2.9	3.4	2.5	2.7	3.4
タッタ	2.5	2.9	3.4	2.6	2.9	3.4	2.5	2.7	3.2
ウスチ・アルダン	2.6	2.9	3.4	2.6	2.9	3.4	2.5	2.8	3.3
ハンガラス	2.4	2.7	3.0	2.5	2.7	3.1	2.4	2.6	2.9
チュラプチャ	2.7	3.0	3.6	2.7	3.0	3.6	2.6	2.9	3.4
西部地帯(平均)	1.9	2.2	2.6	2.0	2.2	2.7	1.9	2.1	2.6
ヴェルフネヴィリュイ	2.5	2.8	3.4	2.6	2.9	3.5	2.5	2.8	3.4
ヴィリュイ	2.5	2.8	3.4	2.6	2.9	3.4	2.4	2.7	3.2
レナ	1.5	1.7	2.1	1.6	1.8	2.2	1.5	1.7	2.1
ミールヌィ	1.3	1.6	1.9	1.4	1.6	2.0	1.4	1.6	2.0
ニュルバ	1.9	2.2	2.6	2.0	2.2	2.7	1.9	2.1	2.5
オリョクマ	1.8	2.0	2.4	1.8	2.1	2.4	1.8	2.0	2.3
スンタル	2.5	2.9	3.5	2.6	2.9	3.5	2.5	2.8	3.4
南部地帯(平均)	1.6	1.8	2.2	1.6	1.9	2.2	1.5	1.8	2.1
アルダン	1.6	1.8	2.2	1.6	2.0	2.2	1.5	1.8	2.0
ネリュングリ	1.5	1.7	2.2	1.6	1.8	2.2	1.5	1.7	2.1
北部(北極)地帯(平均)	2.5	2.8	3.7	2.4	2.8	3.7	2.5	2.8	3.7
アブィー	2.5	2.9	3.6	2.5	2.9	3.7	2.5	2.8	3.6
アッライホフ	2.5	2.8	3.6	2.6	3.0	3.9	2.5	2.9	3.7
アナバル	1.7	1.8	3.0	1.6	1.8	2.9	2.0	2.3	3.7
ブルン	1.9	2.2	2.5	1.9	2.2	2.5	1.9	2.1	2.5
ヴェルフネコリマ	2.3	2.8	3.5	2.3	2.6	3.3	2.4	2.7	3.4
ヴェルホヤンスク	3.3	4.0	4.8	3.4	4.0	4.9	3.2	3.9	4.7
ジガンスク	2.9	3.0	3.3	2.7	3.1	3.3	2.6	3.0	3.2
モマ	3.1	3.7	4.9	3.1	3.6	4.7	2.9	3.4	4.5
ニジネコリマ	2.5	2.9	3.5	2.4	2.8	3.4	2.3	2.7	3.2
オレニョク	1.9	2.2	3.0	1.8	2.1	2.8	1.9	2.2	2.9
スレドネコリマ	2.8	3.2	4.0	2.8	3.2	4.1	2.8	3.2	4.0
ウスチ・ヤナ	2.7	3.1	4.3	2.8	3.2	4.5	2.7	3.2	4.4
エヴェノ・ブィタンタイ	3.6	4.1	5.7	3.4	3.9	5.4	3.4	3.9	5.4
東部地帯(平均)	1.9	2.3	2.6	1.8	2.0	2.4	1.6	1.8	2.1
オイミャコン	1.8	2.2	2.4	1.5	1.8	2.0	1.4	1.6	1.8
トンポ	2.1	2.4	2.8	2.1	2.4	2.9	1.9	2.1	2.5
ウスチ・マヤ	2.0	2.2	2.6	1.9	2.1	2.5	1.7	1.9	2.2

出所：サハ統計機関発表貨幣所得データ，表2から作成。

2019〜2021年の建築価格表示の年間平均住宅単価を上回っている[3]。このことから表6の建築価格で計算された年収倍率も，実際の住宅市場価格に基づけばさらに高くなる（住宅取得可能性は低くなる）可能性が見込まれる。

表6の計算結果からは，貨幣所得が低く，建設コストの高い北部（北極）地帯の複数の郡で他の郡よりも年収倍率が高い傾向が出ている。北部地帯での住宅流通が少なく，統計的に把握し通常の市場分析手段で推し量ることには限界があるかもしれない。しかし，表2の北部地帯の住宅建築単価が高いことから，同地帯の地理的遠隔さによる建築物資の輸送コスト高や気候条件に伴い建設できる期間が短いことなどが，同地帯の住宅建築単価の高水準要因として考えられる。したがって同地帯の住宅住替に伴う住宅取得には，建築コストの変動に起因する取得難が予想される。

連邦政府の住宅政策では，1人当りの住宅面積を 21.7 m^2 とすることが目標とされてきた。ソ連時代の住宅面積はそれより狭かったからである。サハ共和国では，戸建住宅より相対的に狭い集合住宅の割合が高いヤクーツク市とジャタイ市の1人当り住宅面積が狭く，政府の目標値を下回っている（表7）。このほか，北部地帯のアナバル郡，エヴェノ・ブィタンタイ郡の1人当り住宅面積が狭く，これら農村居住区域や先住少数民族が多い地域で住宅面積が狭いことが特徴としてあげられる。建築コストが高い北部地帯の住宅住替が他の地帯より進まず，1人当り住宅面積が小さく出る可能性も考えられよう。民族の伝統的な生活形態が原因で1人当り住宅面積が小さいのかどうかは，今後の研究課題である。

サハ共和国の住宅市場の大半は，ヤクーツク市の新築・中古住宅市場のセグメントであるが，住宅事情と住宅問題のもう1つの側面は，社会的弱者に対する政府の義務履行に関連する分野である。これは住宅住替が必要な住宅弱者の世帯に対して地域政府が住替用の住宅を提供する住宅セグメントである。

ロシアでは，2011年からほぼ毎年，テレビの生放送でプーチン大統領と国民との直接対話が開催される。全国の国民が会場と直接つながるホットラインでプーチン大統領に住宅改善への政府支援を要請し，その要請に応じる

表7　1人当り住宅面積（単位：m²）

	2018	2019	2020		2018	2019	2020
サハ共和国平均	22.5	23.2	23.5	南部地帯	24.7	24.4	25.3
中部地帯	21.4	22.7	22.9	アルダン	26.5	26.0	29.8
ヤクーツク市	19.4	21.2	21.5	ネリュングリ	23.8	23.5	23.0
ジャタイ市	17.9	17.7	18.0	北部(北極)地帯	23.7	23.8	24.1
アムガ	26.0	26.3	26.5	アブィー	25.0	24.9	25.5
ゴールヌイ	23.4	23.5	23.5	アッライホフ	23.4	23.4	23.1
コビャイ	24.3	24.7	24.7	アナバル	16.0	16.3	16.5
メギノ・カンガラス	29.7	30.0	30.1	ブルン	20.3	19.9	21.6
ナム	22.5	22.8	23.3	ヴェルフネコリマ	29.5	29.4	29.5
タッタ	25.8	26.2	26.6	ヴェルホヤンスク	25.6	25.3	25.7
ウスチ・アルダン	26.3	27.0	27.3	ジガンスク	22.2	23.0	22.7
ハンガラス	22.9	23.0	23.2	モマ	27.9	25.0	24.6
チュラプチャ	24.9	25.6	26.3	ニジネコリマ	25.5	25.7	26.0
西部地帯	23.3	23.6	23.7	オレニョク	21.7	25.2	24.8
ヴェルフネヴィリュイ	20.3	20.5	20.7	スレドネコリマ	23.3	23.8	23.9
ヴィリュイ	22.6	22.9	23.0	ウスチ・ヤナ	25.7	26.1	26.1
レナ	26.0	26.5	26.5	エヴェノ・ブィタンタイ	18.9	18.7	18.8
ミールヌイ	20.6	20.8	20.6	東部地帯	25.6	25.2	25.5
ニュルバ	27.0	27.4	27.6	オイミャコン	25.5	26.4	26.6
オリョクマ	24.7	25.0	25.5	トンポ	24.1	24.1	24.2
スンタル	25.6	26.2	26.3	ウスチ・マヤ	28.2	25.8	26.6

出所：サハ統計機関提供資料から作成。

プーチン大統領の姿が見られる毎年の恒例行事である（道上，2025）。より広い家や設備の整った住居への住替需要は，市場での自助努力でかなえるしかない。

しかし，本章の冒頭で言及した環境等の要因で住居が損壊するなど，居住そのものが困難となり地域政府による支援が必要と認定される場合には，地域政府が住替用の公営賃貸住宅を提供して人々の住宅問題に対処する制度が住宅法典で定められている（道上（2010），およびロシア連邦住宅法典第19項（2004年12月29日採択），ロシア連邦法第185号（2007年7月21日採択），ロシア連邦政府決定第47号（2006年1月28日採択）参照）。これに加えて，不動産を持たない孤児のような一部の社会的弱者は，成人に達した時点で，

表 8　サハ共和国政府から住宅住替が必要と認定された世帯数分布（単位：％）

	2018	2019	2020		2018	2019	2020
中部地帯	32.6	33.4	33.2	**南部地帯**	2.6	2.1	2.5
ヤクーツク市	13.5	14.9	15.3	アルダン	1.8	1.4	1.6
ジャタイ市	0.3	0.4	0.4	ネリュングリ	0.9	0.7	0.9
アムガ	0.9	1.1	1.3	**北部（北極）地帯**	4.1	3.3	3.2
ゴールヌィ	1.6	1.9	1.7	アブィー	0.2	0.2	0.2
コビャイ	3.2	3.5	3.2	アッライホフ	0.2	0.2	0.2
メギノ・カンガラス	3.0	3.2	3.2	アナバル	0.3	0.1	0.1
ナム	1.3	1.5	1.3	ブルン	0.6	0.4	0.4
タッタ	1.1	1.3	1.1	ヴェルフネコリマ	0.2	0.2	0.2
ウスチ・アルダン	1.0	1.2	1.2	ヴェルホヤンスク	0.5	0.4	0.3
ハンガラス	3.0	3.2	3.3	ジガンスク	0.3	0.3	0.3
チュラプチャ	3.6	1.4	1.3	モマ	0.0	0.1	0.1
西部地帯	9.1	9.8	9.8	ニジネコリマ	0.3	0.3	0.3
ヴェルフネヴィリュイ	0.5	0.6	0.8	オレニョク	0.6	0.2	0.2
ヴィリュイ	1.2	1.4	1.4	スレドネコリマ	0.4	0.4	0.4
レナ	0.8	0.7	0.7	ウスチ・ヤナ	0.2	0.2	0.2
ミールヌィ	0.6	0.7	0.7	エヴェノ・ブィタンタイ	0.2	0.2	0.2
ニュルバ	3.1	3.3	3.1	**東部地帯**	1.6	1.4	1.3
オリョクマ	1.9	1.9	1.9	オイミャコン	0.5	0.5	0.5
スンタル	1.0	1.1	1.1	トンポ	0.9	0.6	0.5
				ウスチ・マヤ	0.2	0.3	0.2

出所：サハ統計機関提供資料から作成。

国から無償で住宅が提供される。

　表 8 は，損壊住宅を含むサハ共和国政府の住替支援が認定された世帯割合を示している。サハ共和国では，中部，西部，北部の順に支援が必要な世帯割合が多い。郡別ではヤクーツク市が圧倒的に多い。都市集合住宅の居住改善の問題は，ほぼヤクーツク市に集中していると考えられる。

2-3　住宅ローンと政府の低金利住宅ローン政策

　連邦政府主導の住宅政策には，もう 1 つの支援策として政府の補助によって低金利の住宅ローンが利用できる制度がある。たとえば国家優先プロジェクト「人口」に基づいて実施されている子供を産んだ母親に住宅購入資金を

支給する母親資本制度や，2人以上の子供を育てる35歳未満の若年世帯に対する低金利優遇ローン制度がある（コルビナ，2023；道上，2023a）。また，婚姻状況や子供の有無を問わずすべての成人が利用可能な優遇住宅ローン制度も2020年から2024年6月30日までの期間に導入された。この制度は住宅ローンの市場金利が14〜15％水準のところを上限7％に優遇する政府の補助制度である。当初2022年までとされていたものが2024年6月30日まで延長されたことで，ロシアのウクライナ侵攻後もローン利用の駆け込み需要が生じ，2023年は過去最高の融資残高を記録したほどであった（服部，2024a；道上，2025）。

　これら連邦全土に一律で導入された優遇ローン制度に加えて，医療従事者のための優遇住宅ローンや，ITスペシャリストのための優遇住宅ローン制度もある。また地域限定で導入される優遇住宅ローン制度もあり，モスクワ州，沿海地方，バシコルトスタン共和国，ロストフ州，サマラ州，チュバシ共和国では，地域政府の補助で優遇住宅ローン制度が導入されている。サハ共和国では，連邦政府の補助で極東連邦管区と北極域限定の優遇住宅ローン制度が利用できる。

　この制度は，2020年から極東連邦管区を対象に導入され，2024年からは北極域（ムルマンスク州，ネネツ自治管区，ヤマル・ネネツ自治管区，カレリア共和国，コミ共和国，クラスノヤルスク地方，アルハンゲリスク州，ハンティ・マンシ自治管区）にも拡大されて，期限も2024年から2030年12月31日までに延長された。この制度は子供がいる35歳未満の成人が対象で，チュコト自治管区とマガダン州は中古物件購入にも利用できるが，それ以外は新築住宅購入のみに上限金利2％の優遇金利が利用できる。頭金として販売価格の15％の支給もあり，融資額上限は600万ルーブル（ロシア平均融資額は2022〜2024年で300〜400万ルーブル，サハでは400〜480万ルーブル）である。これら様々な住宅ローンの優遇制度は，新築住宅購入時に利用できるものがほとんどであることから，新築建設の増加と，新築住宅価格の上昇と，優遇制度を適用できる世帯の住宅ローン利用の拡大とが連動している可能性が高い。

2022年のサハ共和国の平均住宅単価(年平均)は12万4,119ルーブル，2023年は14万6,862ルーブルであることから(ロシア統計機関発表)，標準54 m²に換算すれば，670万ルーブルから793万ルーブルが販売価格となる。ロシアでは2022年，2023年と住宅価格の上昇が続いており，サハ共和国では対前年同期比で，2022年第4四半期に40.6％，2023年の同時期に18.3％の住宅価格上昇が起きている。このことから連邦政府が導入したわずか2％という破格の優遇住宅ローン制度の利用がサハ共和国でも加速している(表9)。住宅購入の増加が住宅価格を押し上げ，住宅価格の上昇が，投資目的による住宅購入を促進する双方向の相互作用が生じていると考えられる。

　住宅価格の上昇とともに，民間賃貸住宅家賃も上昇しているという報道もある[4]。この家賃上昇の背景には，制裁によって海外旅行に代わって国内旅行が増えていることから短期でも賃貸需要が多いこと，優遇住宅ローン制度の一部が2024年6月で終了となり，金融引締政策で金利が上昇していることで住宅ローン返済が困難になった世帯が賃貸住宅に転居するケースが増えていることなどが報じられている。

　極東連邦管区の構成主体では，沿海地方の住宅単価が最も高く，サハ共和国の水準より約1割高い水準にある。しかし全ローンに占める住宅ローンの融資割合は(表9)，沿海地方よりもサハ共和国の方が高く，ロシア全国と比較しても，相対的に高いシェアを示している。

　このことは，サハ共和国では沿海地方よりも住宅ローン以外にローンを組んで消費するだけの市場が発達していないという解釈もできよう。その一方で，ロシア全土で期限が迫る優遇ローン制度の駆け込み需要がサハ共和国にも発生している可能性が示唆される。戦争による所得上昇に加えて極東住宅ローン制度利用が可能であることで，サハでは住宅ローンが借りやすい状況が続いている。住宅価格と賃貸家賃も上昇していることから，ローンを組んで住宅を購入しても，賃貸経営に転用することができれば賃貸収入の獲得で，ローン返済と両立することができる。このような投資目的での住宅ローン利用が伸びている可能性も考えられる。ロシア国内では，2023年に過去最高の住宅ローン融資高を記録したことから，住宅ローン・バブルの発生を危惧

第 9 章 住　　宅

表 9　全ローンに占める住宅ローン融資割合（単位：％）

	2022 年 7 月	2022 年 12 月	2023 年 7 月	2023 年 12 月	2024 年 7 月
連邦平均	23.0	33.0	28.0	32.6	15.3
中央連邦管区	23.4	31.3	27.1	30.7	14.3
モスクワ州	24.2	33.2	27.7	31.6	14.5
モスクワ市	24.2	30.0	27.8	30.5	14.3
北西連邦管区	22.7	31.6	25.5	31.7	14.4
カレリア	16.9	25.7	22.1	26.9	11.2
コミ	22.5	29.2	24.8	24.1	13.5
アルハンゲリスク	22.2	33.7	25.4	32.4	20.1
ネネツ	23.3	23.1	14.2	26.9	11.0
レニングラード州	24.2	33.5	26.0	29.7	12.8
ムルマンスク	20.0	26.8	22.7	26.8	13.9
サンクトペテルブルグ	24.6	33.3	26.8	34.4	14.8
南部連邦管区	23.3	34.7	28.8	33.5	15.3
北カフカス連邦管区	23.1	33.9	28.0	31.8	12.7
沿ヴォルガ連邦管区	23.2	34.7	29.7	33.6	16.3
ウラル連邦管区	20.8	34.8	29.6	33.6	14.8
ハンティ・マンシ	28.5	38.2	30.6	34.0	14.8
ヤマル・ネネツ	29.2	37.3	32.0	34.4	16.5
シベリア連邦管区	21.5	32.2	26.4	31.4	13.8
クラスノヤルスク	24.2	33.7	27.5	30.6	13.6
極東連邦管区	26.1	35.2	31.1	39.6	23.2
ブリヤート	21.2	30.7	29.7	40.7	24.7
サハ	**35.6**	**41.2**	**38.5**	**49.1**	**29.4**
ザバイカル	20.5	31.9	28.1	34.6	20.7
カムチャツカ	23.5	30.9	25.9	31.4	15.7
沿海	26.2	34.7	30.8	41.0	23.6
ハバロフスク	25.8	35.3	29.7	36.0	22.4
アムール	24.0	41.4	33.5	43.6	20.9
マガダン	26.7	31.5	23.3	27.3	16.0
サハリン	23.9	30.9	28.5	33.5	23.7
ユダヤ	23.2	28.7	27.4	31.8	19.6
チュコトカ	33.1	39.3	31.1	32.6	14.8

出所：ロシア中央銀行ウェブサイト［https://www.cbr.ru/statistics/bank_sector/mortgage/］から作成。

する報道も相次いでいる[5]。

　さらに，2022年に導入された部分的動員令で，動員軍人には平均以上の高い報酬が支給され，このような報酬の使い道としても住宅が購入されている可能性もある。ウクライナへの特別軍事作戦に動員され死亡した軍人遺族の場合，最大で約1,000万ルーブルの保証金が支給される[6]。不幸なことではあるが，その死亡保証金ですぐに新しい住宅に投資すれば，住宅ローンを組む必要もなく住宅を購入できるからである。サハの住宅ローン利用や住宅投資を含む住宅購入の動向が今後どのような推移をたどるのか，引き続き注視する必要がある。

3　おわりに

　ここまでの議論をまとめると，サハ共和国の住宅事情は，①住宅取得可能性の向上，②1人当り住宅面積の改善，③住宅ローン利用の拡大が，連邦政府主導の住宅政策によってもたらされていることが分かる。その一方で，④サハ共和国建設省の建築基準価格に基づいた住宅市場構造が官製のコスト・プッシュ・インフレをもたらす可能性がある。⑤住宅困難世帯の割合がヤクーツク市に集中していることから，実需と投資需要とコスト・プッシュ・インフレの要因が重なり，ヤクーツク市など一部の都市部を中心に住宅価格の上昇や投資目的の住宅購入が増加している可能性も示唆される。ヤクーツク市などの都心部へ流入する人口は，このような住宅市場動向の荒波にもまれることにもなる。さらにこのような政策誘導に伴う新築住宅建設と新築住宅購入の増加も，中長期的にはZamyatina et al. (2021)や桐村ほか(2021)らが危惧するようなさらなる永久凍土の融解をもたらす危険も出てくるであろう。

注

1) 本章では集合住宅(アパート，マンション)の新築を中心とする分譲市場に対象を限定する。

第 9 章　住　宅　231

2) ジャタイは 2004 年まではヤクーツク市内の都市型集落に位置付けられていた。2004 年 11 月 30 日付サハ共和国令第 174 号および第 355-III 号により，ヤクーツク市から分離され，ヤクーツク市と同じ都市自治体（городской округ）とされた。本章では便宜上「ジャタイ市」と記述する。
3) ただし表 3 の 2018 年第 4 四半期の市場価格表示の新築住宅単価は，2018 年年間平均の建築価格表示の単価を上回っている。この理由については，当該年の建築単価が新築住宅価格に反映されるまでにはタイムラグが伴うことなどが考えられるが，詳しくは引き続き検討課題としたい。
4) DOM.RF（ロシア総合住宅金融・開発機構）ウェブサイト [https://дом.рф/]，ロシア経済メディア「RBC」ウェブサイト参照 [https://www.rbc.ru/]。
5) 2023 年 7 月 3 日 TASS [https://tass.ru/ekonomika/18161789]，2023 年 12 月 26 日『ヴェドモスチ』[https://www.vedomosti.ru/finance/articles/2023/12/26/1012932-ipoteka-pobila-rekord-v-2023-g]。
6) 兵士が死亡した場合，ロシア大統領令 2022 年 3 月 5 日付第 98 号 [http://publication.pravo.gov.ru/Document/View/0001202203050061?index=1] から 500 万ルーブル，ロシア連邦法 1998 年 3 月 28 日付第 52 号 [http://www.kremlin.ru/acts/bank/12129] から 327.3 万ルーブル，サハ共和国知事令 2023 年 10 月 23 日付第 80 号（2024 年 8 月 31 日改正）[http://publication.pravo.gov.ru/document/1400202310250002] から 100 万ルーブル，ロシア連邦法 2011 年 11 月 7 日付第 306 号 [https://base.garant.ru/12191544/5ac206a89ea76855804609cd950fcaf7/#friends] から 490 万ルーブルが支給され，単純にこれらを合計すると死亡保証金は 1,417.3 万ルーブルに達する。

引用文献

邦語文献

石垣友明(2018)「ターゲット制裁の実施強化に伴う新たな課題―規範の拡大に内在する制約と他の規範との緊張関係についての考察」『国際法外交雑誌』第117巻第1号, pp. 131-157.

絵所秀紀(2023)「ダイヤモンド研磨産業とエビ養殖業」佐藤隆広編著『経済大国インドの機会と挑戦：グローバル・バリューチェーンと自立を志向するインドの産業発展』白桃書房, pp. 101-129.

岡野内正(2014)「先住民の権利とベーシック・インカムのアラスカ・モデル」『アジア・アフリカ研究』第54巻第3号, pp. 1-27.

尾松亮(2017)「ロシア連邦における再生可能エネルギー支援制度と極東における開発可能性」『ERINA REPORT PLUS』第137号, pp. 19-25.

――(2018)「ロシアの太陽光・風力発電産業：国営企業，外資，地域政府の協力」『ロシアNIS調査月報』第63巻第11号, pp. 70-79.

外務省(2024)「日・ウクライナ経済復興推進会議首脳セッション(概要)」2月19日 [https://www.mofa.go.jp/mofaj/erp/c_see/ua/pageit_000001_00336.html].

片山博文(2010)「ロシアの気候ドクトリンと気候変動戦略」『ロシアNIS調査月報』第55巻第4号, pp. 1-13.

――(2012)「ロシアにおける再生可能エネルギーの現状と課題：太陽光発電産業を中心に」『ロシア・ユーラシアの経済と社会』No. 962, pp. 2-18.

――(2014)『北極をめぐる気候変動の政治学：反所有的コモンズ論の試み』文眞堂.

桐村喬・飯島慈裕・斎藤仁(2021)「ロシア・サハ共和国における2000年代以降の人口動向」『日本地理学会発表要旨集　2021年度日本地理学会春季学術大会』 [https://doi.org/10.14866/ajg.2021s.0_85].

久保庭真彰(2020)「石油・ガス産業のGDPと貿易レント」久保庭真彰・雲和弘・志田仁完編著『アジア長期経済統計10　ロシア』東洋経済新報社, pp. 229-237.

後藤正憲(2021)「適応のかたち：サハの在来家畜と環境」『北方人文研究』14, pp. 85-102.

後藤正憲・中田篤・飯島慈裕(2020)「凍土と文化」, 田畑伸一郎・後藤正憲編『北極の人間と社会：持続的発展の可能性』北海道大学出版会, pp. 95-121.

駒井ハルテック・野村総合研究所(2020)『ロシア連邦・サハ共和国レナ川橋梁を中心とした周辺再開発に向けた事業実施可能性調査』報告書[公表版].

駒井ハルテック・三井物産・野村総合研究所(2022)『ロシア連邦・北極海航路沿岸におけるLNG・風力活用計画等策定及び事業実施可能性調査事業』報告書.

コルビナ,エカテリーナ(2023)(道上真有訳)「国家プロジェクト『人口』」溝口由己編著『少子化するアジア:家族形成の困難を超えて』日本評論社,pp. 245-265.

坂口泉(2024)「ウクライナ戦争後のロシア採金分野:回避された致命傷」『ロシアNIS調査月報』第69巻第2号,pp. 70-86.

JETRO(日本貿易振興機構)(2018)「日本から供給の風力発電機器がヤクーツクに到着」JETROビジネス短信,7月27日 [https://www.jetro.go.jp/biznews/2018/07/763ad066544d0496.html].

──(2024)「米国でロシア産ウラン輸入禁止法が成立,8月から輸入禁止に」JETROビジネス短信,5月17日 [https://www.jetro.go.jp/biznews/2024/05/b1a9ba35f9263372.html].

シルニツキー,アレクサンダー・植村哲士(2021)「ロシアにおけるカーボンニュートラルの取り組みと日本との連携可能性」『知的資産創造』7月号,pp. 42-57.

高倉浩樹(2017)「先住少数民族の権利と資源環境問題:ポスト社会主義ロシアへの一視角」宇山智彦ほか編『越境する革命と民族』(ロシア革命とソ連の世紀5巻)岩波書店,pp. 289-314.

高村ゆかり(2024)「脱炭素の現在地㊤ 産業構造転換促す動力源に」(経済教室)『日本経済新聞』2月15日(朝刊).

竹内純子(2023a)「長期電源計画,国関与強化を 電力システム改革の課題」(経済教室)『日本経済新聞』5月26日(朝刊).

──(2023b)「電力自由化の再設計に向けた提言:各国研究者が提唱する『ハイブリッド市場』を踏まえて考える」『環境管理』7月号,pp. 40-44.

武田友加(2023)「ロシア」宇佐見耕一・小谷眞男・後藤玲子・原島博編集代表『世界の福祉年鑑2023:2023年度版』旬報社,pp. 125-142.

田畑伸一郎(2011)「マクロ経済・産業構造」吉井昌彦・溝端佐登史編『ロシア経済論』ミネルヴァ書房,pp. 49-71.

──(2024)「マクロ経済概観」北極環境研究コンソーシアム長期構想編集委員会編『北極域の研究:その現状と将来構想』海文堂出版,pp. 248-250.

田畑伸一郎・後藤正憲編(2020)『北極の人間と社会:持続的発展の可能性』北海道大学出版会.

田畑伸一郎・本村真澄(2020)「石油とガス」田畑伸一郎・後藤正憲編著『北極の人間と社会:持続的発展の可能性』北海道大学出版会,pp. 45-72.

土田陽介(2022)「EUのEVシフト支援策」池本修一・田中宏編著『脱炭素・脱ロシア時代のEV戦略』文眞堂,pp. 36-55.

電気事業連合会(2018)「ロシアの電気事業」9月30日 [https://www.fepc.or.jp/library/

kaigai/kaigai_jigyo/russia/index.html］．
十市勉（2023）『再生可能エネルギーの地政学』エネルギーフォーラム．
徳永昌弘（2013）『20世紀ロシアの開発と環境：「バイカル問題」の政治経済学的分析』北海道大学出版会．
──（2023a）「脱ロシアは脱炭素か？」『ボストーク』（ロシア極東研）第55号，pp. 2-5.
──（2023b）「増幅する北極資源開発パラドクス：アークティックLNG 2プロジェクトを中心に」ロシア・東欧学会2023年度研究大会（京都大学），11月5日．
戸田直樹（2017）「容量メカニズムの必要性と必然性」電力改革研究会，7月27日［https://ieei.or.jp/2017/07/special201204062/］．
豊田玲子・細見雅生（2012）「ロシア国内独立系統地域における風力発電を利用したマイクログリッドシステムの導入可能性調査」『駒井ハルテック技報』Vol. 2, pp. 64-67.
NEDO（新エネルギー・産業技術総合開発機構）（2018）「ロシア極東に極寒冷地仕様の風力発電機3基が完成，実証運転を開始」11月8日［https://www.nedo.go.jp/news/press/AA5_101043.html］．
──（2022）「風力発電システムを含むエネルギーインフラ実証事業（ロシア連邦サハ共和国）」（事後評価）（2017年度～2021年度5年間）事業概要説明資料［公開］［https://www.nedo.go.jp/content/100949490.pdf］．
蓮見雄（2023）「欧州グリーンディールの射程」蓮見雄・高屋定美編著『欧州グリーンディールとEU経済の復興』文眞堂，pp. 1-55.
服部倫卓（2010）「ロシアのモノゴーラド（企業城下町）問題」『ロシアNIS調査月報』第55巻第2号，pp. 5-21.
──（2023）「ロシア産魚介類輸入に見る日米の相違──鍵を握るアラスカの利害」『ロシアNIS調査月報』第68巻第11号，pp. 64-69.
──（2024a）「ロシア金融市場を脅かす住宅ローンの官製バブル」『ロシアNIS調査月報』第69巻第2号，pp. 88-91.
──（2024b）「対露制裁に見るアメリカの『正義』と『実益』──ロシア産水産物の輸入をめぐって」『Foresight』4月16日［https://www.fsight.jp/articles/-/50540］．
──（2024c）「ウクライナ侵攻とシベリア・極東──『東方シフト』は加速するか」服部倫卓・吉田睦編著『ロシア極東・シベリアを知るための70章』明石書店，pp. 229-233.
原田大輔（2009）「ロシアの石油・天然ガス開発概観：最近の動向と今後の見通し（上）」『石油・天然ガスレビュー』Vol. 43, No. 4 ［https://oilgas-info.jogmec.go.jp/review_reports/1006356/1006379.html］．
──（2019）「ロシア：12月2日，中露天然ガス供給パイプライン『シベリアの力』が稼働を開始」石油・天然ガス資源情報 ［https://oilgas-info.jogmec.go.jp/info_reports/1007679/1007948.html］．
──（2020）「ロシア・欧州：石油ガス収入上のドル箱・欧州が進める脱炭素化（水素戦略及び国境炭素税導入）の動きとロシアの対応（発表された2035年までの長期エネル

ギー戦略を中心に)」石油・天然ガス資源情報，9月2日，pp. 1-21.
── (2021)「ロシアの石油ガス開発における少数先住民族への対応」『石油・天然ガスレビュー』Vol. 55, No. 1, pp. 15-26.
── (2023)『エネルギー危機の深層：ロシア・ウクライナ戦争と石油ガス資源の未来』ちくま新書.
檜山哲哉・藤原潤子編(2015)『シベリア：温暖化する極北の水環境と社会』京都大学学術出版会.
深草亜悠美(2024)「COP28：化石燃料からの脱却に『合意』できたのか？」『世界』2月号，pp. 92-96.
藤原惇嗣・山本佳宏(2020)「オーロラと風車(寒冷地における風車建設工事)」『日本風力エネルギー学会誌』Vol. 44, No. 3, pp. 451-454.
PRMAL(2021)「キンバリープロセスの真実」[https://www.prmal.com/ja/blogs/news/kimberley-process].
北海道新聞社編(2021)『消えた「四島返還」：安倍政権　日ロ交渉2800日を追う』北海道新聞社.
北極環境研究コンソーシアム長期構想編集委員会編(2024)『北極域の研究：その現状と将来構想』海文堂.
ポロネンコ，アレクサンドル・グレイジク，セルゲイ(2019)「北極圏におけるロシアと北東アジア諸国の協力の展望」『北東アジア情報ファイル』No. 1902, pp. 1-17.
本多美樹(2013)「国連による経済制裁と人道上の諸問題：「スマート・サンクション」の模索」国際書院.
マゴメドフ，アルバハン・徳永昌弘(2020)「ロシア極北の資源開発と先住民問題：『ヤマルのパラドクス』の分析を中心に」『地域研究』Vol. 20, No. 1, pp. 161-181.
松尾豪(2023)「欧州のエネルギー構造とロシアの天然ガス」『ロシアNIS調査月報』第68巻第7号，pp. 78-91.
みずほ情報総研(2015)「平成26年度製造基盤技術実態調査：ヘリウムの世界需給に関する調査」[https://dl.ndl.go.jp/view/prepareDownload?itemId = info%3Andljp%2Fpid%2F11280848&contentNo = 1].
道上真有(2018)「ロシアの住宅事情はどこまで変わったか」『ロシア・ユーラシアの経済と社会』No. 1024, pp. 23-41.
── (2023a)「ロシアの少子化と少子化対策」溝口由己編著『少子化するアジア：家族形成の困難を超えて』日本評論社，pp. 112-136.
── (2023b)「ロシア人口センサス(2010, 2020)から見る住宅事情」『ロシア・ユーラシアの社会』No. 1068, pp. 51-58.
── (2025)「戦争のさなかでロシア経済を学ぶ」溝口由己編著『分断化する世界とグローバル経済』ミネルヴァ書房(刊行予定).
道上真有・田畑理一・中村勝之(2010)「ロシア住宅市場の発展過程と住宅政策の効果の研究：ロシア国家プロジェクト『ロシア国民に手の届く住宅を』の成否」『住宅総合

研究財団研究論文集』第 36 号，pp. 259-268.
南知惠子(2023)「マーケティング視点の X」『書斎の窓』第 688 号，pp. 2-3.
武藤嶺奈・五十嵐若菜・山崎雅文・岩井憲一・藤原惇嗣・細見雅生・木村茂雄(2020)「極東ロシアにおける風力発電の寒冷地問題：実際と対策」第 36 回寒地技術シンポジウム，11 月 25・26 日，pp. 39-44.
本村真澄(2010)「ロシアの 2030 年までのエネルギー戦略：その実現可能性と不確実性」『ロシア NIS 調査月報』第 55 巻第 4 号，pp. 14-28.
諸富徹・浅岡美恵(2010)『低炭素経済への道』岩波書店．
山本佳宏・岩井憲一(2017)「カムチャツカ風車工事」『駒井ハルテック技報』Vol. 7, pp. 93-96.
山脇大(2020)「ロシアにおける気候変動政策のステークホルダー分析」『ロシア・東欧研究』第 49 号，pp. 126-143.
──(2022)「石油・ガス大国ロシアの再生可能エネルギーへの移行：現状と課題」『ロシア・ユーラシアの社会』No. 1060, pp. 30-43.
──(2023)「環境投資と情報開示：ロシアにおける現状と課題の考察」『ロシア・東欧研究』第 52 号，pp. 1-18.
横川和穂(2022)「ロシア北極域の住民生活と地方財政をめぐる問題：サハ共和国のケース」『ロシア・ユーラシアの社会』No. 1065, pp. 60-81.

欧語文献

Administratsiia MO Lenskii raion (2023) *Администрация муниципального образования «Ленский район» Республики Саха (Якутия)*. Отчет Итоги социально-экономического развития Ленского района за 2022 год(2022 年のレナ郡社会・経済発展実績報告) [https://lenskrayon.ru/index.php/deyatelnost/ekonomika-i-finansy/4049-itogi-sotsialno-ekonomicheskogo-razvitiya-lenskogo-rajona-za-9-mesyatsev-i-ozhidaemye-itogi-2022-goda].

Aiyar, P. (2015) "How Indian Families Took Over the Antwerp Diamond Trade from Orthodox Jews", *QUARTZ*, July 23 [https://qz.com/india/459422/how-indian-families-took-over-the-antwerp-diamond-trade-from-orthodox-jews].

Alrosa (2021a) *Алроса*. Вклад Алроса в развитие Якутии в 2010-2020 годах, Алроса (корпоративное издание крупнейшей алмазодобывающей компании), лето, С. 48-61 (2010〜2020 年のアルロサのヤクーチア発展への貢献) [https://www.alrosa.ru/upload/iblock/f89/99jryb05k3vmcpou9pf20kjh63vdeeil/Alrosa_Magazine%20o01(13)_2021_RUS.pdf].

──(2021b) Годовой отчет 2020(年次報告 2020 年) [https://www.alrosa.ru/investors/results-reports/reports/].

──(2023) Политика в области взаимодействия с Коренными малочисленными народами

（北方少数諸民族との協力関係の方針）［https://www.alrosa.ru/upload/medialibrary/aa8/swzyhvynea0s5yc6tel0fcfi7hmcwoy2/Политика%20в%20области%20взаимодействия%20с%20Коренными%20малочисленными%20народами_от%2027.02.2023.pdf］.

―――(2024) Отчет об устойчивом развитии 2023（2023 年持続可能発展報告書）［https://alrosa.ru/press-center/news/2024/alrosa-opublikovala-otchet-ob-ustoychivom-razvitii-za-2023-god/］.

AMAP (2022) *AMAP Arctic Climate Change Update 2021: Key Trends and Impacts.*

Ara Begum, R. et al. (2022) "Point of Departure and Key Concepts", in *Climate Change 2022: Impacts, Adaptation and Vulnerability.* Contribution of Working Group II to the Sixth Assessment Report of the Intergovernmental Panel on Climate Change, Cambridge University Press.

Artyushevskaya, E.Y. (2021) *Артюшевская Е.Ю.* Анализ потенциала альтернативных источников энергии в Республике Саха (Якутия) // Вестник Амурского государственного университета. Серия: Естественные и экономические науки. Выпуск 93, С. 72-75（サハ（ヤクーチア）共和国における代替エネルギー源のポテンシャルの分析）.

AWDC (2024) *A Comprehensive Guide to Grandfathering Diamonds in Belgium* [https://www.awdc.be/sites/awdc2016/files/documents/Grandfathered%20Goods%20Procedure%20Guide.pdf].

Bain & Company (2021) *The Global Diamond Industry 2021-22* [https://www.bain.com/insights/a-brilliant-recovery-shapes-up-the-global-diamond-industry-2021-to-22/].

Basu, R. and J.M. Samet (2002) "Relation between Elevated Ambient Temperature and Mortality: A Review of the Epidemiologic Evidence", *Epidemiologic Reviews*, Vol. 24, pp. 190-202.

Becker, T. and Y. Gorodnichenko (2024) *Time for a Complete Ban on Economic Ties with Russia* [https://www.brookings.edu/wp-content/uploads/2024/05/20240528_ES_Sanctions_BeckerGorodnichenko_Final.pdf].

Belov, V.B. (2020) *Белов В.Б.* Новые водородные стратегии ФРГ И ЕС: перспективы кооперации с Россией // Современная Европа. № 5. С. 65-76（ドイツ連邦共和国および欧州連合の新水素戦略：ロシアとの協力見通し）.

Berezkin, M.Yu. and O.A. Sinyugin (2019) *Берёзкин М.Ю., Синюгин О.А.* Перспективы низкоуглеродного развития энергетики России // Окружающая среда и энерговедение. № 2. С. 4-13（ロシアのエネルギーの低炭素発展見通し）.

Boston Consulting Group (2024) *The Future of the Natural Diamond Industry* [https://web-assets.bcg.com/87/88/44ce24b646969ef49aa5a9c4b8b6/bcg-the-future-of-the-natural-diamond-industry-may.pdf].

Bushukina, V.I. (2021) *Бушукина В.И.,* Особенности развития возобновляемой энергетики в мире и в России // Финансовый журнал. № 5. С. 93-107（世界とロシアにおける再生可能エネルギーの発展の特色）.

Carleton, T.A. and S.M. Hsiang (2016) "Social and Economic Impacts of Climate", *Science*, Vol. 353, pp. 1112-1127.

Carleton, T. et al. (2022) "Valuing the Global Mortality Consequences of Climate Change Accounting for Adaptation Costs and Benefits", *Quarterly Journal of Economics*, Vol. 137, pp. 2037-2105.

Coates, K.S. and E.G. Broderstad (2020) "Indigenous People of the Arctic: Re-taking Control of the Far North", in K.S. Coates and C. Holroyd, eds., *The Palgrave Handbook of Arctic Policy and Politics*, Palgrave Macmillan, pp. 9-25.

Constable, A.J. et al. (2022) "Cross-Chapter Paper 6: Polar Regions", in *Climate Change 2022: Impacts, Adaptation and Vulnerability*. Contribution of Working Group II to the Sixth Assessment Report of the Intergovernmental Panel on Climate Change, Cambridge University Press.

Crowley-Vigneau, A., Y. Kalyuzhnova and N. Ketenci (2023) "What Motivates the 'Green' Transition: Russian and European Perspectives", *Resources Policy*, Vol. 81, pp. 1-10.

Curriero, F.C. et al. (2002) "Temperature and Mortality in 11 Cities of the Eastern United States", *American Journal of Epidemiology*, Vol. 155, pp. 80-87.

Danilov, Yu. (2011) *Данилов, Ю.* Развитие алмазно-бриллиантового комплекса Республики Саха (Якутия) в новых реалиях // Эко. Том 3, № 6. C. 171-177（新たな現実下のサハ共和国ダイヤモンド宝石産業の発展）.

Dayanova, G.I. and N.N. Nikitina (2018) *Даянова Г.И., Н.Н. Никитина*, Занятость сельского населения Якутии в неформальном секторе // Международный научно-исследовательский журнал № 12 (78). C. 119-122（ヤクーチア農村住民の非公式分野での雇用）.

Dayanova, G.I. et al. (2019) *Даянова, Г.И., Л.Д. Протопопова, А.Н. Крылова*, Особенности функционирования крестьянского (фермерского) хозяйствования в условиях Севера (на примере Республики Саха (Якутия)) // Экономика и предпринимательство, № 2. C. 457-462（北極条件におけるフェルメル経営の機能的特徴（サハ共和国の事例より））.

――(2020a) *Даянова, Г.И., И.К. Егорова, Л.Д. Протопопова, А.Н. Крылова, Н.Н. Никитина*, Анализ формирования модели государственной поддержки северного домашнего оленеводства на севере России (На примере Республики Саха (Якутия)) // Международный сельскохозяйственный журнал, Том 63 (378), C. 31-36（ロシア極北におけるトナカイ牧畜の国家支援モデルの組成分析（サハ共和国の事例より））.

――(2020b) *Даянова, Г.И., Л.Д. Протопопова, И.К. Егорова, Н.Н. Никитина, А.Н. Крылова*, Воспроизводство трудовых ресурсов в сельском хозяйстве Республики Саха (Якутия) // International Agricultural Journal 2, 2020, C. 67-77（サハ共和国農業における労働資源の再生産）.

――(2020c) *Даянова, Г.И., И.К. Егорова, Л.Д. Протопопова, Н.Н. Никитина, А.Н. Крылова*, Государственная поддержка воспроизводственных процессов в сельском хозяйстве Республики Саха (Якутия) // Вестник Дальневосточного отделения Российской академии наук 4, C. 141-150(サハ共和国農業の再生産過程に向けた国家支援).

――(2020d) *Даянова, Г.И., И.К. Егорова, Л.Д. Протопопова, Н.Н. Никитина, А.Н. Крылова*, Организационно-экономические условия для развития воспроизводственных процессов в сельском хозяйстве северного региона (на примере Республики Саха (Якутия)) // Международный сельскохозяйственный журнал № 2 (374). C. 20-25(北部地域農業における再生産過程発展のための組織的経済的条件).

Deaton, A. (2003) "Health, Inequality, and Economic Development", *Journal of Economic Literature*, Vol. 41, pp. 113-158.

――(2008) "Income, Health, and Well-being around the World: Evidence from the Gallup World Poll", *Journal of Economic Perspective*, Vol. 22, pp. 53-72.

Dell, M., B.F. Jones and B.A. Olken (2014) "What Do We Learn from the Weather? The New Climate-Economy Literature", *Journal of Economic Literature*, Vol. 52, pp. 740-798.

Deschênes, O. and M. Greenstone (2011) "Climate Change, Mortality, and Adaptation: Evidence from Annual Fluctuations in Weather in the US", *Applied Economics*, Vol. 3, pp. 152-185.

Dimitriadou, L., P. Nastos, K. Eleftheratos, J. Kapsomenakis and C. Zerefos (2022) "Mortality Related to Air Temperature in European Cities, Based on Threshold Regression Models", *International Journal of Environmental Research and Public Health*, Vol. 19, 4017.

Donaldson, G.C., S.P. Ermakov, Y.M. Komarov, C.P. McDonald and W.R. Keatinge (1998) "Cold Related Mortalities and Protection against Cold in Yakutsk, Eastern Siberia: Observation and Interview Study", *BMJ*, Vol. 317, pp. 978-982.

Economist (2023) "War and Subsidies Have Turbocharged the Green Transition", February 13 [https://www.economist.com/finance-and-economics/2023/02/13/war-and-subsidies-have-turbocharged-the-green-transition].

Efimov, A.P. and N.A. Krasilnikova (2023) *Ефимов А.П., Красильникова Н.А.* Золотодобыча в Республике Саха (Якутия): анализ и перспективы развития // ЭКО. № 12. C. 90-109(サハ共和国(ヤクーチア)における金採掘：発展の分析と見通し) [DOI: 10.30680/ECO0131-7652-2023-12-90-109].

Efimov, I.P., V.A. Gurtov and I.S. Stepus' (2022) *Ефимов, И.П., Гуртов, В.А.,Степусь И.С.* Кадровая потребность экономики Российской Арктики: взгляд в будущее // Вопросы Экономики, № 8. C. 118-132(ロシア北極圏経済の人材ニーズ：将来展望).

EnergyLand.info (2024) В 2023 году Якутия увеличила выработку электроэнергии на 10,8%, 13 февраля(2023年にヤクーチアは発電量を10.8％増やした) [https://energyland.info/news-show--electro-253301].

FAO and Alliance of Bioversity International and CIAT (2021) *Indigenous Peoples' Food Systems: Insights on Sustainability and Resilience from the Front Line of Climate Change*.

Federal'naia tamozhennaia sluzhba Rossiia (FTS) (****): *Федеральная таможенная служба* Таможенная статистика внешней торговли Российской Федерации（ロシア連邦外国貿易通関統計）．［年鑑であるため，発行年を****と表記している］

Fin-plan (2024) Мировой рынок алмазов（世界のダイヤモンド市場）[https://fin-plan.org/blog/investitsii/mirovoy-rynok-almazov/].

Fondahl, G., A. Espiritu and A. Ivanova (2020) "Russia's Arctic Regions and Policies", in K. S. Coates and C. Holroyd, eds., *The Palgrave Handbook of Arctic Policy and Politics*, Palgrave Macmillan, pp. 195-216.

Garcia Molinos, J. et al. (2025) "Implications of Future Climate and Land Use Changes for Current Dependency on Wild Food Harvesting by Rural Households in the Sakha Republic (Russian Far East)", in preparation.

Gasparrini, A. et al. (2015) "Mortality Risk Attributable to High and Low Ambient Temperature: A Multicountry Observational Study", *The Lancet*, Vol. 386, pp. 369-375.

Gavrilyeva, T.N. (2016) *Гаврильева, Т.Н.* Структура занятости в поселениях Республики Саха (Якутия) по типологии Фишера-Кларка // АРКТИКА. XXI век. Гуманитарные науки. № 1(7). С. 18-27（フィッシャー＝クラーク類型論によるサハ共和国（ヤクーチア）の居住地における雇用構造）．

Gavrilyeva, T.N. and E.A. Kolomak (2017) *Гаврильева, Т.Н., Коломак, Е.А.* Анализ изменений в системе расселения Якутии // Регион: экономика и социология. № 2 (94). С. 174-190（ヤクーチアにおける分散居住システムの変化に関する分析）[DOI: 10.15372/REG20170208].

Gavrilyeva, T.N. and V.D. Parilova (2022) "Food Consumption Patterns in Yakutia Based on the Analysis of State Statistics", in D.S. Nardin, O.V. Stepanova and E.V. Demchuk, eds., *Land Economy and Rural Studies Essentials* (European Proceedings of Social and Behavioural Sciences, Vol. 124), pp. 192-202.

Gavrilyeva, T.N. et al. (2019) *Гаврильева, Т.Н., Коломак, Е.А., Захаров А.И., Хорунова К.В. Ретроспектива расселения в Якутии на основе анализа переписей населения* // Вопросы статистики. 26(12). С. 39-51（人口センサスの分析に基づくヤクーチアにおける分散居住の回顧）．

Gemcenter (2023) Синтетические алмазы российского производства, выращенные HPHT-методам（高温高圧合成法によるロシア産の合成ダイヤモンド）[https://www.gem-center.ru/labnews-labgrown-statistics.htm].

Geroeva, A. (2022) *Героева А.* ВИЭ в России: медленный рост // Ведомости. 29 апреля（ロシアにおける再エネ：緩やかな成長）[https://www.vedomosti.ru/business/articles/2022/04/05/916805-minenergo-zelenoi-generatsii].

Global Energy (2024) *Глобальная энергия*. Александр Новак ТЭК России сегодня и завтра: итоги и задачи. 25 января(アレクサンドル・ノバク　今日と明日のロシアの燃料エネルギー企業：成果と課題) [https://globalenergyprize.org/ru/2024/01/25/aleksandr-novak-tjek-rossii-segodnja-i-zavtra-itogi-i-zadachi/].

Godde, C. M. et al. (2020) "Global Rangeland Production Systems and Livelihoods at Threat under Climate Change and Variability", *Environmental Research Letters*, Vol. 15, 044021.

Golub, A., O. Lugovoy and V. Potashnikov (2019) "Quantifying Barriers to Decarbonization of the Russian Economy: Real Options Analysis of Investment Risks in Low-Carbon Technologies", *Climate Policy*, Vol. 19, No. 6, pp. 716-724.

Gordyachkova, O. V. and T. Yu. Kalavriy (2022) *Гордячкова О.В., Калаврий Т.Ю.* Промышленное освоение Арктики VS традиционный образ жизни: опыт управления социально-экономическим развитием в Республике Саха (Якутия) // ЭКО. № 10. С. 129-147(北極域の産業発展 VS 伝統的な生活様式：サハ共和国(ヤクーチア)における社会・経済発展管理の経験) [DOI: 10.30680/ECO0131-7652-2022-10-129-147].

Goryainov, S. (2013) *Горяинов, С.А.* Битвы алмазных баронов(ダイヤモンド男爵たちの戦い).

Government of Russian Federation (2009) *Правительство Российской Федерации*. Распоряжение от 8 января 2009 г. № 1-р. «Об основных направлениях государственной политики в сфере повышения энергетической эффективности электроэнергетики на основе использования возобновляемых источников энергии»(2009 年 1 月 8 日付ロシア政府指令第 1 号「再生可能エネルギー源の利用に基づく 2020 年までの期間における電力供給システムのエネルギー効率性の向上に際しての国家政策の基本方針」).

―(2013) *Правительство Российской Федерации*. Постановление от 28 мая 2013 г. № 449. «О механизме стимулирования использования возобновляемых источников энергии на оптовом рынке электрической энергии и мощности»(2013 年 5 月 28 日付ロシア政府決定第 449 号「電気エネルギーおよび電力容量の卸売市場における再生可能エネルギー源の利用促進メカニズムについて」).

―(2022) *Правительство Российской Федерации*. Правительство создаёт дополнительные стимулы для развития ВИЭ-генерации на территории России. Новость от 24 марта 2022 г.(2022 年 3 月 24 日付ロシア政府広報「ロシア領内で再エネ発電を発展させるための追加刺激策を政府は作成する」) [http://government.ru/news/44924/].

Granberg, L., K. Soini and J. Kantanen, eds. (2009) *Sakha Ynaga: Cattle of the Yakuts*, Finnish Academy of Science and Letters.

GTRK "Sakha" (2024) *ГТРК «Саха»*. Гибридные энергокомплексы в Якутии сэкономили 1802 тонн топлива за 2023 год. 22 марта(ヤクーチアのハイブリッドエネルギー施設は 2023 年に燃料 1802 トンを節約した) [https://gtrksakha.ru/news/2024/03/22/gibridnye-energokompleksy-v-yakutii-sekonomili-1802-tonn-topliva-za-2023-god/].

Hales, S., S. Kovats, S. Lloyd and D. Campbell-Lendrum, eds. (2014) *Quantitative Risk*

Assessment of the Effects of Climate Change on Selected Causes of Death, 2030s and 2050s, WHO.

Heininen, L. (2022) "Climate Change and the Great Power Rivalry in the Arctic", *Insight Turkey*, Vol. 24, pp. 25-38.

Hilde, P., F. Ohnishi and M. Petersson (2024) "Cold Winds in the North: Three Perspectives on the Impact of Russia's War in Ukraine on Security and International Relations in the Arctic", *Polar Science*, Vol. 41, 101050 [https://doi.org/10.1016/j.polar.2024.101050].

Hill, F. and C. Gaddy (2003) *The Siberian Curse: How Communist Planners Left Russia out in the Cold*, Brookings Institution Press.

Hjort, J. et al. (2022) "Impacts of Permafrost Degradation on Infrastructure", *Nature Reviews Earth & Environment*, Vol. 3, pp. 24-38.

Hsiang, S. (2015) "Climate Econometrics", *Annual Review of Resource Economics*, Vol. 8, pp. 1-33.

Hsiang, S. and R.E. Kopp (2018) "An Economist's Guide to Climate Change Science", *Journal of Economic Perspectives*, Vol. 32, pp. 3-32.

Huntington, H.P. et al. (2017) "How Small Communities Respond to Environmental Change: Patterns from Tropical to Polar Ecosystems", *Ecology and Society*, Vol. 22, No. 3, p. 9.

Huskey, L., I. Mäenpää and A. Pelyasov (2014) "Economic Systems", in J. Larsen and G. Fondahl, eds., *Arctic Human Development Report*, Nordic Council of Ministers, pp. 151-183.

Ibragimova, Z.F. and L.R. Vafina (2014) Ибрагимова, З.Ф., Л.Р. Вафина, Приоритетный национальный проект «Развитие АПК»: Идеи и реальизация // Экономика и социум, № 4 (13). С. 13-16(優先的国家プロジェクト『農工コンプレクスの発展』: 構想と実現).

ICSS (2020) *Институт комплексных стратегических исследований (ИКСИ)*. Рейтинг эффективности функционирования АПК в регионах РФ в 1 полугодии 2020 г.(2020年上半期ロシア連邦地域別農工コンプレクスの機能効率ランキング) [https://icss.ru/research_docs/20200820_agro_rating.pdf].

IEA (n.d.) Renewable Integration [https://www.iea.org/topics/renewable-integration].

――(2023a) Russia's War on Ukraine [https://www.iea.org/topics/russias-war-on-ukraine].

――(2023b) Low-emission Fuels [https://www.iea.org/energy-system/low-emission-fuels].

――(2023c) Renewables 2023. Analysis and Forecast to 2028 [https://www.iea.org/reports/renewables-2023/electricity].

――(2023d) The Oil and Gas Industry in Net Zero Transitions [https://www.iea.

org/reports/the-oil-and-gas-industry-in-net-zero-transitions/executive-summary].

―― (2024) Renewable Energy Progress Tracker [https://www.iea.org/data-and-statistics/data-tools/renewable-energy-progress-tracker].

Ignat'eva, I.A. (2023) *Игнатьева И.А.* Возобновляемая энергетика в российской эколого-правовой парадигме. Проспект（ロシアの環境法の枠組みにおける再生可能エネルギー源）.

IPCC (2022) *Climate Change 2022: Impacts, Adaptation, and Vulnerability*. Contribution of Working Group II to the Sixth Assessment Report of the Intergovernmental Panel on Climate Change, Cambridge University Press.

IPIS (2022) *Russian Diamonds and the War in Ukraine*, International Peace Information Service [https://ipisresearch.be//wp-content/uploads/2022/09/20220922_Russian-diamonds-and-the-war-in-Ukraine.pdf].

IRENA (2017) "REmap: 2030 Renewable Energy Prospects for the Russian Federation", *Working Paper*, April [https://www.irena.org/Publications/2017/Apr/Renewable-Energy-Prospects-for-the-Russian-Federation-REmap-working-paper].

Johnson, N. (2020) "Extractive Energy and Arctic Communities", in K.S. Coates and C. Holroyd, eds., *The Palgrave Handbook of Arctic Policy and Politics*, Palgrave Macmillan, pp. 97–116.

Kalavriy, T.Yu. and A.N. Sleptsov (2021) *Калаврий Т.Ю., Слепцов А.Н.* Влияние промышленного освоения территории на традиционный образ жизни эвенков: в оценках населения // Арктика. XXI век. Гуманитарные науки. № 3(25). С. 23-27（産業発展がエヴェンキの伝統的生活様式に与えた影響：住民の評価）.

Khmelnitskaya, M. (2015) *The Policy-Making Process and Social Learning in Russia: The Case of Housing Policy*, Palgrave Macmillan.

Kirillina, K. et al. (2023) "Climate Change Impacts the State of Winter Roads Connecting Indigenous Communities: Case Study of Sakha (Yakutia) Republic", *Climate Services*, Vol. 30, 100356.

Kondratyeva, V. I. and V. L. Pulyaevskaya (2017) *Кондратьева В.И., Пуляевская В.Л.* Методический подход к определению места муниципального образования в экономическом пространстве региона // Вестник НГУЭУ. № 4. С. 77-85（地域の経済空間における地方自治体の位置を決定するための方法論）.

Krasnopolski, B.Kh. (2022) *Краснопольский Б.Х.* Международное сотрудничество в Арктике: новые вызовы, угрозы и риски // Пространственная экономика. Т. 18. № 2. С. 183-191（北極における国際協調：新たな挑戦，脅威，リスク）.

Kryukov, V.A., V.A. Yatsenko and Ya.V. Kryukov (2021) *Крюков В.А., Яценко В.А., Крюков Я.В.* Подходы к формированию новых минерально-сырьевых центров в Арктике: в основе - выстраивание цепочек межрегиональных взаимосвязей // Научные труды вольного экономического общества России. 2021. Т. 231. № 5. С. 145-167（北極域にお

ける新たな鉱物・資源中心地形成への接近：地域間相互関係の連鎖構築に基づく).

Ksenofontov, S.S. and A.N. Petrov (2024) "Global Change Impacts on Indigenous Sustainability in Sakha Republic: A Synthesis of Knowledge", *Sustainability*, Vol. 16, No. 3, 1157 [https://doi.org/10.3390/su16031157].

Kudelin, A. and V. Kutcherov (2021) "Wind Energy in Russia: The Current State and Development Trends", *Energy Strategy Reviews*, Vol. 34, pp. 1-19.

Kudryavtseva, E. (2015) *Кудрявцева Е. Небывалый мегаватт* // Коммерсантъ. 06 июля（先例なきメガワット）[https://www.kommersant.ru/doc/2747880].

Kurneva, M.V. and E.R. Romanova (2012) *Курнева М.В., Е.Р. Романова. Современное состояние и реструктуризация алмазодобывающей промышленности Республики Саха (Якутия)* // Проблемы современной экономики. № 4 (44). С. 258-260（サハ共和国のダイヤモンド採掘産業の現状と再編).

Kvartiuk, V. and T. Herzfeld (2021) "Redistributive Politics in Russia: The Political Economy of Agricultural Subsidies", *Comparative Economic Studies*, Vol. 63, pp. 1-30.

Laitner, J., O. Lugovoy and V. Potashnikov (2020) "Cost and Benefits of Deep Decarbonization in Russia", Экономическая политика. Т. 15. № 2. С. 86-105.

Larsen, J.N. and A.N. Petrov (2020) "The Economy of the Arctic", in K.S. Coates and C. Holroyd, eds., *The Palgrave Handbook of Arctic Policy and Politics*, Palgrave Macmillan, pp. 79-95 [DOI 10.1007/ 978-3-030-20557-7_6].

Larsen, J.N., P. Schweitzer and A. Petrov, eds. (2014) *Arctic Social Indicators ASI II: Implementation*, Nordic Council of Ministers.

Lian, T. et al. (2020) "Effect of Temperature on Accidental Human Mortality: A Time-Series Analysis in Shenzhen, Guangdong Province in China", *Scientific Reports*, Vol. 10, 8410.

Litvinenko, T.V. (2014) "Payments for Natural Resource Use, and Their Influence on the Development of Local Areas of Eastern Russia"『同志社大学経済学論叢』第 65 巻第 3 号，pp. 451-468 [https://doshisha.repo.nii.ac.jp/records/27420].

Lombardi, P., T. Sokolnikova, K. Suslov, N. Voropai and Z. Styczynski (2016) "Isolated Power System in Russia: A Chance for Renewable Energies?", *Renewable Energy*, Vol. 90, pp. 532-541.

Luttrell, C. B. (1973) "The Russian Wheat Deal—Hindsight vs. Foresight", *Review*, Federal Reserve Bank of St. Louis, October, pp. 2-9 [https://doi.org/10.20955/r.55.2-9. jiy].

Machida, K. and T. Yamashita (2022) Нобелевский лауреат Светлана Алексиевич: «Если мы не объединимся, нас уничтожат» 21 апреля（ノーベル賞作家スベトラーナ・アレクシエービッチ「ここで団結しなければ，我々は滅ぼされます」）[https://www3.nhk.or.jp/nhkworld/ru/news/backstories/1973/].

Magomedov, A. (2020) "The Russian State and the Arctic Indigenous Peoples: Is Politics

Coming Back?", *Demokratizatsiya: The Journal of Post-Soviet Democratization*, Vol. 28, No. 4, pp. 401-424.

McGeehin, M.A. and M. Mirabelli (2001) "The Potential Impacts of Climate Variability and Change on Temperature-Related Morbidity and Mortality in the United States", *Environmental Health Perspectives*, Vol. 109, pp. 185-189.

McWilliams, B., G. Sgaravatti, S. Tagliapietra and G. Zachmann (2023) "The EU Can Manage without Russian Liquified Natural Gas", *Policy Brief* (Bruegel) [https://www.bruegel.org/policy-brief/eu-can-manage-without-russian-liquified-natural-gas].

Meredith, M. et al. (2019) "Polar Regions", in *IPCC Special Report on the Ocean and Cryosphere in a Changing Climate*.

Mgdesyan, A. (2024) *Мгдесян, А.* Армянский транзит: реэкспорт золота и алмазов из России, 1 июня [https://www.dw.com/ru/armanskij-tranzit-put-zolota-i-almazov-iz-rossii-na-mirovoj-rynok/a-69235168].

Mikhailyuk, O. and E. Burundukova (2022) *Михайлюк, О., Бурундукова Е.* Сравнительный анализ реализации программ устойчвого развития КМНС северных и арктических регионов России и мира // Вестник Югорского государственного университета, Выпуск № 1 (64). С. 155-165（ロシアと世界の北方・北極地域における先住少数民族の持続可能な発展プログラム実施の比較分析）.

Minchenko, M.M. and Nozdrina, N.N. (2017) "The Dynamics of Housing Affordability for the Population of Russia in 2008-2014", *Studies on Russian Economic Development*, Vol. 28, No. 2, pp. 191-203.

Ministerstvo ekonomiki Respubliki Sakha (Yakutia) (2023) *Министерство экономики Республики Саха (Якутия)*. Экономика Якутии 2018-2022（ヤクーチア経済 2018-2022年）.

Minprirody (****) *Министерство природных ресурсов и экологии Российской Федерации*. Государственный доклад о состоянии и использовании минерально-сырьевых ресурсов Российской Федерации（ロシア連邦の鉱物・原料資源の現状と利用に関する国家報告書）.［複数年発行の報告書であるため，発行年を****と表記している］

Minprirody Sakha (****) *Министерство экологии, природопользования и лесного хозяйства Республики Саха (Якутия)*. Государственный доклад о состоянии и охране окружающей среды Республики Саха (Якутия)（サハ共和国（ヤクーチア）の環境の現状と保護に関する国家報告書）.［複数年発行の報告書であるため，発行年を****と表記している］

Minsel'khoz Sakha et al. (2021) *Министерство сельского хозяйства Республики Саха (Якутия), Якутский научный центр Сибирского отделения Российской академии наук, Якутский научно-исследовательский институт сельского хозяйства им. М. Г. Сафронова*. Система ведения сельского хозяйства в республике Саха (Якутия) на период 2021-2025 годы. Методические пособия. Издательство Сангалова К.Ю.（サハ共

和国農業便覧 2021-2025).

Myakshin, V.N., A.G. Tutygin and T.N. Pesyakova (2023) *Мякшин В.Н., Тутыгин А.Г. Песьякова Т.Н.* Влияние компонент структурных сдвигов на уровень занятости в экономике Республики Саха (Якутия) // Вестник Санкт-Петербургского университета. Экономика. Т. 39. Вып. 3. С. 378-401 (サハ共和国(ヤクーチア)経済の就業水準に対する構造変化要因の影響) [https://doi.org/10.21638/spbu05.2023.305].

Myers-Smith, I.H. et al. (2020) "Complexity Revealed in the Greening of the Arctic", *Nature Climate Change*, Vol. 10, pp. 106-117.

Naberezhnaia, A.T. (2015) *Набережная, А.Т.* Проблемы повышения уровня жизни населения Арктических районов Якутии // Проблемы Современной Экономики, № 1 (53). С. 241-244 (ヤクーチア北極域住民の生活水準向上の諸問題).

Narita, D., T. Gavrilyeva and A. Isaev (2020) "Impacts and Management of Forest Fires in the Republic of Sakha, Russia: A Local Perspective for a Global Problem", *Polar Science*, Vol. 27, 100573 [https://doi.org/10.1016/j.polar.2020.100573].

Naumov, A. and D. Sidorova (2018) "Ensuring Sustainable Development of the Agri-Food Sector in the Russian Far North: The Case of Yakutia", in *Food Security in Eurasia 2018: Case Studies*, Eurasian Center for Food Security, pp. 7-34.

Newell, J.P. and L.A. Henry (2017) "The State of Environmental Protection in the Russian Federation: a Review of the Post-Soviet Era", *Eurasian Geography and Economics*, Vol. 57, pp. 1-23.

Nikiforov, I. (2016) *Никифоров И.* Перспективы развития электроэнергетики и ВИЭ в Республике Саха (Якутия). V Международная конференция «Развитие возобновляемой энергетики на дальнем востоке России», 22-24 июня 2016 года, Якутск (サハ(ヤクーチア)共和国における電力エネルギーと再エネの発展見通し) [https://eastrenewable.ru/media/presentations/2016/].

Open Dialogue (2023) "Diamonds are not Forever: Analysing Ineffectiveness of Diamond Embargo in Hurting Russia's Economy" [https://en.odfoundation.eu/content/uploads/2023/11/25.11.2023_sanc_diamonds_report_eng-1.pdf].

Osborne, S. and M.A. Trueblood (2002) *Agricultural Productivity and Efficiency in Russia and Ukraine: Building on a Decade of Reform*, U.S. Dept. of Agriculture, Economic Research Service.

Otrachshenko, V., O. Popova and P. Solomin (2017) "Health Consequences of the Russian Weather", *Ecological Economics*, Vol. 132, pp. 290-306.

——(2018) "Misfortunes Never Come Singly: Consecutive Weather Shocks and Mortality in Russia", *Economics and Human Biology*, Vol. 31, pp. 249-258.

Otrachshenko, V., O. Popova and M. Poberezhskaya (2019) "Climate Change and Russia", *Russian Analytical Digest*, No. 243.

Oxenstierna, S., ed. (2015) *The Challenges for Russia's Politicized Economic System*,

Routledge.

Parnikov, G.I. (2012) *Парников, Г.И.* Организация государственного регулирования в алмазно-бриллиантовом комплексе Российской Федерации // Проблемы современной экономики. № 4 (44). С. 61-65（ロシア連邦のダイヤモンド宝石部門における国家管理の組織）.

Patz, J.A., D. Campbell-Lendrum, T. Holloway and J.A. Foley (2005) "Impact of Regional Climate Change on Human Health", *Nature*, Vol. 438, pp. 310-317.

Pulyaevskaya, V.L. (2012) *Пуляевская В.Л.* Валовой муниципальный продукт как показатель оценки экономического потенциала районов и городов // Вестник НГУЭУ. № 3. С. 159-166（郡・都市の経済力評価の指標としての地方自治体総生産）.

――(2015) Валовой муниципальный продукт в оценке уровня экономического развития республики Саха (Якутия) // Вестник НГУЭУ. № 4. С. 135-144（サハ共和国（ヤクーチア）の経済発展の水準評価における地方自治体総生産）.

Rennert, K. et al. (2022) "Comprehensive Evidence Implies a Higher Social Cost of CO_2", *Nature*, Vol. 610, pp. 687-692.

Republic of Sakha (Yakutia) (2014) *Республика Саха (Якутия)*. Закон Республики Саха (Якутия) от 27 ноября 2014 года N 1380-З N 313-V «О Возобновляемых источниках энергии Республики Саха (Якутия)»（2014 年 11 月 27 日付サハ共和国法 N 1380-З N 313-V「サハ共和国の再生可能エネルギー源について」）.

――(2019) Схема и программа развития электроэнергетики Республики Саха (Якутия) на 2019-2023 годы（2019～2023 年におけるサハ（ヤクーチア）共和国の電力エネルギーの発展スキームおよびプログラム）.

――(2020) Схема и программа развития электроэнергетики Республики Саха (Якутия) на 2020-2024 годы（2020～2024 年におけるサハ（ヤクーチア）共和国の電力エネルギーの発展スキームおよびプログラム）.

――(2022) Схема и программа развития электроэнергетики Республики Саха (Якутия) на 2022-2026 годы（2022～2026 年におけるサハ（ヤクーチア）共和国の電力エネルギーの発展スキームおよびプログラム）.

Revich, B. and D. Shaposhnikov (2022) "The Influence of Heat and Cold Waves on Mortality in Russian Subarctic Cities with Varying Climates", *International Journal of Biometeorology*, Vol. 66, pp. 2501-2515.

RIA Novosti (2023) *РИА Новости*. Развитие возобновляемой энергетики позволит реализовать проекты в Якутии. 11 сентября（再生可能エネルギーの発展はヤクーチアにおける［投資］プロジェクトの実現を可能にする） [https://ria.ru/20230911/yakutiya-1895618084.html].

Rodnina, N.V. (2022) "On Food Security of the Northern and Arctic Regions of Russia (Using the Example of the Republic of Sakha (Yakutia)", *IOP Conference Series: Earth and Environmental Science*, Vol. 988, 042052.

Romanello, M. et al. (2023) "The 2023 Report of the Lancet Countdown on Health and Climate Change: The Imperative for a Health-Centred Response in a World Facing Irreversible Harms", *The Lancet*, Vol. 402, pp. 2346-2394.

Romanova, T. (2021) "Russia's Political Discourse on the EU's Energy Transition (2014-2019) and Its Effect on EU-Russia Energy Relations", *Energy Policy*, Vol. 154, pp. 1-11.

Rosstat (**** a) *Федеральная служба государственной статистики (Росстат)*. Регионы России. Социально-экономические показатели（ロシアの地域：社会・経済指標）．［年鑑であるため，発行年を****と表記している］

――(**** b) *Российский статистический ежегодник*（ロシア統計年鑑）．［年鑑であるため，発行年を****と表記している］

――(2024c) Динамика промышленного производства в 2023 году（2023年における鉱工業生産動向）[https://rosstat.gov.ru/folder/313/document/231621].

Russia Renewable Energy Development Association (2024a) *Ассоциация развития возобновляемой энергетики*. Вводы объектов ВИЭ по годам. 05 марта（年別の再エネ設備の導入）[https://rreda.ru/industry/statistics/#graph2].

――(2024b) Статистика ВИЭ. 05 марта（再エネ統計）[https://rreda.ru/industry/statistics/#graph5].

Russian Federation (2023) *Российская Федерация*. Федеральный закон от 04.08.2023 № 489-ФЗ «О внесении изменений в Федеральный закон "Об электроэнергетике"»（2023年8月4日付ロシア連邦法第489号「連邦法『電力エネルギー』に関する修正について」）．

Safonov, G. et al. (2020) "The Low Carbon Development Options for Russia", *Climate Change*, Vol. 162, pp. 1929-1945.

Sakha(Yakutia)stat (****) *Территориальный орган Федеральной службы государственной статистики по Республике Саха (Якутия) (Саха(Якутия)стат)*. Статистический ежегодник Республики Саха (Якутия)（サハ共和国（ヤクーチア）統計年鑑）．

Seregina, A. A. (2023) *Серегина А.А.* Перспективы зеленой энергетики для России // Геоэкономика энергетики. № 1 (21). С. 108-122（ロシアにとってのグリーン・エネルギーの展望）．

Serova, E. (2007) "Agro-holdings: Vertical Integration in Agri-Food Supply Chains in Russia", in J.F.M. Swinnen, ed., *Global Supply Chains, Standards and the Poor: How the Globalization of Food Systems and Standards Affects Rural Development and Poverty*, CAB International, pp. 188-205.

Shakirov, V.A., T.F. Tuguzova and R.I. Muzychuk (2020) *Шакиров В.А., Тугузова Т.Ф., Музычук Р.И.* Проблемы электроснабжения в коммунально-бытовом секторе Арктической зоны Республики Саха (Якутия) // Арктика: экология и экономика. № 4 (40). С. 106-116（サハ（ヤクーチア）共和国北極地帯の公益事業部門における電力供給問題）．

Shtyrov, V. (2001) *Штыров, В.* АК«АЛРОСА» в алмазно-бриллиантовом комплексе России и мира(ロシアと世界のダイヤモンド・宝飾産業における株式会社アルロサ) [https://va-shtyrov.ru/actual/akalrosa-v-almazno-brilliantovom-komplekse-rossii-i-mira/].

Siptits, S.O., I.A. Romanenko and N.E. Evdokimova (2021) "Model Estimates of Climate Impact on Grain and Leguminous Crops Yield in the Regions of Russia", *Studies on Russian Economic Development*, Vol. 32, No. 2, pp. 169-176.

Soromotin, A.M. (2014) *Соромотин А.М.* Нефтегазовые ресурсы республики Саха (Якутия): состояние, перспективы использования // Вестник СВФУ, том 11. № 6. С. 129-136(サハ共和国(ヤクーチア)の石油・ガス資源：利用の現状と見通し).

Stiglitz, J.E., J. Fitoussi and M. Durand (2018) *Beyond GDP: Measuring What Counts for Economic and Social Performance*, OECD.

Strielkowski, W., A. Sherstobitova, P. Rovny and T. Evteeva (2021) "Increasing Energy Efficiency and Modernization of Energy Systems in Russia: A Review", *Energies*, Vol. 14, No. 11, pp. 1-19.

Sukhomirov, G.I. (2017) *Сухомиров, Г.И.*, Проблема самообеспечения сельскохозяйственными продуктами в регионах Дальневосточного федерального округа // Проблемы Развития территории, вып. 1 (87), С. 173-186(極東連邦管区諸地域における農産物自給の問題).

Sukneva, S.A. (2021) "Migration Processes in the Sakha Republic (Yakutia)", *Espace populations sociétés* [En ligne] [DOI: https://doi.org/10.4000/eps.10352].

Suutarinen, T. (2015) "Local Natural Resource Curse and Sustainable Socio-economic Development in a Russian Mining Community of Kovdor", *Fennia*, Vol. 193, pp. 99-116.

Tabata, S. (2019) *Табата, Ш.* Финансовые потоки между федеральным бюджетом и арктическими регионами России // Регион: экономика и социология. № 3 (103). С. 3-25(連邦財政とロシア北極域の間の資金循環) [DOI: 10.15372/REG20190301].

――(2021) "The Contribution of Natural Resource Producing Sectors to the Economic Development of the Sakha Republic", *Sustainability*, Vol. 13, No. 18, 10142 [https://doi.org/10.3390/su131810142].

Tokunaga, M. (2018) "Russian Arctic Development and Environmental Discourse", in V-P. Tynkkynen, S. Tabata, D. Gritsenko and M. Goto, eds., *Russia's Far North: The Contested Energy Frontier*, Routledge, pp. 129-146.

Tulaeva, S. and M. Tysiachniouk (2017) "Benefit-sharing Agreements between Oil Companies and Indigenous People in Russian Northern Regions", *Sustainability*, Vol. 9 [Doi: 10.3390/su9081326].

Tynkkynen, V-P. (2020) "Could Russia Embrace an Energy Transition?", *Current History*, Vol. 119, pp. 270-274.

――(2021) *Тынккынен В-П.* Россия и Арктическая среда - потоки углеводородного сырья // Человек и природа в Сибири - Экологические знания и устойчивые природные отношения во времена изменения климата / Под ред. Э. Кастен, Kulturstiftung Sibirien, C.

308-324（ロシアと北極環境：炭化水素資源のフロー）.
Tysiachniouk, M. and A. Petrov (2018) "Benefit Sharing in the Arctic Energy Sector: Perspectives on Corporate Policies and Practices in Northern Russia and Alaska", *Energy Research and Social Science*, Vol. 39, pp. 29-34.
Ukhorskiy, D. (2023) "That Diamond Ring? It May Have Helped Pay for Russia's War", *Kyiv Independent*, October 12 [https://kyivindependent.com/that-diamond-ring-it-may-have-helped-pay-for-russias-war/].
ulus.media (2023) Зона рискованного земледелия: эксперты о развитии аграрного сектора в Якутии（農耕危険地帯：ヤクーチアにおける農業部門の発展に関する専門家の意見）[https://ulus.media/2023/04/06/zona-riskovannogo-zemledeliya-eksperty-o-razvitii-agrarnogo-sektora-v-yakutii/].
UNFCCC (2023) COP28 Agreement Signals "Beginning of the End" of the Fossil Fuel Era, December 13 [https://unfccc.int/news/cop28-agreement-signals-beginning-of-the-end-of-the-fossil-fuel-era].
Uzun, V.Ya (2019) *Узун, В.Я.* Главные факторы устойчивого сельского развития: Бюджетные субсидии или сельская экономика? // Сельские территории в пространственном развитии страны: потенциал, проблемы, перспективы / Под отв. ред. А.В. Петриков. ВИАПИ имени А.А. Никонова, 2019, С. 15-20（持続的農業発展の主要要因：財政による補助金か農業経済か？）.
Uzun, V., N. Shagaida and Z. Lerman (2021) "Russian Agroholdings and Their Role in Agriculture", *Post-Communist Economies*, Vol. 33, No. 8, pp. 1035-1055.
Volobuev, A. (2022) *Волобуев А.* Минэнерго хочет отложить конкурсы на строительство зеленой генерации на 2024 год // Ведомости. 06 апреля（エネルギー省はグリーン発電の建設に向けたオークションの2024年までの延期を望んでいる）[https://www.vedomosti.ru/business/articles/2022/04/05/916805-minenergo-zelenoi-generatsii].
Voropai, N., K. Suslov, T. Sokolnikova, Z. Styczynski and P. Lombardi (2012) "Development of Power Supply to Isolated Territories in Russia on the Bases of Microgrid Concept", 2012 IEEE Power and Energy Society General Meeting, pp. 1-5.
World Bank (2020) *Russian Federation - Agriculture Support Policies and Performance*.
Yakutia daily (2024) *Якутия daily*. Возобновляемые источники в Якутии наращивают выработку энергии. 10 января（ヤクーチアにおける再生可能な資源はエネルギー生産を増強する）[https://yakutia-daily.ru/vozobnovlyaemye-istochniki-v-yakutii-narashhivayut-vyrabotku-energii/].
YASIA (2023) *Якутское-Саха Информационное Агентство (ЯСИА)*. Солнце, ветер и атом: опыт развития альтернативной энергетики в Якутии. 24 мая（太陽、風、原子：ヤクーチアにおける代替エネルギー発展の経験）[https://ysia.ru/solntse-veter-i-atom-opyt-razvitiya-alternativnoj-energetiki-v-yakutii/].
――(2024) В Якутии по итогам 2023 года отмечен значительный рост производства

электроэнергии. 7 июня（ヤクーチアでは 2023 年全体で電力生産の大幅増を記録）[https://ysia.ru/v-yakutii-po-itogam-2023-goda-otmechen-znachitelnyj-rost-proizvodstva-elektroenergii/].
Yin, Q., J. Wang, Z. Ren, J. Li and Y. Guo (2019) "Mapping the Increased Minimum Mortality Temperatures in the Context of Global Climate Change", *Nature Communications*, Vol. 10, 4640.
Yokogawa, K. (2024) "Russia Lacks the Financial Resources to Improve Living Standards in the Arctic: A Case of the Sakha Republic", *Polar Science*, Vol. 41 [https://doi.org/10.1016/j.polar.2024.101051].
Zamyatina, N., R. Macdonald, A. Pilyasov, D. Streletskiy and L. Suter (2021) "Transportation, Infrastructure, and Permafrost Degradation in the Arctic", in S. Glomsrød, G. Duhaime and I. Aslaksen, eds., *The Economy of the North - ECONOR 2020*, Arctic Council Secretariat, pp. 171-190.
Zavisca, J.R. (2012) *Housing the New Russia*, Cornell University Press.
Zaynullin, E. (2024) *Зайнуллин, Е.* Алмазный переполох: Санкции на российские камни парализуют работу отрасли // Деньги. 18 апреля（ダイヤモンドの混乱：ロシアの原石に対する制裁措置が業界を麻痺させる） [https://www.kommersant.ru/doc/6634379].
Zemtsov, A.L. (2016) *Земцов, А.Л.*, Продовольственная программа СССР на период до 1990 года: реализация и итоги // Проблемы современной науки и образования № 13 (55). С. 56-62（1990 年以前のソビエト連邦食料プログラム：実現と結果）.

あとがき

　ArCS II は ArCS の後継プロジェクトであり，本書は，ArCS における人文・社会科学の研究をまとめた『北極の人間と社会：持続的発展の可能性』（スラブ・ユーラシア叢書 14，北海道大学出版会，2020 年）を引き継ぐものである。その「あとがき」には，残された課題として，次の 3 点があげられていた。第 1 は，北極域の経済開発の直接的な影響に特化する形で，経済開発と住民生活の関係を考察すること。第 2 は，シベリア，グリーンランド，アラスカなどにおける経済開発，環境と人間の相互関係，ガバナンスの取り組みなどを比較する研究。第 3 は，北極域の国際関係や安全保障に関する研究であった。

　序章で説明したように，ArCS II 社会文化課題のなかの我々のサブ課題は，まさにこの第 1 の課題に取り組むために立ち上げられたものであった。当然のことながら，そのために現地でのフィールドワークを予定していたが，2020～2021 年におけるコロナ感染症と，2022 年からのロシアのウクライナ侵攻により，ロシアでの現地調査を行うことはできなかった。代わりに我々が行ったことは，現地の研究者との密接な協力である。特に，我々はサハの研究者とは以前から研究協力や研究交流を行っていたので，そのネットワークを深化させることができた。我々はロシアに行けなかったが，ロシア人研究者は日本に来られたので，国際シンポジウムやワークショップを開いて議論することもできた。そのなかで，郡のレベルの詳細なデータを共有し，共同で分析を加え，共同で論文を執筆することもできた。本書は，このようにして行ってきた研究の成果をまとめたものである。地域研究者として，現地調査ができなかったことに後ろめたさが残るが，それでも，相応の水準の分析はできたのではないかと自負するところである。

　上記の第 2 の課題についても予期していなかったことが生じた。ロシアで

の現地調査ができなかったため，2022年に北部ノルウェー，2023年にアラスカ，2024年にグリーンランドを訪問して，現地調査を行うことになった。いずれも，資源開発を行っている地域であり，資源開発の地域経済・社会への影響に関して聞き取り調査などを行った。その結果として，本格的な比較研究とは言えないまでも，ベネフィット・シェアリングや環境保全などで，サハの取り組みを他の北極域と比較することができた。私を含む本書の執筆者の何人かは，以前に「ユーラシア地域大国の比較研究」という全国的な共同プロジェクトを実施したことがあるが，地域研究における比較という視座の有効性を再認識した次第である。

　上記の第3の課題については，複雑な思いがある。上掲の本を出したのは2020年なので，2014年のロシアによるクリミア併合の後であり，米ロ関係の悪化は既に始まっていた。それを考慮して，「北極圏においてこれまでのような協調関係が維持されるのか，引き続き注目して，研究を進める必要がある」と書いたのだが，北極評議会が休止するような事態が生じるとは，私には全く予期できなかった。

　そもそも，資源開発の地域社会・経済への影響という我々の問題設定は，ロシアによる資源開発が進むことを大前提としていた。欧米がロシアの資源の購入を控えるようになったために，北極域における資源開発の必要性が減じることになり，これまでの前提が根底から覆されてしまった。そのため，我々は，経済制裁の北極域開発への影響や，戦争終了後の展望について考察することを余儀なくされ，それらは，本書の各章で記されている。北極域の国際関係や安全保障に関する研究は，ArCS IIでは国際政治課題などで実施されているが，協調関係が戻ってくる可能性があるのか，我々も引き続き注視していく必要がある。

　今回の共同研究で十分にできなかったこと，残された課題についても記しておきたい。1つは，資源開発が自然環境に及ぼす影響についての本格的な研究である。経済発展の持続可能性を考えるうえで，環境面を考慮することが必要なことは言うまでもない。本書では第6章においてエネルギーの環境負荷の問題を扱うことができたが，環境汚染に関しては第1章において問題

あとがき 255

の所在について触れるにとどまった。今後の重い課題である。

　もう1つは，先住少数民族の生活や経済活動に対する資源開発の影響である。第1章に記したように，ロシア政府の定める北極地帯に含まれるサハの北部地帯においても，資源開発が進められている。第4章に記したように，北部地帯に広がる世界最大級のデルタ(レナ・デルタ)は，莫大な炭化水素ポテンシャルを有すると考えられている。この地帯の先住少数民族の生業についての研究は，やはり現地調査なしには進めることができないと思われるので，これについても今後の課題となる。

　このようにロシアとの関係が極度に悪化しているなかで，我々との共同研究を続けてくださったロシア人研究者に感謝したい。何人かのロシア人研究者の名前は，本書のいくつかの章の共同執筆者として掲載されているが，その他の多くの研究者を含めて，本書は，こうしたロシア人との協力なしには，上梓することができなかった。本書は，北海道大学スラブ・ユーラシア研究センターの「スラブ・ユーラシア叢書」として刊行されたので，本書の原稿は同センターの教員による査読を受け，有益なコメントを得ることができた。また，同センターのデザイナー笹谷めぐみさんには見返しの地図や第1章，第2章のサハの地図などをいつもながら的確に作成していただいた。北海道大学出版会では，刊行までの時間的制約が非常に大きいなかで，仁坂元子さんと杉浦具子さんに編集を担当していただいた。本書はこのような多くの方々のご協力を得て，刊行にたどり着くことができた。以上を記して心からの謝意を表したい。

田畑伸一郎

索　引

あ 行

アイスランド　2
アークティックLNG 2　100, 118, 161
アグロホールディング　75-77, 79, 80, 86, 87
アストラハン州　92, 164
アナバル郡　12, 34, 35, 61, 72, 123, 125, 217, 220, 223-226
アブィー郡　34, 217, 220, 223, 225, 226
アフリカ　101, 132, 136
アムガ郡　34, 214-216, 220, 223, 225, 226
アムール・ガス精製プラント（GPP）　109, 112-114
アメリカ　→　米国
アラスカ州　8, 44-47, 50, 53, 70, 253, 254
アラブ首長国連邦（UAE）　122, 137, 160, 163
アルジェリア　113, 114
アルダン郡　30, 31, 34, 66, 216, 220, 223, 225, 226
アルハンゲリスク州　3, 57, 123, 189, 208, 227, 229
アルメニア　133
アルロサ　9, 39, 49, 52, 54, 55, 60, 61, 68, 71, 72, 107, 119, 120, 122-130, 133, 134, 136, 137, 156
アンゴラ　122, 136
アントワープ　122, 131, 132, 138
イスラエル　122
イタリア　102, 112, 158
移転価格　28
委任事務補助金（Subventsiia）　55, 62, 63, 67
イルクーツク州　92, 105, 108, 114, 115
インド　4, 106, 120-122, 132, 136-138, 141, 154
ヴィリュイ郡　31, 34, 61, 72, 125, 216, 220, 223, 225, 226
ウェルビーイング　188
ヴェルフネヴィリュイ郡　33, 34, 61, 72, 125, 216, 220, 223, 225, 226
ヴェルホヤンスク郡　34, 153, 156, 217, 220, 223, 225, 226
ヴォロネジ州　92
ウクライナ　2, 10, 36, 50, 70, 98, 101, 102, 113, 118, 119, 127, 129, 131, 134-139, 141, 144-146, 160-162, 165, 166, 227, 230, 253
ウシ　9, 78, 79, 83, 88, 91, 92, 182, 183
ウスチ・マヤ郡　34, 66, 217, 220, 223, 225, 226
ウマ　9, 78, 79, 83, 88, 92, 174
永久凍土　4, 11, 78, 82, 102, 103, 118, 171, 175, 211, 212, 230
英国　39, 113, 122, 131, 141, 162
エヴェノ・ブィタンタイ郡　34, 217, 220, 223-226
エヴェン人　5, 177
エヴェンキ人　5, 177
液化天然ガス（LNG）　1, 100-102, 108, 110-112, 115, 118, 142, 151, 162
エリガ炭田　16
エリツィン　125
沿海地方　227-229
オイミャコン郡　31, 32, 34, 66, 217, 220, 223, 225, 226
欧州　28, 88, 98, 101, 102, 111, 113, 119, 131, 134, 141, 145, 147, 148, 158, 162, 165
欧州連合（EU）　77, 101, 118, 119, 122, 131-133, 136, 147, 148, 162, 165
オーストラリア（豪州）　111, 113, 122, 162, 174
オランダ　158
オリョクマ郡　30, 31, 34, 216, 220, 223, 225, 226
オレニョク郡　31, 34, 35, 61, 72, 123, 125, 178, 217, 220, 223, 225, 226
オレンブルグ州　164
温室効果ガス　141, 146, 153, 159, 170, 171

温暖化　1, 2, 170, 171, 173-175, 186, 188, 193, 207, 208, 211, 212, 220

か　行

家計調査　176
カザフスタン　110, 111
ガスプロム　54, 72, 101, 102, 105, 108-110, 112-114, 118
カタール　111, 113, 114
カナダ　2, 43, 44, 162
カムチャツカ地方　39, 160, 229
カルムイク共和国　164
カレリア共和国　3, 57, 189, 208, 227, 229
環境汚染　38, 172, 207, 254
環境負荷　142, 148, 156, 160, 254
韓国　144, 150, 151
気温上昇　170, 171, 173, 189, 190, 193, 207
気候変動　2, 7, 10, 11, 43, 141, 146, 147, 149, 162, 165, 169-176, 180, 184-190, 193-199, 201-204, 206-208
キプロス　106
極東　4, 39, 40, 47, 50, 80, 92, 100, 101, 137, 142, 152-154, 157-160, 193, 227-229
極北　4, 47, 142, 152, 154, 158, 159
クラスノヤルスク地方　3, 57, 114, 189, 208, 227, 229
クリミア　69, 76, 101, 102, 115, 148, 191, 208, 254
グリーン・ディール　147, 148
グリーン・トランジション　141, 145, 161
グリーンランド　2, 44, 253, 254
経済制裁　→　制裁
原子力発電（原発）　100, 149, 157, 160, 162, 165
コヴィクタ・ガス田　100, 105, 108-110
豪州　→　オーストラリア
公的セクター　3, 4, 7, 9, 11, 21, 43, 177
国際エネルギー機関（IEA）　146, 147, 150, 151, 161-163, 165
国内総生産（GDP）　8, 17, 19, 38, 39, 46, 77, 78, 92, 98
個人所得税　46, 53-55, 60, 70
国家プログラム　3, 50, 51, 76, 188
駒井ハルテック　158, 160, 164, 165
コミ共和国　3, 57, 189, 208, 227, 229
ゴールヌイ郡　34, 74, 86, 87, 89, 216, 220, 223, 225, 226
ゴルバチョフ　125

さ　行

採掘税　52-56, 71
財政移転　52-56, 58-64, 66-68, 72, 77
最低生活費　42, 80, 83, 186
サウジアラビア　144, 150, 151, 163
サハエネルゴ　155, 156, 158, 159
サハ人　5, 6, 47, 78, 124, 130, 177-183
サハリン州　39, 45, 48, 49, 70, 160, 229
サマラ州　227
サンクトペテルブルグ市　25, 229
シエラレオネ　136
資源開発　1-4, 7, 10, 11, 15, 21, 32, 35, 37, 38, 41-45, 47-49, 68, 85, 90, 98, 155, 161, 188, 197, 198, 201-207, 254, 255
資産税　52, 54, 55, 72
疾患　192, 193, 208
ジニ係数　35, 36, 60-62, 64-66
シブール　113, 118
「シベリアの力」パイプライン　9, 16, 28, 33, 54, 97-100, 103-105, 108, 109, 112, 114, 115
「シベリアの力2」パイプライン　100, 114
ジャタイ市　34, 35, 66, 213, 215-217, 219, 220, 223-226, 231
集合住宅　7, 211-214, 218, 224, 226, 230
住宅価格　11, 211, 213, 214, 218, 222, 224, 227, 228, 230, 231
住宅取得可能性（アフォーダビリティ）　11, 222, 230
住宅住替　211, 212, 224-226
住宅政策　11, 71, 212, 218, 224, 226, 230
住宅面積(1人当り)　11, 224, 225, 230
住宅ローン　11, 218, 226-230
住民経営　79, 80, 82-85, 92
収量　173, 186
省エネルギー　148, 149
新エネルギー・産業技術総合開発機構（NEDO）　153, 158, 160
シンガポール　120
人口流出　41, 42, 69, 82
人口流入　11, 69, 219, 221, 230
新築住宅　11, 211-218, 221, 222, 224, 227,

索　引　259

230, 231
ジンバブエ　122
森林火災　175, 176, 193
スウェーデン　2, 86
スルグートネフチェガス　39, 70, 107, 156
スンタル郡　34, 61, 72, 125, 216, 220, 223, 225, 226
制裁　10, 28, 69, 76, 101, 102, 115, 118-121, 131-139, 142, 145, 151, 156, 158, 159, 161, 162, 228, 254
政策的補助金(Subsidiia)　55, 56, 63
生産指数　10, 198, 201-204, 206, 208
世界貿易機関(WTO)　76
世帯所得　179, 180
ゼレンスキー　131, 138
センサス　5, 31, 36, 130, 177, 178, 219
先住少数民族　6, 9, 47-49, 69, 71, 224, 255
先住民コミュニティ　44, 45, 47-49, 169, 185

た　行

ダイヤモンド採掘税　52, 71, 127, 138, 139
太陽光発電　149, 150, 152, 153, 156, 157, 163, 164
タース・ユリャフ・ネフチェガスダビィチャ　38, 106
タタルスタン共和国　92
脱炭素　2, 98, 141-147, 160-163, 165
脱ロシア　98, 145, 160-162
タラカン油田　16, 28, 29, 37, 38, 100, 107
単一電力系統　10, 153, 154, 165
炭素中立　141, 143-147, 161
地域総生産(GRP)　8, 9, 15, 17-21, 28, 30, 38, 39, 51, 70, 78, 98
地方自治体総生産(GMP)　29-36, 40
チャヤンダ・ガス田　16, 27-29, 97, 98, 100, 103-106, 108-110, 112-114
中央アジア　101, 110, 111, 174
中国　1, 8, 9, 28, 36, 39, 54, 77, 97, 98, 100-103, 108-114, 118, 120, 122, 138, 141, 144, 150, 151, 156, 157, 162, 174
中古住宅　212-214, 218, 221, 224, 227
中東　101, 103, 163
チュコト自治管区　3, 39, 57, 189, 208, 227, 229
チュバシ共和国　227

ツンドラ　4, 49, 174
ティクシ　10, 142, 153, 155-160, 164, 165
ディーゼル発電　10, 142, 154-156, 158, 159, 164
伝統的自然利用区域(TTP)　48, 70
伝統的食料　183
デンマーク　2, 164
電力料金　21, 153
ドイツ　102, 144, 151
東方ガス・プログラム　101, 108, 118
東方シフト　9, 100, 101, 115
都市人口　219, 220
トナカイ　4, 9, 47-49, 70, 78, 79, 83, 92, 174, 182, 183, 185
ドバイ　122, 133, 160
トランスネフチ　101, 156
トルコ　77, 102, 112

な　行

ニコラエフ　85, 93, 124, 125
西シベリア　97, 100, 101, 114
ニジネコリマ郡　34, 217, 220, 223, 225, 226
日本　10, 63, 98, 100, 119, 122, 142, 144, 151, 153, 156, 158, 159, 162-165, 208
ニュルバ郡　31, 34, 61, 66, 72, 123, 125, 216, 220, 223, 225, 226
ネネツ自治管区　3, 48, 57, 70, 78, 189, 208, 227, 229
ネリュングリ郡　29-31, 34, 66, 216, 220, 223, 225, 226
年金　43, 55, 179, 180, 191, 192
ノヴァテク　113
農業補助金　7-9, 59, 64, 67, 69, 76, 81-85, 88, 90, 92, 93
ノルウェー　2, 44, 254
ノルド・ストリーム　102

は　行

バガタイ　153, 155, 156, 164
バシコルトスタン共和国　227
母親資本　227
ハバロフスク地方　92, 107, 229
パリ協定　141, 144, 161
バリューチェーン　9, 119-121, 124, 135-138
ハンティ・マンシ自治管区　3, 4, 19, 25, 39,

48, 52, 57, 70, 71, 208, 227, 229
東シベリア　　9, 97, 100-104, 109, 113, 114
東シベリア・太平洋(ESPO)パイプライン
  9, 16, 28, 33, 98-101, 103, 104, 106, 107, 115
非集中電力供給ゾーン　155, 157, 164
フィンランド　　2, 158
風力発電　　10, 142, 148-150, 152-154,
  156-160, 163-165
フェルメル経営　　79, 80, 82, 84, 88, 89, 92
プーチン　　76, 123, 125-127, 131, 134, 135,
  137, 141, 147, 152, 161, 162, 166, 224, 225
フランス　　162, 207
ブルン郡　　34, 35, 153, 217, 220, 223, 225, 226
平均気温　　171, 189, 190, 195-200, 202, 204,
  205, 208
平衡交付金(Dotatsiia)　55, 63
米国(アメリカ)　　2, 43, 45, 46, 70, 75, 77, 91,
  111, 113, 114, 118-120, 122, 131, 133, 138,
  144, 151, 161, 162, 165, 207
ベネフィット・シェアリング　　3, 8, 10, 44,
  45, 47-50, 68-70, 254
ベラルーシ　　166
ヘリウム　　105, 106, 109, 112-114
ベルギー　　119, 122, 131, 132, 138
法人税　　52-55, 70
北極海　　1, 115, 118, 171
北極圏　　2, 4, 90, 101, 102, 137, 142, 146, 154,
  171
北極圏監視評価プログラム(AMAP)　171
北極政策　　41, 42, 50, 51, 69, 188, 203, 207
北極地帯　　3, 4, 6, 32, 42, 43, 50, 61, 63, 66, 67,
  83, 187, 188, 208, 255
北極評議会　　48, 171, 254
北方少数民族　　130
ボツワナ　　122
ポーランド　　207
香港　　133

ま　行

マイクログリッドシステム　　142, 153,
  158-160
マガダン州　　39, 92, 227, 229
ミャンマー　　110, 111
ミール鉱山　　16, 123
ミールヌイ郡　　8, 29-31, 33, 34, 38, 61, 66, 72,
  123, 125, 216, 220, 223, 225, 226
ムルマンスク州　　3, 57, 189, 208, 227, 229
メギノ・カンガラス郡　　34, 178, 216, 220,
  223, 225, 226
メドベージェフ　　148, 149, 161
モスクワ市　　8, 19, 20, 25, 28, 39, 40, 218, 220,
  229
モスクワ州　　227, 229
モマ郡　　34, 156, 217, 220, 223, 225, 226
モンゴル　　100, 114

や　行

ヤクーツクエネルゴ　　164
ヤクーツク市　　6, 11, 29-35, 40, 43, 60, 66, 86,
  87, 93, 100, 104, 130, 169, 175, 180, 211-213,
  215-226, 230, 231
ヤクートゥーゴリ　　156
ヤクート牛　　88-90, 93
ヤマルLNG　　100-102, 105, 115, 118
ヤマル・ネネツ自治管区　　3, 4, 25, 49, 52, 57,
  70, 71, 78, 189, 208, 227, 229
ユカギール人　　177
ユダヤ自治州　　92, 229

ら　行

罹患率　　192-194, 208
ルクセンブルク　　122
ルスギドロ　　153, 156, 158, 159
レナ川　　86, 93, 104, 115, 117
レナ郡　　8, 29-31, 33, 34, 61, 66, 72, 125, 216,
  220, 223, 225, 226
レナ・デルタ　　115, 117, 118, 255
レント　　8, 20, 28, 71, 145
ロシア税関庁　　25, 39, 71, 135
ロシア統計庁　　11, 17-19, 23, 25, 38, 39, 78,
  91, 92, 148, 186, 214
ロシア北方航路　　1, 11, 41, 69, 103, 115
ロスアトム　　158
ロストフ州　　92, 227
ロスナノ　　164
ロスネフチ　　101, 106, 115, 118

アルファベット順

ArCS　　2, 90, 253, 254
CNPC　　101, 109, 113, 118

索　引

CSR（企業の社会的責任）　44, 45, 48
ESPO　→　東シベリア・太平洋パイプライン
EU　→　欧州連合
G7　　119, 120, 131-133, 136, 138
GDP　→　国内総生産
GMP　→　地方自治体総生産
GRP　→　地域総生産
IEA　→　国際エネルギー機関

INK（イルクーツク石油）　104, 108
LNG　→　液化天然ガス
NEDO　→　新エネルギー・産業技術総合開発機構
RAIPON　47, 49
TTP　→　伝統的自然利用区域
UAE　→　アラブ首長国連邦

執筆者紹介(執筆順)

田畑伸一郎(たばた しんいちろう)
 所　　属：北海道大学名誉教授
 専門分野：ロシア経済，比較経済体制論

横川和穂(よこがわ かずほ)
 所　　属：神奈川大学経済学部准教授
 専門分野：現代ロシア経済論

後藤正憲(ごとう まさのり)
 所　　属：農林水産政策研究所政策研究調査官
 専門分野：文化人類学，ロシア農業・農村

ガリーナ・ダヤーノワ(Galina Dayanova)
 所　　属：国立北極域農業技術大学経済学部助教授
 専門分野：農業経済学，サハ農業

原田大輔(はらだ だいすけ)
 所　　属：(独立行政法人)エネルギー・金属鉱物資源機構企画調整部企画課長
 専門分野：エネルギー地政学，北極域における資源開発

服部倫卓(はっとり みちたか)
 所　　属：北海道大学スラブ・ユーラシア研究センター教授
 専門分野：ロシア・ウクライナ・ベラルーシを中心とした旧ソ連諸国の経済・政治情勢

徳永昌弘(とくなが まさひろ)
 所　　属：関西大学商学部教授
 専門分野：新興市場経済論，地域経済論

成田大樹(なりた だいじゅ)
 所　　属：東京大学大学院総合文化研究科教授
 専門分野：環境経済学

ショフルフ・ハサノフ(Shokhrukh Khasanov)
 所　　属：北海道大学大学院経済学院
 専門分野：開発経済学，環境経済学

山田大地(やまだ だいち)
 所　　属：広島大学大学院人間社会科学研究科准教授
 専門分野：開発経済学，環境経済学

ワルワラ・パリロワ(Varvara Parilova)
　　所　　属：東北大学大学院環境科学研究科
　　専門分野：文化人類学，環境科学，食料人類学

トゥヤラ・ガヴリリエワ(Tuyara Gavrilyeva)
　　所　　属：ロシア北東連邦大学工学・技術研究所教授
　　専門分野：地域経済学

ホルヘ・ガルシア・モリノス(Jorge Garcia Molinos)
　　所　　属：北海道大学北極域研究センター准教授
　　専門分野：生態学

スティーヴ・サカパジ(Steve Sakapaji)
　　所　　属：北海道大学北極域研究センター研究員
　　専門分野：気候変動，先住民研究，環境持続可能性

武田友加(たけだ ゆか)
　　所　　属：九州大学基幹教育院准教授
　　専門分野：開発経済学，ロシア経済論

道上真有(みちがみ まゆ)
　　所　　属：新潟大学経済科学部准教授
　　専門分野：ロシア経済，住宅経済

アルチョム・ノヴィコフ(Artem Novikov)
　　所　　属：ロシア北東連邦大学大学院金融・経済研究科
　　専門分野：不動産経済，地域経済

北海道大学スラブ・ユーラシア研究センター
スラブ・ユーラシア叢書 17
ロシア北極域経済の変動——サハ共和国の資源・環境・社会
2025 年 3 月 31 日　第 1 刷発行

編著者　　田　畑　伸一郎

発行者　　櫻　井　義　秀

発行所　　北海道大学出版会
札幌市北区北 9 条西 8 丁目北大構内（〒060-0809）
tel. 011(747)2308・fax. 011(736)8605・https://www.hup.gr.jp

㈱アイワード　　　　　　　　　　　　　　©2025　田畑伸一郎

ISBN 978-4-8329-6904-9

スラブ・ユーラシア叢書について

「スラブ・ユーラシア世界」という言葉は少し耳慣れないかも知れません。旧ソ連・東欧地域と言えば、ああそうかと頷かれることでしょう。旧ソ連・東欧というと、どうしても社会主義と結びつけて考えたくなります。たしかに、二〇世紀において、この広大な地域の運命を決定したのはソ連社会主義でした。しかし、冷戦が終わり、社会主義がこの地域から退場した今、そこにはさまざまな新しい国や地域が生まれました。しかも、EU拡大やイスラーム復興のような隣接地域からの影響がスラブ・ユーラシア世界における地域形成の原動力となったり、スラブ・ユーラシア世界のボーダーそのものが曖昧になっている場合もあるのです。たとえば、バルト三国などという地域名称は冷戦の終了後急速にすたれ、その一部は北欧に吸収されつつあります。こんにちの南コーカサスの情勢は、イランやトルコの動向を無視しては語れません。このようなボーダーレス化は、スラブ・ユーラシア世界の東隣に位置する日本にとっても無縁なことではありません。望むと望まざるとにかかわらず、日本は、ロシア極東、中国、朝鮮半島とともに、新しい地域形成に関与せざるを得ないのです。

以上のような問題意識から、北海道大学スラブ研究センターは、平成一八年度より、研究成果を幅広い市民の皆さんと分かちあうために本叢書の刊行を始めました。今後ともお届けする叢書の一冊一冊は、スラブ・ユーラシア世界の内、外、そして境界線上で起こっている変容にさまざまな角度から光を当ててゆきます。

北海道大学スラブ研究センター

サハの行政区画